Pierre Carlet de Marivaux, geboren am 4. Februar 1688 in Paris, ist dort am 12. Februar 1763 gestorben.

Marivaux gehört in Frankreich zu den am häufigsten gespielten Komödien-Autoren. Fast ständig steht eine seiner 36 Komödien auf dem Spielplan der Pariser Theater. In Deutschland hingegen sind außer dem *Spiel von Liebe und Zufall* oder der *Verführbarkeit auf beiden Seiten* die meisten seiner Komödien noch weitgehend unbekannt. Gerda Scheffel hat einen großen Teil von ihnen übersetzt und legt vier davon im insel taschenbuch vor: *Das Spiel von Liebe und Zufall*, *Die falsche Zofe*, *Falsche Geständnisse* und *Die Kolonie*.

Auch in diesen Komödien zeigt sich Marivaux als »Beobachter der Menschen«, der »die Masken lüften« will, als »Anatom des menschlichen Herzens«, der deutlich machen will, wie eng Liebe mit Eigenliebe, Eitelkeit, ja mit Machtbedürfnis verbunden ist. Er zeigt, daß das Verlangen nach Geld noch stärker sein kann als das nach Liebe und daß es andererseits der Liebe nur durch raffinierte List gelingen kann, Standesunterschiede zu überwinden. Eine Art Schlüssel zu Marivaux' Komödien findet sich in seiner *Betrachtenden Prosa*, die gleichfalls im Insel Verlag erschienen ist.

insel taschenbuch 805

Marivaux

Komödien

Pierre Carlet de

MARIVAUX
DAS SPIEL VON LIEBE UND ZUFALL

und andere Komödien

Aus dem Französischen und
mit einem Nachwort von
Gerda Scheffel

INSEL VERLAG

Umschlagabbildung: Alexander Roslin, Dame mit Schleier. 1768
National-Museum, Stockholm
Frontispiz: Marivaux. Stich von Dequwauviller nach
einem Gemälde von Pougin de St. Aubin
Bibliothèque Nationale, Paris

insel taschenbuch 805
Erste Auflage 1985

Vertrieb durch den Suhrkamp Taschenbuch Verlag
Umschlag nach Entwürfen von Willy Fleckhaus
Satz: Otto Gutfreund, Darmstadt
Druck: Nomos Verlagsgesellschaft, Baden-Baden
Printed in Germany

1 2 3 4 5 6 – 90 89 88 87 86 85

DIE FALSCHE ZOFE

La Fausse Suivante
1724

Personen

GRÄFIN

LELIO

CHEVALIER

TRIVELIN
Diener des Chevalier

ARLEQUIN
Diener von Lelio

FRONTIN
ebenfalls Diener des Chevalier

Bauern und Bäuerinnen, Tänzer und Tänzerinnen.

Das Stück spielt vor dem Schloß der Gräfin.

ERSTER AKT

Erste Szene

FRONTIN · TRIVELIN

FRONTIN Ich glaube, da kommt Seigneur Trivelin; tatsächlich, er ist es. He! Wie geht es, alter Junge?

TRIVELIN Ausgezeichnet, mein lieber Frontin, ganz ausgezeichnet! Ich besitze noch immer meine wertvollsten Güter: eine prächtige Gesundheit und einen guten Appetit. Und du, was machst du? Ich hatte dich zuletzt als Kaufmann gesehen und auf dem Wege, ein Pariser Bürger zu werden; hast du den Handel aufgegeben?

FRONTIN Ich habe Bankrott gemacht, mein Lieber; und du? Wie hat dich Fortuna behandelt, seit wir uns das letzte Mal gesehen haben?

TRIVELIN So wie alle verdienstvollen Leute.

FRONTIN Das heißt also sehr schlecht.

TRIVELIN Ja. Trotzdem verdanke ich ihr etwas: sie hat mich daran gewöhnt, ohne sie auszukommen. Ich leide weder unter ihrer Ungnade, noch giere ich nach ihrer Gunst, und das genügt mir; mehr sollte ein vernünftiger Mensch nicht verlangen. Ich bin nicht glücklich, aber mir ist es einerlei, ob ich es bin oder nicht. Da hast du meine Einstellung.

FRONTIN Donnerwetter! Ich hab' dich immer als einen schlauen und bewundernswert gerissenen Burschen gekannt, aber ich hätte nie vermutet, daß du ein Philosoph wirst. Hölle und Teufel, du hast es weit gebracht! Du verachtest schon die Güter dieser Welt!

TRIVELIN Sachte, Freund, sachte, deine Bewunderung läßt mich erröten, ich fürchte, ich verdiene sie nicht. Die Verachtung, die ich für die irdischen Güter zu haben glaube, ist vielleicht nur schönes Gerede; und ganz im Vertrauen, ich würde noch niemandem raten, sein Hab und Gut dem Belieben meiner Philosophie zu überlassen. Ich würde mich daran vergreifen, Frontin, das fühle ich; ich würde mich zur Schmach meiner Überlegungen daran vergreifen. Das menschliche Herz ist ein großer Gauner!

FRONTIN Leider! Ich könnte diese Wahrheit nicht leugnen, ohne daß mein Gewissen Schaden nähme.

TRIVELIN Ich würde sie nicht jedem verkünden; aber ich weiß ja, daß ich mit einem Kenner rede.

FRONTIN Sag mal, Freund, was trägst du da eigentlich für ein Paket in der Hand?

TRIVELIN Das ist das traurige Gepäck deines ergebenen Dieners; es enthält meine ganze Habe.

FRONTIN Man kann ihr nicht vorwerfen, daß sie zuviel Platz einnimmt.

TRIVELIN Seit fünfzehn Jahren ziehe ich in der Welt herum, und du weißt, wie ich mich angestrengt und geplagt habe, um seßhaft zu werden. Man hatte mir gesagt, daß Skrupel dem Erfolg nur schaden; also habe ich sie beurlaubt, um mir nichts vorwerfen zu müssen. Ging es darum, ehrenhaft zu sein? Ich war es. Betrügerisch? Ich seufzte, aber ließ mich nicht beirren. Manchmal lebte ich im Wohlstand; aber wie sollte das andauern bei Spiel, Wein und Frauen? Wie kann man sich vor solchen Plagen schützen?

FRONTIN Das ist wahr.

TRIVELIN Was soll ich dir sagen? Mal Herr, mal Knecht; stets auf der Hut, stets geschäftig, Freund der Schelme des Vorteils wegen, Freund der ehrlichen Leute aus Neigung;

einmal höflich behandelt, das andere Mal mit Hieben bedroht, immer nach Bedarf das Metier, die Kleidung, den Charakter, die Sitten wechselnd; viel wagend, wenig erreichend; leichtfertig im Innern, ordentlich in der Form, von den einen durchschaut, von den andern beargwöhnt, schließlich zwielichtig für alle, habe ich mich an allem versucht; überall schulde ich etwas, und meine Gläubiger teilen sich in zwei Arten: die einen wissen nicht, daß ich ihnen etwas schulde; die andern wissen es und wissen es noch lange. Überall hatte ich schon mein Nachtlager, auf dem Straßenpflaster, in der Herberge, im Wirtshaus, beim braven Bürger, beim vornehmen Herrn, im eigenen Haus und bei Justitia, die mich in meinem Unglück oft gastlich aufgenommen hat; doch sind ihre Gemächer so freudlos, daß ich sie nur benutze, wenn ich meine Ruhe haben will. Kurz, mein Junge, nach fünfzehn Jahren Eifer, Arbeit und Mühe ist mir nicht mehr geblieben als das elende Paket hier; das ist alles, was die Welt mir gelassen hat, die Undankbare! Nach allem, was ich für sie getan habe!

FRONTIN Mach' dir nichts draus, mein Freund. Deine Flucht in Justitias Arme erscheint mir der unangenehmste Punkt in deinem Bericht; aber reden wir nicht mehr davon. Du kommst gerade recht; ich habe dir etwas vorzuschlagen. Doch sag erst, was hast du in den zwei Jahren gemacht, seit wir uns zum letzten Mal sahen, und wo kommst du so plötzlich her?

TRIVELIN Primo: seit wir uns zum letzten Mal sahen, war ich in Diensten.

FRONTIN Ich verstehe, du bist Soldat geworden; bist du etwa desertiert?

TRIVELIN Oh nein, meine Uniform war eine Livree.

FRONTIN Ausgezeichnet.

TRIVELIN Doch bevor ich mich zu diesem demütigenden Zustand verdammte, verkaufte ich erst meine Garderobe.

FRONTIN Du hattest eine Garderobe zu verkaufen?

TRIVELIN Ja, ein paar Anzüge, die ich wie nach Maß geschneidert bei den Trödlern gefunden hatte und die mir dazu dienten, als Angehöriger der vornehmen Gesellschaft aufzutreten. Ich hielt es für angebracht, mich von ihnen zu trennen, um alles, was mich an meine vergangene Größe erinnern könnte, aus meinen Augen zu verbannen. Wenn man auf die Eitelkeit verzichtet, muß man das mit einem Mal erledigen; wozu sich noch eine Hintertür offenhalten? Kein Erbarmen; ich habe alles verkauft; und nicht genug, ich habe alles versoffen.

FRONTIN Sehr gut.

TRIVELIN Ja, Freund; ich hatte den Mut, mich ein paar heilsamen Ausschweifungen hinzugeben, die mir die Börse leerten und meine Ausdauer in der neuen Stellung garantierten. Auf diese Weise hatte ich beim Saufen das Vergnügen zu glauben, die Vernunft fülle mir das Glas. Welch ein Nektar! Eines schönen Morgens fand ich mich ohne einen Sou. Da ich umgehend Unterstützung brauchte und keine Zeit zu verlieren war, machte mir einer meiner Freunde den Vorschlag, mich einem ehrlichen, verheirateten Bürger vorzustellen, der sein Leben damit verbrachte, die alten Sprachen zu studieren; das gefiel mir, denn ich habe auch Bildung; ich blieb also bei ihm. Ich hörte da nur über die Wissenschaften reden und bemerkte, daß mein Herr von der Leidenschaft zu gewissen Individuen ergriffen war, die er als die »Alten« bezeichnete, und eine tiefe Abneigung gegen andere hegte, die er die »Modernen« nannte; ich ließ mir das erklären.

FRONTIN Und was bedeuten die »Alten« und die »Modernen«?

TRIVELIN Die »Alten«... wart mal, von einem kenne ich den Namen, das ist der Hauptmann der ganzen Bande; er heißt Homer oder so. Hast du schon mal davon gehört?

FRONTIN Nein.

TRIVELIN Schade, denn das war jemand, der sehr gut Griechisch konnte.

FRONTIN Er war also kein Franzose?

TRIVELIN O nein; ich glaube, er war aus Quebec, irgendwo da aus Ägypten, und lebte zur Zeit der Sintflut. Wir besitzen noch sehr schöne Satiren von ihm, und mein Herr liebte ihn sehr, ebenso wie die andern braven Burschen seiner Zeit, Virgil, Nero, Odysseus, Diogenes und wie sie alle hießen.

FRONTIN Von der Rasse habe ich noch nie was gehört, aber es sind recht häßliche Namen.

TRIVELIN Häßliche Namen! das findest du nur, weil du nicht an sie gewöhnt bist. Du mußt wissen, daß hinter den Namen mehr Geist steckt als im ganzen französischen Königreich.

FRONTIN Meinetwegen. Aber was bedeuten nun die »Modernen«?

TRIVELIN Du bringst mich von meinem Thema ab; aber was macht's. Die Modernen, das sind solche wie... wie du, zum Beispiel.

FRONTIN Oho! Ich bin ein Moderner!

TRIVELIN Ja, wirklich, du bist ein Moderner, und sogar einer von den Allermodernsten; nur ein neugeborenes Kind ist noch moderner als du, denn das ist gerade erst angekommen.

FRONTIN Und warum hat uns dein Herr gehaßt?

TRIVELIN Weil er meinte, daß man viertausend Jahre auf dem Buckel haben muß, um etwas wert zu sein. Ha, um seine Freundschaft zu gewinnen, habe ich alles bewundert, was mir alt erschien: ich liebte alte Möbel, lobte die alte Mode, alte Münzen, alte Medaillen und alte Brillen, setzte alte Hüte auf, verkehrte nur mit alten Leuten, und er war von meinem Geschmack entzückt. Ich hatte den Schlüssel zum Keller, in dem ein sehr alter Wein lag, den er seinen Griechentrank nannte; er bot mir ab und zu welchen an, und ich nahm mir auch ein paar Flaschen, aus lobenswerter Bewunderung für alles, was alt ist. Doch vernachlässigte ich deshalb nicht den neuen Wein; von seiner Frau erbat ich keinen andern, denn die achtete viel mehr die Modernen als die Alten, und aus Gefälligkeit ihrem Geschmack gegenüber füllte ich mir auch davon ein paar Flaschen ab, ohne ihm deshalb zu schmeicheln.

FRONTIN Wunderbar!

TRIVELIN Müßte nicht jeder glauben, daß dieses Verhalten mir die Gunst von beiden erworben hätte? Keineswegs. Sie kamen hinter die rücksichtsvolle Behandlung, die ich ihnen angedeihen ließ, und machten ein Verbrechen daraus. Der Ehemann fand die Alten beleidigt durch die Menge an neuem Wein, den ich getrunken hatte, und beklagte sich. Die Frau schimpfte wegen des alten Weins. Ich entschuldigte mich zwar, aber mit voreingenommenen Leuten kann man nicht vernünftig reden; ich mußte gehen, weil ich den Alten und den Modernen gleichermaßen Gerechtigkeit widerfahren lassen wollte. Hatte ich Unrecht?

FRONTIN Nein, du hattest alle Gesetze der menschlichen Klugheit beachtet. Aber jetzt kann ich nicht mehr weiter zuhören, weil ich nach Paris muß im Auftrag meines Herrn. Ich suche jemand, der während meiner Abwesenheit meinen Platz einnimmt; soll ich dich vorschlagen?

TRIVELIN O ja. Und was ist das für ein Mensch, dein Herr? Tafelt er gut? Denn in meinem Zustand brauche ich eine gute Küche.

FRONTIN Du wirst zufrieden sein; du dienst dem besten Mädchen ...

TRIVELIN Warum sprichst du dann von deinem Herrn?

FRONTIN Zum Henker! ... Was rede ich da ... Ich war in Gedanken.

TRIVELIN Du belügst mich, Frontin.

FRONTIN Also gut, ja, Trivelin. Es ist ein Mädchen, das sich als Mann verkleidet hat. Ich wollte es dir verheimlichen; aber jetzt ist mir die Wahrheit entschlüpft, ich war ein Esel. Sei bitte verschwiegen.

TRIVELIN Das bin ich von Geburt an. Ihr habt hier also eure geheimen Absichten, das Mädchen und du?

FRONTIN Ja.

Beiseite.

Ich werde ihm wenigstens ihren Rang verschweigen ... Da kommt sie, zieh dich zurück, ich will mit ihr reden.

Zweite Szene

CHEVALIER · FRONTIN

CHEVALIER Nun, hast du einen Diener für mich gefunden?

FRONTIN Ja, Mademoiselle; ich habe ...

CHEVALIER Bald verliere ich die Geduld mit deinem Mademoiselle; kannst du mich nicht Monsieur nennen?

FRONTIN Ich bitte um Verzeihung, Mademoiselle ... ich meine Monsieur. Ich habe einen alten Freund getroffen, einen ehrlichen Burschen; er stand bei einem braven Provinzbürger im Dienst, der gestorben ist; jetzt wartet er darauf, daß ich ihn rufe, damit er Ihnen seine Achtung bezeugen kann.

CHEVALIER Du warst hoffentlich nicht so unvorsichtig, ihm zu sagen, wer ich bin?

FRONTIN Oh, Monsieur, da können Sie ganz beruhigt sein, ich kann ein Geheimnis hüten,

Leise.

vorausgesetzt, daß es mir nicht entschlüpft . . . Darf mein Freund kommen?

CHEVALIER Gern; aber mach du dich sofort auf den Weg nach Paris.

FRONTIN Ich warte nur noch auf Ihre Briefe.

CHEVALIER Ich halte es für besser, dir keine mitzugeben, du könntest sie verlieren, oder auch meine Schwester, für die sie bestimmt sind; und meine Sache geht niemanden etwas an. Hör zu, hier ist dein Auftrag: du sagst meiner Schwester, sie brauche sich um mich keine Gedanken zu machen; ich hätte durch Zufall am Schluß des Balles, auf den mich meine Freundinnen in dieser Verkleidung hier mitgenommen hatten, den jungen Edelmann kennengelernt, diesen Lelio, mit dem ihr Mann meine Heirat brieflich fast besiegelt hat; weil ich überrascht gewesen sei, daß er sich ohne unser Wissen in Paris aufhielt, obwohl es doch hieß, er sei auf dem Land, und da er in Begleitung einer Dame gewesen sei, hätte ich sofort beschlossen, meine Verkleidung auszunützen, um über sein Herz und seinen Charakter Klarheit zu gewinnen; wir hätten so rasch, wie es bei jungen Herren üblich ist, Freundschaft geschlossen, und er hätte mich aufgefordert, am nächsten Tag mit ihm zu der Dame, mit der er den Ball besucht hatte, aufs Land zu fahren; wir seien nun hier, ich hätte bereits Dinge entdeckt, die ich klären müßte, bevor ich mich zu einer Heirat mit Lelio entschließen könnte, und das sei für mich wichtiger als alles andere. Und jetzt beeile dich; laß den Diener kommen, von dem du gesprochen hast; in ein paar Minuten sehe ich nach, ob du weg bist.

Dritte Szene

CHEVALIER

CHEVALIER Ich betrachte den Umstand, daß ich Lelio in dieser Verkleidung kennengelernt habe, als eine Gunst des Himmels, die ich ausnützen will, denn ich bin meine eigene Herrin und niemandem mehr Rechenschaft schuldig. Mein Abenteuer wird meine Schwester nicht überraschen; sie kennt meine seltsamen Einfälle. Ich habe ein ansehnliches Vermögen, ich gebe es mit meiner Hand und meinem Herzen her; das sind große Geschenke, und ich möchte wissen, wem ich sie mache.

Vierte Szene

CHEVALIER · TRIVELIN · FRONTIN

FRONTIN *zum Chevalier.* Da ist er, Monsieur.

Leise zu Trivelin.

Bewahre das Geheimnis.

TRIVELIN Ich werde es dir Wort für Wort zurückgeben, so, wie du es mir anvertraut hast, wann immer du willst.

Fünfte Szene

CHEVALIER · TRIVELIN

CHEVALIER Tritt näher. Wie heißt du?

TRIVELIN Wie Sie es wünschen, Monsieur; Bourguignon, Champagne, Pikard*, das ist mir völlig einerlei; in jedem

* *Zu dieser Zeit wurden Diener meist nach dem Namen der Provinz genannt, aus der sie stammten.*

Fall wird der Name, unter dem ich die Ehre haben werde Ihnen zu dienen, immer der schönste sein.

CHEVALIER Ohne Komplimente, wie heißt du nun?

TRIVELIN Ich muß gestehen, daß ich da Schwierigkeiten habe, denn in meiner Familie bin ich der erste, der nicht selbst die Art seiner Kleidung bestimmt. Doch kann man etwas Schmeichelhafteres tragen als Ihre Livree? Ich warte schon mit Ungeduld darauf, daß Ihre Litzen meine Nähte schmücken.

CHEVALIER *beiseite.*

Was ist das für eine Sprechweise? Er beunruhigt mich.

TRIVELIN Indessen habe ich die Ehre, Monsieur, Ihnen mitzuteilen, daß ich Trivelin heiße; ein Name, der sich ganz korrekt vom Vater auf den Sohn vererbt hat. Und von allen Trivelins, die es jemals gab, hält sich Ihr ergebener Diener in diesem Augenblick für den glücklichsten.

CHEVALIER Ersparen Sie sich Ihre Schmeicheleien. Ein Herr erwartet von seinem Dienstboten nur, daß er sich dort bemüht, wofür er ihn engagiert.

TRIVELIN Seinem Dienstboten! der Ausdruck ist hart; er klingt sehr unangenehm in meinen Ohren; werden diese widerwärtigen Bezeichnungen nie aus dem Sprachgebrauch verschwinden?

CHEVALIER Seltsam, diese Empfindlichkeit.

TRIVELIN Bitte, einigen wir uns und wählen wir ein freundlicheres Wort.

CHEVALIER *beiseite.*

Er macht sich über mich lustig. Sie scherzen, glaube ich?

TRIVELIN Das ist die Freude, zu den Ihren zu gehören; sie ist stärker als die kleine Kränkung eben.

CHEVALIER Ich muß Ihnen aber sagen, daß ich Sie wieder wegschicke, und daß Sie mir zu nichts nütze sind.

TRIVELIN Ich bin Ihnen zu nichts nütze! Ach, was Sie da sagen, kann doch nicht im Ernst gemeint sein.

CHEVALIER *beiseite.*

Der Mensch ist närrisch.

Zu Trivelin.

Gehen Sie.

TRIVELIN Nein, jetzt haben Sie mich gekränkt; ich verlasse Sie erst, wenn Sie eingestehen, daß ich Ihnen zu etwas nütze bin.

CHEVALIER Gehen Sie, sage ich Ihnen.

TRIVELIN Wo soll ich Sie erwarten?

CHEVALIER Nirgends.

TRIVELIN Seien wir ernsthaft; die Zeit verstreicht, und wir kommen zu keinem Entschluß.

CHEVALIER Wissen Sie auch, mein Freund, daß Sie sehr viel riskieren?

TRIVELIN Ich habe nur einen Taler zu verlieren.

CHEVALIER Der Spitzbube ärgert mich.

Tut, als ginge er.

Ich muß jetzt gehen.

Zu Trivelin.

Du folgst mir?

TRIVELIN Ja, gewiß, ich bleibe meinem Charakter treu: habe ich Ihnen nicht gesagt, daß ich hartnäckig bin?

CHEVALIER Wie unverschämt!

TRIVELIN Wie hartherzig!

CHEVALIER Wieso hartherzig?

TRIVELIN Ja, hartherzig; das ist ein zärtlicher Vorwurf. Reden Sie nur weiter, Sie täuschen sich; ich werde noch viel leiden; Ihre Härte sagt mir das im voraus.

CHEVALIER *beiseite.*

Ich weiß nicht, was ich davon halten soll.

TRIVELIN Ha! Ha! Sie besinnen sich, lieber Chevalier, Sie

werden nachdenklich, senken die Stimme; man kann mit Ihnen reden, und ich sehe schon, wir einigen uns noch. Meine Leidenschaft, Ihnen zu dienen, kennt keine Grenzen; das liegt auch in meinem Blut, ich kann mich nicht ändern.

CHEVALIER *legt seine Hand an den Degen.*

Ich bekomme Lust, dich zu behandeln, wie du es verdienst.

TRIVELIN Pfui, fuchteln Sie nicht so herum; diese Bewegung paßt nicht zu Ihnen; lassen Sie die Waffe in Ruhe, die Ihnen fremd ist. Ihre Augen sind eher zu fürchten als die nutzlose Klinge da.

CHEVALIER Ah! man hat mich verraten.

TRIVELIN Kommen wir zur Sache, Maske; ich kenne dich.

CHEVALIER Du?

TRIVELIN Ja; Frontin hat dich für uns beide gekannt.

CHEVALIER Der Gauner! Und hat er dir auch gesagt, wer ich bin?

TRIVELIN Er hat mir gesagt, daß du ein Mädchen bist, das ist alles; und ich habe es geglaubt, denn ich streite mich nicht wegen anderer Leute.

CHEVALIER Wenn er mich schon verraten hat, kann ich dir auch das Übrige erklären.

TRIVELIN Also gut; warum steckst du in diesem Aufzug?

CHEVALIER Nicht, um etwas Böses zu tun.

TRIVELIN Das glaube ich gern; wenn es darum ginge, würdest du nicht dein Geschlecht verbergen, das wäre vergeudete Mühe.

CHEVALIER *beiseite.*

Ich muß ihn täuschen.

Zu Trivelin.

Ich gestehe, daß ich dir die Wahrheit verheimlichen wollte, weil meine Verkleidung mit einer vornehmen Dame zusammenhängt, meiner Herrin, die Absichten auf einen gewissen Monsieur Lelio hat, den du bald sehen wirst. Sie will ihn von einer Zuneigung abbringen, die er für die Gräfin empfindet, der dieses Schloß gehört.

TRIVELIN Und welche Art von Auftrag hat sie dir bei diesem Lelio gegeben? Sicher einen sehr dreisten, du Zofe meines Herzens.

CHEVALIER Keineswegs. Meine Aufgabe ist es, in dieser Verkleidung das Herz der Gräfin zu erobern; wie du siehst, bin ich ein ziemlich hübscher Chevalier, und ich habe die Augen der Gräfin bereits mehr als einmal auf mir ruhen sehen. Wenn sie sich in mich verliebt, bringe ich sie dazu, mit Lelio zu brechen, er kehrt nach Paris zurück, und man schlägt ihm dort meine Herrin vor; sie ist liebenswert, er wird es entdecken, und die Hochzeit ist bald vollzogen.

TRIVELIN Jetzt mal ganz ohne Umschweife: ist dein Herz noch frei?

CHEVALIER Ja.

TRIVELIN Und meines auch. Nach genauer Rechnung macht das zwei freie Herzen, oder?

CHEVALIER Zweifellos.

TRIVELIN Ergo ziehe ich den Schluß, daß unsere beiden Herzen von nun an Freunde sind.

CHEVALIER Einverstanden.

TRIVELIN Und des weiteren ziehe ich ebenso scharfsinnig den Schluß, da Freunde sich helfen müssen, wo immer sie können, daß du mir zwei Monatslöhne vorstreckst als Belohnung für die absolute Verschwiegenheit, die ich dir verspreche. Ich sage nichts von meinen Dienstleistungen, den Lohn dafür muß mir die Liebe zahlen.

CHEVALIER *gibt ihm Geld.*

Da sind sechs Louisdor im voraus für deine Verschwiegenheit, und drei für deine Dienste.

TRIVELIN *gleichgültig.*

Ich bin stolz genug, die drei Louisdor abzulehnen; aber gib trotzdem her; die Hand, die sie mir reicht, macht meinen Edelmut wanken.

CHEVALIER Da kommt Monsieur Lelio; geh und warte am Schloßtor auf mich.

TRIVELIN Vergiß nicht, Süße, daß ich auf der Bühne dein Diener bin, aber hinter den Kulissen dein Verehrer. Vorm Publikum hast du Aufträge für mich und beim Tête-à-tête Gefühle.

Zieht sich zurück, während Lelio mit Arlequin auftritt. Die beiden Diener grüßen sich.

Sechste Szene

LELIO *nachdenklich* · CHEVALIER · ARLEQUIN

TRIVELIN *hinter ihren Herren*

CHEVALIER Er ist in tiefes Nachdenken versunken.

ARLEQUIN *zu Trivelin.*

Du siehst aus, als wärst du ein recht umgängliches Lebewesen.

TRIVELIN Mein Aussehen belügt dich um keine Silbe, du verstehst dich auf Gesichter.

LELIO *dreht sich zu Arlequin um und entdeckt den Chevalier.*

Arlequin! ... Ach, Chevalier, ich habe Sie gesucht.

CHEVALIER Was gibt es, Lelio? Sie sind so zerstreut, das beunruhigt mich.

LELIO Ich will es Ihnen erklären.

Zu Arlequin.

Arlequin, vergiß nicht, den Musikern auszurichten, daß sie nachher kommen sollen.

ARLEQUIN Gut, Monsieur.

Zu Trivelin.

Komm, trinken wir was, damit sich unsere Freundschaft rascher entwickelt.

TRIVELIN Das Mittel ist gut. Mir gefällt deine Art, Gefühle zu beschleunigen.

Siebte Szene

LELIO · CHEVALIER

CHEVALIER Na, mein Lieber, worum geht es? Was haben Sie? Kann ich Ihnen irgendwie nützlich sein?

LELIO Sehr nützlich.

CHEVALIER Sagen Sie es nur.

LELIO Sind Sie mein Freund?

CHEVALIER Sie verdienten es, daß ich nein sage, weil Sie mir die Frage stellen.

LELIO Sei nicht böse, Chevalier; deine Heftigkeit überzeugt mich; dennoch vergib mir die Frage, ich muß dir noch eine stellen.

CHEVALIER Nur zu.

LELIO Nimmst du die Dinge genau?

CHEVALIER So weit es vernünftig ist.

LELIO Das ist recht, das brauche ich; du hast also keine falschen Skrupel bei einer Menge Lappalien, vor der die Dummköpfe zurückschrecken?

CHEVALIER *beiseite.*
Ein schlechter Anfang!

LELIO Zum Beispiel: ist ein Liebhaber, der seine Angebetete betrügt, um sie loszuwerden, deshalb in deinen Augen ein weniger achtbarer Mensch?

CHEVALIER Was! geht es nur darum, eine Frau zu betrügen?

LELIO Nur das.

CHEVALIER Um eine Niederträchtigkeit gegen sie?

LELIO Nichts anderes.

CHEVALIER Ich dachte, du wolltest mindestens Feuer an eine Stadt legen! Was denn! eine Frau verraten, das ist doch eine ruhmreiche Tat!

LELIO *erleichtert.*

Verdammt, wenn du das so siehst, dann habe ich mir auch nichts vorzuwerfen. Und ganz ohne Eitelkeit, du siehst einen ruhmreichen Mann in mir.

CHEVALIER *wie entzückt.*

In dir, mein Freund? Oh, laß dich genauer betrachten. Laß mich einen Mann ansehen, der so ehrenwerte Verbrechen aufzuweisen hat. Du kannst dich glücklich preisen, kleiner Betrüger, so brillante Gemeinheiten vollbracht zu haben.

LELIO *lachend.*

Du entzückst mich, weil du so denkst; komm, laß dich umarmen. Teufel, du siehst aber auch aus, als hättest du manches Herz gebrochen. Schurke, wie oft hast du in deinem Leben den guten Ruf einer Dame ruiniert? Wie viele Schöne hast du in Verzweiflung gestürzt? Sag schon.

CHEVALIER Da täuschst du dich leider; es gibt keine gewöhnlicheren Abenteuer als meine; ich hatte immer das Pech, nur sittsamen Frauen zu begegnen.

LELIO Nur sittsamen Frauen? Wo zum Henker hast du dich denn herumgetrieben? Das sind sehr seltene Entdeckungen! Was haben die Frauen denn von ihrer Sittsamkeit? Damit können sie nichts anfangen. Sind wir erfolgreich, verkünden wir es; sind wir es nicht, dann lügen wir einfach; für sie ist es das gleiche. Ich persönlich habe immer öfter die Wahrheit gesagt als gelogen.

CHEVALIER Du behandelst diese Dinge mit einer Leichtigkeit, die mich entzückt.

LELIO Gelegentlich erzähle ich dir mal von ein paar hübschen Streichen, die dir sicher Spaß machen. Aber jetzt zur

Sache: du bist der Jüngste in deiner Familie und daher nicht sehr reich.

CHEVALIER Das stimmt.

LELIO Du bist hübsch und gut gebaut; rate einmal, weshalb ich dich veranlaßt habe, mit all deinen Reizen uns zu folgen? Um dich freundlich zu bitten, dein Glück zu machen.

CHEVALIER Ich erhöre deine Bitte. Und worin besteht dieses Glück?

LELIO Darin, die Gräfin in dich verliebt zu machen und über die Eroberung ihres Herzens zu der ihrer Hand zu gelangen.

CHEVALIER Du machst wohl Scherze; weiß ich denn nicht, daß du die Gräfin liebst?

LELIO Nein; ich habe sie zwar in den vergangenen Tagen geliebt, aber ich finde es jetzt angebracht, sie nicht mehr zu lieben.

CHEVALIER Was! wenn du Liebe empfindest und das nicht mehr willst, dann geht die einfach so, ohne weitere Umstände zu machen? Du sagst ihr: los, geh jetzt, und sie geht? Dein Herz ist wirklich außergewöhnlich.

LELIO Mit der Liebe mache ich so ziemlich, was ich will. Ich habe die Gräfin geliebt, weil sie entzückend ist; ich wollte sie heiraten, weil sie reich ist und ich nichts Besseres zu tun hatte; doch vor kurzem schlug man mir die Heirat mit einer jungen Dame in Paris vor, die ich noch nicht kenne, die aber zwölftausend Pfund Rente mit in die Ehe bringt; die Gräfin bringt nur sechs. Ich habe mir also ausgerechnet, daß sechs weniger ist als zwölf. Kann meine Liebe zu ihr es mit einer so vernünftigen Rechnung aufnehmen? Das wäre geradezu lächerlich. Sechs müssen gegen zwölf vom Platze weichen, oder etwa nicht? Du antwortest gar nichts!

CHEVALIER Was soll ich auf eine mathematische Regel auch

antworten, zum Teufel? Man muß nur rechnen können um einzusehen, daß du recht hast.

LELIO Genauso ist es.

CHEVALIER Und was stört dich dabei? Braucht es so viele Umstände, um die Gräfin zu verlassen? Du willst untreu werden, also gehst du zu ihr, machst ihr deine Rechnung auf und sagst: Madame, rechnen Sie selbst, prüfen Sie, ob ich mich täusche. Das ist alles. Vielleicht weint sie dann, verflucht die Mathematik und bezeichnet dich als niederträchtig und herzlos; aber das kann nur einen Hasenfuß zurückhalten, einen tapferen Kerl wie dich, der über kleinliche Ehrensachen erhaben ist, amüsiert die ganze Aufregung nur; er hört sich das an, entschuldigt sich gelassen und verabschiedet sich mit einer tiefen Verbeugung als ein höflicher Kavalier, der weiß, mit welcher Ehrfurcht er in einem solchen Fall die Titel Betrüger und Herzloser entgegenzunehmen hat.

LELIO Teufel! mit den Titeln bin ich reichlich ausgestattet, und in Verbeugungen dieser Art habe ich Übung. Die Frau Gräfin hätte auch schon eine empfangen, wenn es nur darum ginge; aber da ist noch ein kleiner Haken bei der Sache: sie hat mir nämlich vor einiger Zeit zehntausend Taler geliehen, die mir noch fehlten, um ein Stück Land zu kaufen, und besitzt einen Schuldschein darüber.

CHEVALIER Allerdings, das ändert die Sache. Ich kenne keine Verbeugung, die diesen Schein einlösen könnte. Das ist schon ernster! Der Titel Treuloser bringt einem nur Vorwürfe ein, der Titel Schuldner aber Ärger mit den Gerichten, das ist etwas anderes; für das Übel kenne ich kein Mittel.

LELIO Hör erst einmal zu. Die Gräfin glaubt, sie wird mich heiraten; sie wartet nur noch auf die Ankunft ihres Bruders. Nun hatten wir aber vor dieser Sache mit den zehntausend Talern, über die sie meinen Schein hat, noch einen besonderen Vertrag in gleicher Höhe über eine Reugeldzahlung abgeschlossen. Wenn ich mit ihr breche, muß ich das Reugeld zahlen und meinen Schuldschein einlösen; ich möchte aber weder das eine noch das andere machen; verstehst du mich?

CHEVALIER *beiseite.*

Oh, welch edler Mensch!

Laut.

Ja, ich fange an dich zu begreifen. Die Sache ist also die: wenn ich die Gräfin in mich verliebt mache, dann glaubst du, sie zahlt lieber das Reugeld, indem sie dir deine zehntausend Taler erläßt, als daß sie dich heiratet; du kannst also zehntausend Taler gewinnen; ist es so richtig?

LELIO Besser kann man meinen Überlegungen gar nicht folgen.

CHEVALIER Sie sind sehr einfallsreich, gewinnbringend und würdig, deinen hübschen Streichen, wie du das nennst, die Krone aufzusetzen. In der Tat, die Ehre, die du der Gräfin mit deiner Verliebtheit hast angedeihen lassen, ist ohne weiteres zehntausend Taler wert.

LELIO Ich bekomme sie nicht, wenn ich mich auf ihr Urteil verlasse.

CHEVALIER Aber glaubst du, ich könnte ihr Herz erobern?

LELIO Daran zweifle ich nicht.

CHEVALIER *beiseite.*

Ich habe auch keine Veranlassung dazu.

LELIO Ich habe bemerkt, daß sie deine Gesellschaft gern hat; sie lobt dich oft und findet dich geistreich; du brauchst das bloß auszunützen.

CHEVALIER Ich fühle mich zu der Heirat aber nicht sehr berufen.

LELIO Warum nicht?

CHEVALIER Aus tausend Gründen ... weil ich die Gräfin nie lieben kann; wenn sie nur Freundschaft erwartet, da könnte ich ihr dienen; aber gleichviel ...

LELIO Wer verlangt denn von dir, daß du sie liebst? Muß man denn seine Frau lieben? Wenn du es nicht tust, ist das ihre Sache und nicht deine.

CHEVALIER Also gut! Aber ich dachte immer, man sollte seine Frau lieben, weil man sonst schlecht mit ihr zusammenlebt.

LELIO Na um so besser; dann brauchst du sie nicht zu sehen, das kann doch nur von Vorteil sein.

CHEVALIER Abgemacht; ich bin bereit zu tun, was du möchtest. Wenn ich die Gräfin heirate, werde ich mich gemeinsam mit dem wackeren Lelio in der Verachtung üben, die man seiner Ehefrau schuldet.

LELIO Ich werde dir ein leuchtendes Vorbild sein, das versichere ich dir; meinst du etwa, ich werde diese Demoiselle aus Paris lieben? Im Höchstfall zwei Wochen; aber dann habe ich sicher genug von ihr.

CHEVALIER Na, gönn' der armen Frau wenigstens einen Monat in Anbetracht der zwölftausend Pfund Rente.

LELIO Solange es das Herz mir befiehlt.

CHEVALIER Weißt du wenigstens, ob sie hübsch ist?

LELIO Man hat mir geschrieben, sie sei schön; aber bei meiner Veranlagung hilft ihr das nicht viel. Wenn sie noch nicht häßlich ist, als meine Frau wird sie es, das ist sicher.

CHEVALIER Aber eine Frau gerät manchmal in Zorn, was dann?

LELIO Für den Fall habe ich einen Landsitz weit weg, die schönste Einöde der Welt, da kann Madame ihre Rachegelüste kühlen.

CHEVALIER Oh, wenn du über einen einsamen Landsitz verfügst, dann ist es gut; das ist genau das Richtige für sie.

Alle Wetter! die Seele besänftigt sich in der Abgeschiedenheit, man genießt da eine gewisse Melancholie, eine sanfte Traurigkeit, die Ruhe in allen Formen; sie braucht nur zu wählen.

LELIO Die Entscheidung liegt bei ihr.

CHEVALIER Was für ein glückliches Wesen! Aber da kommt die Gräfin. Ich empfehle dir, noch so zu tun, als liebtest du sie. Wenn du dich unbeständig zeigst, kitzelt das ihre Eitelkeit, sie läuft dir nach und läßt mich stehen.

LELIO Ich will mich entsprechend verhalten und werde ihr entgegengehen.

Geht auf die Gräfin zu, die man noch nicht sieht.

Achte Szene

CHEVALIER

CHEVALIER Wenn ich den Seigneur Lelio geheiratet hätte, wäre ich in gute Hände geraten! Zwölftausend Pfund Rente zahlen, um sich den Aufenthalt in einer Einöde zu erkaufen! Oh, Sie sind mir zu teuer, Monsieur Lelio, und ich finde zum gleichen Preis Besseres. Aber da ich einmal dabei bin, will ich zu meinem Vergnügen und um diesen Betrüger zu bestrafen weiterspielen, auch um die Gräfin von ihm zu befreien.

Neunte Szene

GRÄFIN · LELIO · CHEVALIER

LELIO *im Kommen zur Gräfin.*

Ich habe auf unsere Musikanten gewartet, Madame, und werde jetzt selbst einmal nach ihnen sehen. Ich lasse Sie mit dem Chevalier allein, er will abreisen; sein Aufenthalt hier verwirrt ihn; ich glaube, er fürchtet Sie; das ist verständlich und beunruhigt mich nicht, denn ich kenne Sie; aber er ist mein Freund, und unsere Freundschaft soll noch etwas andauern; er muß sich also an die Gefahr gewöhnen, Sie zu sehen. Bitte, bringen Sie ihm ein bißchen Vernunft bei. Ich bin sofort wieder da.

Zehnte Szene

GRÄFIN · CHEVALIER

GRÄFIN Wie! Sie benutzen solche Vorwände, Chevalier, um uns zu verlassen? Wenn Sie uns die wahren Gründe für Ihre dringende Rückkehr nach Paris sagen würden, hielten wir Sie vielleicht nicht hier zurück.

CHEVALIER Die wahren Gründe, Gräfin? Mein Gott, Lelio hat sie Ihnen doch genannt.

GRÄFIN Wie! weil Sie Ihrem Herzen in meiner Gesellschaft mißtrauen?

CHEVALIER Meinem Herzen mißtrauen! das käme ein bißchen spät; haben Sie mir Zeit dazu gelassen? Nein, Madame, das Unheil ist bereits geschehen; jetzt geht es nur noch darum, seinen Fortschritt aufzuhalten.

GRÄFIN *lachend.*

Wirklich, Chevalier, man muß Sie bedauern; ich wußte nicht, daß ich so gefährlich bin.

CHEVALIER O doch, Madame. Ich sage Ihnen da nichts, was Ihnen nicht täglich Ihr Spiegel verrät. Er hat Ihnen gewiß gesagt, daß Ihre Augen die Gastfreundschaft in Gefahr bringen, die Sie mir hier gewähren.

GRÄFIN Mein Spiegel schmeichelt mir nicht, Chevalier.

CHEVALIER Wahrhaftig, ja, das glaube ich gern; der fügt

nichts hinzu. Da hat die Natur schon das Nötige getan, die hat Ihnen geschmeichelt.

GRÄFIN Ich finde nicht, daß sie es mit übertriebenem Aufwand tat.

CHEVALIER Oh Gräfin, wenn ich das doch auf Ihre Weise sehen könnte! Denn auf meine gibt es kein Mittel, Ihnen recht zu geben.

GRÄFIN *lachend.*

Sie sind sehr galant.

CHEVALIER Oh, ich könnte es viel mehr sein.

GRÄFIN Aber legen Sie sich keinen Zwang auf, Chevalier; sicher ruft Sie eine geheime Neigung nach Paris zurück, und mit uns würden Sie sich nur langweilen.

CHEVALIER Nein, Gräfin, wenn Sie nicht in Paris sind, habe ich dort keine geheime Neigung.

Nimmt ihre Hand.

Und was die Langeweile betrifft: sollten Sie die Kunst verstehen, diese in Ihrer Gegenwart bei mir zu wecken, so zögern Sie nicht; es wäre ein großes Geschenk für mich, Gräfin, ja sogar ein Freundschaftsdienst; aber das vermögen Sie nicht. Sie erwecken nur Liebe; das ist alles, was Sie können.

GRÄFIN Und ziemlich schlecht.

Elfte Szene

GRÄFIN · CHEVALIER · LELIO

LELIO Die Musiker kommen erst später, Madame, doch dafür ist hier eine Hochzeitsgesellschaft, die Sie unterhalten möchte.

Zum Chevalier.

Dein Diener und meiner führen den Tanz an.

Sänger

Laßt uns besingen mit lautem Klang
Lukas' neidenswerten Fang,
Den er mit seiner Colette getan.
Ich selbst hielte viel von der Ehe,
Wenn ich da nicht einen Haken sähe.
Dank ihrer hältst du das bravste Kind
In deinen Armen blitzgeschwind.
Auf, nur Mut, und frisch drauflos!
Und gäb's die ersten Tage bloß:
Nichts Schöneres als ihr Überschwang!
Doch Hölle und Teufel, er dauert nicht lang,
Und der Mut, der sinkt, es wird ihm bang.

Bauer

Was sagst du, schöne Mathurine,
Zu dieser Hochzeitsfeier?
Regt sich da nichts für mich?
Mir scheint, ich seh' an deiner Miene,
Sie übt einen gewissen Reiz auf dich.
Freund Lukas und die Base lachen
Nur ob der Witze, die die andern machen.
Sag die Wahrheit, Mädchen, wie,
machtest du's nicht gern genau wie sie?

Mathurine

Hört euch nur dieses Gerede an,
Da fragt er noch, der dumme Wicht,
Was machst du und was machst du nicht?
Ach, Colin, bist du nicht schlauer,
So heiraten wir, dann weißt du's genauer.
Jetzt aber, gern ich es gestehe,

Ich oft ins Tal hinuntergehe.
Da kannst du mir folgen, schlimmer Bursche.
Es gibt dort schönes weiches Moos,
Doch der Notar, der fehlt dann bloß.

Reigen

Was die Leute immer auch sagen,
  Oho so so
Ich werde die Ehe wagen,
Mag kommen, was da will.
  Oho so so
Zum Teufel, ich bin mutig!
Soll auch der Mut, sehr bald vergehn,
  Oho so so
Laßt nur, das werden wir noch sehn!
Meine Claudine hat mir gesagt,
  Oho so so
Die Mutter im Zorn ihr verboten hat,
Daß sie mir angehöre,
  Oho so so
Doch gleich darauf sagt mir die Schöne,
Daß nach der Liebe sie sich sehne,
  Oho so so
Gehn wir in dieses Wäldchen dort.

Hier läßt sie ein Lied erklingen:
  Oho so so
Oh Schäfer sag, daß dein Herz mich liebt
Und meines dir dann Antwort gibt
  Oho so so
Erfüllt von seiner Liebe, ach.

Dann sah sie mich an,
  Oho so so
Ein zärtlicher Blick, da wurde ich schwach.
Mein Herz, das sang nun ebenfalls
  Oho so so
Ein Lied so sanft und süß,
Daß es hundertmal sie seufzen ließ
  Oho so so
Vor Wonne, mich zu hören.
So oft aufs neue ich es sang,
Bis daß meine Stimme verlor ihren Klang.
  Oho so so

ZWEITER AKT

Erste Szene

TRIVELIN

TRIVELIN Jetzt bin ich schon zur Hälfte in einen süßen und recht einträglichen Handel verwickelt: ich habe Geld und ein Liebchen; der schöne Anfang verspricht ein noch schöneres Ende. Aber ist es richtig, daß ich hier sitze und die Hände in den Schoß lege, als geschickter Mensch? Sollte ich nicht besser etwas unternehmen, um dem Plan meiner geliebten Zofe zu einem Erfolg zu verhelfen? Wenn ich dem Seigneur Lelio sagte, daß das Herz der Gräfin bereits vor dem Chevalier zu kapitulieren beginne, würde er sich schneller ärgern und nach Paris fahren, wo man auf ihn wartet. Ich habe ihm schon zu verstehen gegeben, daß ich gern die Ehre hätte, mit ihm zu reden. Aber da kommt er ja im Gespräch mit der Gräfin; warten wir das Ende ab.

Zweite Szene

LELIO · GRÄFIN *im Gespräch*

GRÄFIN Nein, Monsieur, ich kann Sie nicht verstehen. Sie befreunden sich mit dem Chevalier, Sie bringen ihn hierher zu mir, und dann wünschen Sie, daß ich unfreundlich zu ihm bin! Was denken Sie sich dabei? Sie haben mir selbst gesagt, er sei ein liebenswerter, unterhaltsamer Mensch, und in der Tat, ich finde, Sie haben recht.

LELIO *wiederholend.*
In der Tat! Es ist also in der Tat so? Ich weiß nicht, was ich Ihnen dazu sagen soll, aber da ist ein *in der Tat*, das da nicht sein sollte.

GRÄFIN Unglücklicherweise ist es aber da.

LELIO Sie machen sich lustig über mich, Madame.

GRÄFIN Soll ich etwa Ihre Abneigung gegen den Ausdruck *in der Tat* respektieren? Darf man das nicht sagen? Ist es aus dem Sprachgebrauch verbannt?

LELIO Nein, Madame, aber es beweist, daß Sie ein wenig zu sehr von den Vorzügen des Chevaliers überzeugt sind.

GRÄFIN Das beweist es? Nun, dann hat es Unrecht, und es ist vernünftig, wenn Sie ihm den Prozeß machen, aber Sie müssen doch zugeben, daß man das Recht hat, die Vorzüge eines Menschen zu empfinden, wenn diese Vorzüge vorhanden sind; und das tue ich beim Chevalier.

LELIO Sehen Sie, *empfinden* ist auch so ein Wort, das nicht besser ist; *empfinden* ist viel zu stark, *erkennen* müßte es heißen.

GRÄFIN Ich glaube, ich werde gar nichts mehr sagen und darauf warten, daß Sie mir eine Liste mit unverfänglichen Wörtern geben, die ich benutzen darf, das ist sicher das Einfachste; nur so werde ich mich mit Ihnen unterhalten können.

LELIO Ach, Madame, verzeihen Sie meiner Liebe!

GRÄFIN Dann müssen Sie auch meine Unwissenheit ertragen; ich habe nicht gewußt, daß der Unterschied so groß ist zwischen *erkennen* und *empfinden*.

LELIO *Empfinden*, Madame, ist der Stil des Herzens, und in dem sollten Sie nicht vom Chevalier sprechen.

GRÄFIN Ihr Stil macht mir aber kein Vergnügen, er mißfällt mir, er ist kalt, und wenn ich offen sein soll, er stößt mich ab.

LELIO *beiseite.*

Gut! Ich bekomme meinen Schuldschein zurück.

GRÄFIN Es ist besser, wir trennen uns jetzt; ich rede schlecht und Sie antworten mir nicht besser; das führt zu keiner erfreulichen Unterhaltung.

LELIO Gehen Sie jetzt zum Chevalier?

GRÄFIN Lelio, um der Lektion willen, die Sie mir eben erteilt haben, mache ich Sie darauf aufmerksam, daß es manchmal besser für Sie wäre, sich nicht zu zeigen; verstehen Sie?

LELIO Sie finden mich also ganz unerträglich?

GRÄFIN Ersparen Sie sich meine Antwort; ich bin sicher, Sie würden sich wieder über den Wert meiner Ausdrücke beklagen.

LELIO Und ich bin sicher, Sie halten sich noch zurück und würden mir am liebsten sagen, daß Sie mich hassen.

GRÄFIN Nein; aber ich sage es Ihnen bald, wenn das so weitergeht, und ohne Zweifel wird es so weitergehen.

LELIO Sie scheinen es zu wünschen.

GRÄFIN Sie fordern den Wunsch ja heraus.

LELIO *scharf und verärgert.*

Sie peinigen mich, Madame.

GRÄFIN Ich halte mich zurück, Monsieur, ich halte mich zurück.

Will sich entfernen.

LELIO Halt, Gräfin; Sie hatten mir die Ehre erwiesen, meine zärtlichen Gefühle nicht unerwidert zu lassen.

GRÄFIN Fangen Sie noch davon an!

LELIO Und auch der Vertrag, den wir zwischen uns abgeschlossen haben...

GRÄFIN *verärgert.*

Der Vertrag macht Ihnen Kummer? Nun, wir brauchen ihn nur zu brechen. Warum haben Sie mir das nicht gleich gesagt? Seit einer Stunde winden Sie sich, um das zu erreichen.

LELIO Ihn brechen! Eher sterbe ich; garantiert er mir nicht Ihre Hand?

GRÄFIN Und was bedeutet meine Hand ohne mein Herz?

LELIO Ich hoffe, beides zu bekommen.

GRÄFIN Und warum machen Sie sich dann so unbeliebt bei mir?

LELIO Wieso habe ich mich unbeliebt gemacht? Sie hätten Mühe, mir das zu erklären.

GRÄFIN Erstens, Sie sind eifersüchtig.

LELIO Zum Henker, Madame, wenn man liebt ...

GRÄFIN Wie zornig er gleich wird!

LELIO Kann man sich daran hindern, eifersüchtig zu sein? Früher warfen Sie mir vor, ich sei es nicht genügend, Sie fanden mich zu gleichmütig, jetzt beunruhige ich mich, und schon mißfalle ich Ihnen.

GRÄFIN Vollenden Sie, Monsieur, ziehen Sie die Schlußfolgerung, daß ich eine launische Person bin; das wollen Sie doch damit sagen, ich verstehe Sie sehr gut. Ihr Kompliment ist der Unterhaltung würdig, mit der Sie mich seit einer Stunde erfreuen; und Sie fragen mich noch, wieso Sie sich unbeliebt machen! Sie haben eine merkwürdige Art!

LELIO Aber ich nenne Sie gar nicht launisch, Madame; ich sage nur, daß Sie gewünscht haben, ich sei eifersüchtig. Heute bin ich es, und warum mißfällt Ihnen das nun?

GRÄFIN Vielleicht behaupten Sie auch, Sie würden mich nicht wetterwendisch nennen.

LELIO Ich flehe Sie an, Madame, antworten Sie.

GRÄFIN Nein, Monsieur, was Sie mir da sagen, hat noch nie jemand einer Frau gesagt; und außer Ihnen hat mich noch keiner so albern gefunden.

LELIO *um sich blickend.*

Ich suche denjenigen, mit dem Sie sprechen, Madame, denn für mich können die Worte kaum bestimmt sein.

GRÄFIN Sehr gut! Jetzt sehe ich also Gespenster; reden Sie nur weiter, Monsieur, nur immer weiter; Sie wollen den Vertrag nicht brechen; aber ich will ihn jetzt nicht mehr einhalten, nicht wahr?

LELIO Wieviel Aufwand, um einer ganz einfachen Frage zu entgehen, auf die Sie keine Antwort wissen!

GRÄFIN Ah! Jetzt kann ich mich nicht mehr beherrschen: launisch, albern, Gespenster sehend und böswillig! ein sehr schmeichelhaftes Porträt! Ich habe Sie nicht gekannt, Monsieur Lelio, ich habe Sie nicht gekannt, Sie haben mich getäuscht. Ich würde Ihnen Eifersucht vergeben; aber nicht Ihre, die unerträglich ist; eine schreckliche, widerwärtige Eifersucht, die aus der Tiefe Ihres Charakters kommt, aus Ihrem verdorbenen Geist. Das ist keine Empfindsamkeit bei Ihnen, das ist angeborene Boshaftigkeit, Veranlagung. Oh, das ist nicht die Eifersucht, die ich erwartet hatte; ich habe mir eine sanfte Unruhe vorgestellt, die aus einem scheuen, betroffenen Herzen kommt und nichts anderes ist als ein lobenswertes Mißtrauen gegen sich selbst. Mit dieser Eifersucht wird man nicht so ausfällig gegen die Menschen, die man liebt, man findet sie weder albern, noch betrügerisch, noch wetterwendisch; man fürchtet lediglich, daß man nicht immer geliebt wird, weil man sich dessen nicht für würdig hält. Aber das begreifen Sie nicht; diese Art von Gefühlen gehören nicht in den Bereich einer Seele wie der Ihren. Bei Ihnen geht es um Wut, um Zornausbrüche oder reine List; Sie verdächtigen in beleidigender Weise, lassen es an Achtung, an Ehrerbietung und Ergebenheit fehlen; Sie stützten sich auf einen Vertrag; leiten Ihre Rechte aus einer Verpflichtung ab. Ein

Vertrag über eine Reugeldzahlung, Monsieur Lelio! Mißtrauen! Und das nennen Sie Liebe! Diese Liebe macht einem Angst. Adieu.

LELIO Ein Wort noch. Sie sind erzürnt, aber Sie kommen zurück, denn im Grunde schätzen Sie mich.

GRÄFIN Meinetwegen; ich schätze auch viele andere. Schätzenswert zu sein betrachte ich nicht als einen besonderen Vorzug, man ist nur, was man stets sein sollte.

LELIO Damit wir uns wieder versöhnen, erfüllen Sie mir eine Bitte. Sie sind mir teuer, der Chevalier liebt Sie; seien Sie etwas kühler zu ihm; bringen Sie ihm höflich bei, daß er uns verlassen und nach Paris zurückfahren soll.

GRÄFIN Ihm höflich beibringen, daß er uns verlassen soll, das würde bedeuten, ihm sehr höflich eine Unverschämtheit beibringen, die mich ebenso höflich in seiner Vorstellung als eine Frau ohne Lebensart erscheinen ließe! Nein, Monsieur, damit verschonen Sie mich bitte. Aller Takt verhindert nicht, daß eine Höflichkeit lächerlich erscheint, wenn sie es ist, Sie haben es mir eben bewiesen. Das ist eine Lehre, die ich Ihnen sehr höflich beibringe, um Ihnen eine kleine Probe davon zu geben, was Sie mit höflich beibringen bezeichnen.

Geht ab.

Dritte Szene

LELIO · TRIVELIN

LELIO *einen Moment allein, lachend.*

Das geht ja wunderbar; ich werde die zwölftausend Pfund Rente heiraten. Aber da kommt der Diener des Chevalier.

Zu Trivelin.

Ich hatte vorhin den Eindruck, du wolltest mir etwas sagen?

TRIVELIN Ja. Monsieur; verzeihen Sie die Freiheit, die ich mir nehme. Mein Aufzug spricht nicht zu meinen Gunsten, doch schlägt das Herz eines rechtschaffenen Mannes darunter, der eine besonders große Zuneigung zu allen ehrenwerten Leuten hat.

LELIO Ich glaub' es dir.

TRIVELIN Ich selbst, und das sage ich in aller Bescheidenheit, ich selbst gehörte früher auch zu diesen ehrenwerten Leuten; doch Sie wissen, Monsieur, wie vielen Widrigkeiten man im Leben ausgesetzt ist. Das Schicksal hat mir übel mitgespielt; auch anderen hat es mitgespielt, die Geschichte ist voll von Berichten über seine Tücken: Prinzen, Helden, alle hat es hereingelegt, und ich tröste mich mit solchen Leidensgefährten über mein Unglück.

LELIO Ich wäre dir sehr verbunden, wenn du deine Betrachtungen abkürzen würdest und zur Sache kämst.

TRIVELIN Unglückliche Menschen sind ein wenig schwatzhaft, Monsieur, sie verlieren sich leicht in ihren traurigen Erinnerungen. Aber ich breche ab; die kleine Einführung sollte, bitteschön, nur dazu dienen, mir ein wenig Achtung zu erwirken und dem, was ich Ihnen sagen möchte, Gewicht verleihen.

LELIO Meinetwegen.

TRIVELIN Sie wissen, daß ich der Diener des Herrn Chevalier bin.

LELIO Ja.

TRIVELIN Ich werde nicht lange bei ihm bleiben, Monsieur; sein Charakter verursacht dem meinen zu viel Ärger.

LELIO Was stört dich daran?

TRIVELIN Wie anders Sie sind als er! Kaum hatte ich Sie gesehen, kaum hatte ich Sie sprechen hören, als ich mir sagte: ach, was für eine offene Seele! was für ein redliches Herz!

LELIO Wenn du jetzt noch mein Lob singen willst, kommst du nie zum Ende.

TRIVELIN Das Lob der Tugend, Monsieur, ist doch wohl eine kleine Abschweifung wert.

LELIO Komm endlich zur Sache.

TRIVELIN Zunächst bitte ich ergebenst, daß wir vorher eine kleine Absprache treffen.

LELIO Sprich.

TRIVELIN Ich bin stolz, aber arm, zwei Eigenschaften, die, wie man sich denken kann, schwer miteinander vereinbar sind und doch fast immer versessen darauf, gemeinsam zu erscheinen; das geht über meinen Verstand.

LELIO Mach es kurz: wohin führt uns dein Stolz und deine Armut?

TRIVELIN Sie führen uns zu einem Kampf, der sich zwischen ihnen abspielt; der Stolz verteidigt sich zunächst erfolgreich, doch sein Feind wird sehr zudringlich; bald gibt sich der Stolz geschlagen, zieht sich zurück, flieht und überläßt den Kampfplatz der Armut, die über nichts errötet und sich in diesem Augenblick bittend an Ihre Freigebigkeit wendet.

LELIO Ich begreife; du bittest mich um Geld zur Belohnung für die Mitteilung, die du mir machen willst?

TRIVELIN So ist es; das Gute an großmütigen Seelen ist, daß sie erraten, was einem nottut, und einem die Schande ersparen, seine Bedürfnisse zu erklären; wie schön das ist!

LELIO Ich erfülle dir deine Bitte, aber nur unter einer Bedingung: daß das Geheimnis, das du mir verrätst, auch eines Lohnes wert ist; und ich werde ehrlich sein. Jetzt rede.

TRIVELIN Warum mußte nur der Umstand, daß Geld so rar ist, unfehlbar die Freigebigkeit von Leuten wie Ihnen untergraben? Ach, ist das traurig! Aber gleichviel; Ihr Anstand wird mir zurückgeben, was Ihre Sparsamkeit mir nimmt, und ich beginne. Sie halten den Chevalier für Ihren vertrauten und treuen Freund, nicht wahr?

LELIO Ja, ohne Zweifel.

TRIVELIN Irrtum.

LELIO Wieso?

TRIVELIN Sie glauben, die Gräfin liebt Sie immer noch?

LELIO Ich bin überzeugt davon.

TRIVELIN Irrtum, Irrtum über Irrtum!

LELIO Wieso das?

TRIVELIN Ja, Monsieur: Sie haben weder einen Freund, noch eine Geliebte. Welch eine räuberische Welt! die Gräfin liebt Sie nicht mehr, der Chevalier hat Ihnen ihr Herz gestohlen; er liebt sie, er wird von ihr wiedergeliebt, das ist eine Tatsache; ich weiß es, ich habe es gesehen, ich mache Sie darauf aufmerksam; ziehen Sie für sich und für mich einen Vorteil daraus.

LELIO Hast du denn etwas bemerkt, was das bestätigt?

TRIVELIN Auf meine Beobachtungen kann man sich verlassen, Monsieur. Ich brauche eine Frau nur einen Augenblick anzusehen und kann Ihnen genau sagen, was sie fühlt und was sie fühlen wird, aufs Komma genau. Alles, was in ihrem Herzen vorgeht, ist in ihr Gesicht geschrieben, und ich habe diese Handschrift so eingehend studiert, daß ich sie so fließend lese wie meine eigene. Vorhin zum Beispiel, während Sie im Garten Blumen für die Gräfin pflückten, schnitt ich eine Hecke in ihrer Nähe und sah den Chevalier um sie herumhüpfen und lachen und schäkern. Wie lustig und vergnügt Sie sind! sagte sie, zu seinen Späßen nachsichtig lächelnd. Jeder andere als ich hätte in diesem Lächeln nichts bemerkt; aber es war ein verschlüsseltes Zeichen. Wissen Sie, was es bedeutete? Sie unterhalten mich gut, Chevalier! Sie sind so liebenswürdig! Fühlen Sie nicht, daß Sie mir gefallen?

LELIO Das ist gut; aber erzähl mir noch etwas, was ich mir selbst erklären kann, denn ich bin nicht so schlau wie du.

TRIVELIN Was jetzt kommt, bedarf keiner Fachkenntnisse. Der Chevalier machte so weiter und raubte ihr ein paar Küsse, worüber man sich empörte, ohne ihn daran zu hindern. Nicht doch, sagte sie mit einem Gesicht, das zu träge war, um sich der Beleidigung zu entziehen; und schließlich fügte sie hinzu: was fällt Ihnen denn ein. Und während ich weiter an meiner Hecke schnitt, erklärte ich mir das *was fällt Ihnen denn ein* und das *nicht doch* und begriff, was es heißen sollte: auf, Chevalier, noch einen Kuß auf die gleiche Art; überlisten Sie mich weiter, um den Anstand zu wahren, denn ich darf in nichts einwilligen; aber wenn Sie geschickt sind, kann ich nichts tun; dann liegt es nicht an mir.

LELIO Oha! Küsse, das ist schon was.

TRIVELIN Und jetzt kommt das Rührendste. Oh, die schöne Hand! rief er dann; erlauben Sie mir, sie zu bewundern. Das ist nicht nötig. Ich flehe sie an. Aber ich will nicht... Dessen ungeachtet wird ohne Zögern die Hand ergriffen, bewundert, liebkost... Lassen Sie das... Ohne Folgen. Ein Schlag mit dem Fächer, ein koketter Schlag, der bedeutet: nur weiter so; der Fächer wird ergriffen, neuer Raubzug nach der Hand; die andere kommt ihr zu Hilfe, der Feind gewinnt an Boden: Ich verstehe Sie nicht, so hören Sie doch auf. Sprechen Sie ruhig weiter, Madame!... Die Gräfin ist verwirrt, der Chevalier sieht sie zärtlich an; sie errötet; er wird lebhafter; sie wird wütend ohne Zorn; er wirft sich vor ihr auf die Knie ohne Reue; sie stößt verschämt einen halben Seufzer aus; er antwortet kühn mit einem ganzen; und dann Stille; und dann Blicke, die recht zärtlich sind; und dann welche, die es nicht zu sein wagen; und dann: was soll das heißen, Monsieur? Sehen Sie es nicht, Madame? So stehen Sie doch auf. Verzeihen Sie mir? Ach, ich weiß es nicht... Soweit waren sie, als Sie kamen, aber ich glaube, inzwischen haben sich die Parteien geeinigt. Was sagen Sie dazu?

LELIO Daß deine Entdeckung langsam Form gewinnt.

TRIVELIN Langsam Form gewinnt! Wie weit soll ich sie denn noch verfolgen, um Sie zu überzeugen? Außerdem glaube ich nicht, daß es mir noch weiter gelingt; ich war bei Amors Geburt dabei; wenn er ein großer Junge ist, kann ich lange an der Hecke auf ihn warten, der Teufel soll mich holen, wenn er noch dorthin zum Schäkern kommt. Und er wird rasch groß, wenn er es nicht schon ist, denn er schien es eilig zu haben, der Schelm.

LELIO Sehr eilig, weiß Gott.

TRIVELIN Was sagen Sie zu der Gräfin? Hätten Sie sie nicht ohne mich geheiratet? Wenn Sie gesehen hätten, wie sie ihre weiße Hand dem Chevalier überließ!...

LELIO Tatsächlich! Glaubst du, daß sie Gefallen daran fand?

TRIVELIN Und ob, Monsieur.

Beiseite.

Man könnte denken, er auch.

Zu Lelio.

Finden Sie nicht, daß meine Mitteilung ihren Lohn verdient?

LELIO Ohne Zweifel. Du bist ein Gauner.

TRIVELIN Ohne Zweifel, du bist ein Gauner: das scheint mir eine recht merkwürdige Einleitung für eine Belohnung.

LELIO Der Chevalier würde dir hundert Stockhiebe verpassen, wenn ich ihm sagte, daß du ihn verrätst. Doch will ich dir gütigerweise die verdienten Hiebe ersparen und kein Wort sagen. Adieu, du kannst zufrieden sein; du hast deinen Lohn.

Geht ab.

Vierte Szene

TRIVELIN

TRIVELIN Münzen, die so geschlagen sind, habe ich noch nie gesehen. Adieu, Monsieur, Ihr Diener. Möge der Himmel Sie mit der Gunst überhäufen, die ich verdiene! Von allen Grimassen, die das Schicksal mir geschnitten hat, ist die hier sicher die komischste. Mich zu bezahlen, indem man mir Stockhiebe erspart! Das nenne ich alles zu Gelde machen. Im übrigen begreife ich das nicht: ich sage ihm, daß seine Angebetete ihn betrügt, und er fragt, ob sie Gefallen daran finde. Sollte unser falscher Chevalier mir einen Bären aufgebunden haben? Vielleicht sind die beiden enger befreundet, als ich ahne?

Fünfte Szene

ARLEQUIN · TRIVELIN

TRIVELIN *beiseite.*
Ich will Arlequin ein bißchen darüber aushorchen.
Laut.
Ah, da bist du ja. Wo willst du hin?

ARLEQUIN Nachsehen, ob Briefe für meinen Herrn angekommen sind.

TRIVELIN Du scheinst in Gedanken versunken. Wovon träumst du?

ARLEQUIN Von funkelnden Louisdor.

TRIVELIN Teufel, deine Träume sind aus kostbarem Material.

ARLEQUIN Ich habe dich gesucht, um mit dir zu reden.

TRIVELIN Und was willst du von mir?

ARLEQUIN Dir von funkelnden Louisdor erzählen.

TRIVELIN Schon wieder funkelnde Louisdor! Du hast ja eine Goldmine in deinem Kopf.

ARLEQUIN Sag mal, Freund, woher hast du die vielen Taler, die du vorhin im Wirtshaus aus der Tasche gezogen hast, um die Flasche Wein zu bezahlen? Ich würde gern das Geheimnis wissen, wie du die machst.

TRIVELIN Mein lieber Freund, ich kann dir kaum das Geheimnis verraten, wie man Taler macht, ich habe immer nur das Geheimnis gekannt, wie man sie los wird.

ARLEQUIN Oh, da kenne ich auch eins, das habe ich in allen Einzelheiten im Wirtshaus erfahren.

TRIVELIN Das geht mit dem Wein ganz gut, obwohl langsam; aber wenn man noch eine Prise Zuneigung fürs schöne Geschlecht beifügt, gelingt es ganz anders.

ARLEQUIN Ach, das schöne Geschlecht! von dem Gewürz findet sich hier nichts.

TRIVELIN Du bleibst ja nicht für immer hier. Aber verrate du mir jetzt auch mal was: ist dein Herr mit dem Chevalier sehr eng befreundet?

ARLEQUIN Und ob.

TRIVELIN Sind sie sehr zuvorkommend gegeneinander, sehr gefällig?

ARLEQUIN Sie sagen zueinander: Wie geht es dir? Danke, und dir? . . . Dann essen sie zusammen; und dann: Gute Nacht, schlaf gut . . . Und dann gehen sie zu Bett und dann schlafen sie, und dann kommt der nächste Tag. Sollen sie sich Beleidigungen an den Kopf werfen?

TRIVELIN Nein, Freund; ich hatte einen bestimmten

Grund, dich das zu fragen, wegen eines Abenteuers, das ich hier erlebt habe.

ARLEQUIN Du?

TRIVELIN Ja, ich habe das Herz einer liebenswerten Person erobert, und die Freundschaft unserer Herren wird unsern Aufenthalt hier verlängern.

ARLEQUIN Und wo hält sich das seltene Exemplar von liebenswerter Person auf?

TRIVELIN Hier, habe ich dir gesagt. Hölle und Teufel! das ist eine wichtige Sache für mich.

ARLEQUIN Welch ein Vergnügen! Ist sie jung?

TRIVELIN Um die neunzehn oder zwanzig.

ARLEQUIN Also fast noch ein Backfisch. Und hübsch?

TRIVELIN Hübsch! Was für ein kümmerliches Wort! Das ist Mißachtung, mein Lieber; ich sage dir, sie ist charmant, zum Anbeten, ganz meiner würdig.

ARLEQUIN *gerührt.*

Ach, Liebchen, du Leckerbissen meines Herzens!

TRIVELIN Und aus ihrer entzückenden Hand kommen die funkelnden Louisdor, von denen du sprichst, und darum sind sie so kostbar für mich.

ARLEQUIN *läßt seine Arme sinken.*

Ich kann nicht mehr.

TRIVELIN *beiseite.*

Er macht mir Spaß. Ich will ihn noch völlig zur Verzweiflung bringen. – Das ist noch nicht alles, mein Freund. Ihre Reden haben mein Herz bezaubert; sie findet mich so liebenswürdig, daß ich ganz beschämt bin. Werden Sie mich lieben? hat sie mich gefragt; kann ich auf Ihr Herz zählen?

ARLEQUIN *hingerissen.*

Ja, meine Königin.

TRIVELIN Mit wem redest du?

ARLEQUIN Mit ihr; ich habe gedacht, sie würde mich fragen.

TRIVELIN *lachend.*

Ha! ha! ha! Während sie so mit mir sprach, kramte sie in ihrer Tasche, um mir ihre Gefühle zu beweisen, und holte das Gold hervor, meine ganze Wonne. Nehmen Sie, sagte sie und drückte es mir in die Hand; und da ich aus Höflichkeit meine Hand nur langsam öffnete, rief sie: so nehmen Sie doch, das ist nur ein Muster aus der Goldkassette, die ich Ihnen schenken will; da habe ich nachgegeben, denn ein Muster wehrt man nicht ab.

ARLEQUIN *wirft seine Pritsche und seinen Gürtel auf den Boden und fällt auf die Knie.*

Ach, teurer Freund, ich stürze mich zu deinen Füßen, um dich in aller Demut anzuflehen, mir das königliche Antlitz dieses unvergleichlichen Mädchens zu zeigen, das ein Herz verschenkt und dazu noch funkelnde Louisdor aus Peru; vielleicht schenkt sie mir auch ein paar Muster; ich will sie nur sehen, bewundern und dann glücklich sterben.

TRIVELIN Das geht nicht, mein Junge; du darfst deine Hoffnungen nicht auf meine Abenteuer stützen. Weißt du, zwischen einem Zuchtesel und einem Araber ist ein gewisser Unterschied.

ARLEQUIN Ach, für mich bist du der edelste Gaul der Welt.

TRIVELIN Du übertreibst meinen Vergleich; ich gestatte dir zwar mich zu schätzen, Arlequin, aber loben solltest du mich nie.

ARLEQUIN Zeig mir doch mal das Mädchen ...

TRIVELIN Das geht nicht; aber ich mag dich, und du sollst etwas von meinem Glück merken: von heute an stifte ich dir eine Flasche Burgunder für jeden Tag, den wir noch hier sind.

ARLEQUIN *weinerlich.*

Eine Flasche pro Tag, das macht dreißig Flaschen im

Monat; gib mir doch die Stiftung vom ersten Monat in barer Münze, um mich in meinem Schmerz zu trösten.

TRIVELIN Ich möchte bei jeder Zahlung mit anwesend sein, mein Sohn.

ARLEQUIN *entfernt sich weinend.*

Ich werde also meine Königin nicht sehen? Wo bist du, meines Herzens funkelnder Louisdor? Ach, ich gehe, um dich überall zu suchen. Hu! hu! hu! ...

Gefaßt und bestimmt.

Hast du nicht Lust, jetzt die erste Monatsstiftung zu trinken?

TRIVELIN Ich kann nicht, da kommt mein Herr; aber geh und warte auf mich.

Arlequin geht und fängt wieder an zu heulen.

Sechste Szene

CHEVALIER · TRIVELIN

TRIVELIN *einen Augenblick allein.*

Ich habe ihn ganz verrückt gemacht; ha! ha! ha! der arme Junge! Er verdient es nicht, an unserm Plan teilzuhaben.

Der Chevalier kommt.

Ach, da sind Sie ja, unvergleichlicher Chevalier. Nun, steht unsere Sache gut?

CHEVALIER *als wäre er wütend.*

Sehr gut, Monsieur Trivelin; doch ich habe Sie gesucht, um Ihnen zu erklären, daß Sie nichts taugen.

TRIVELIN Eine Lappalie; und Sie haben mich extra gesucht, um mir das zu sagen?

CHEVALIER Mit einem Wort, du bist ein Schelm.

TRIVELIN Da sind Sie im gleichen Irrtum wie alle andern.

CHEVALIER Ein Schurke, an dem ich mich rächen werde.

TRIVELIN Das Traurige an meinen Tugenden ist, daß sie von niemandem erkannt werden.

CHEVALIER Ich möchte gern wissen, wieso du dich in meine Angelegenheiten mischst und Monsieur Lelio sagst, ich würde die Gräfin lieben?

TRIVELIN Wie! er hat Ihnen verraten, was ich ihm gesagt habe?

CHEVALIER Gewiß.

TRIVELIN Sie bereiten mir ein großes Vergnügen mit Ihrer Mitteilung; als Bezahlung für meine Nachricht hatte er mir Schweigen versprochen; jetzt hat er geredet, also bleibt die Schuld.

CHEVALIER Ausgezeichnet! Du wolltest ihm also Geld aus der Tasche locken, du Schlitzohr?

TRIVELIN Du Schlitzohr! Bitte streichen Sie die kleine Floskel aus Ihrer Rede; das sind Blumen der Rhetorik, deren Duft mich benebelt; ich wollte Geld haben, das stimmt.

CHEVALIER Und? Hatte ich dir nicht welches gegeben?

TRIVELIN Habe ich es nicht mit Freuden genommen? Worüber beschweren Sie sich? Ist Ihr Geld so ungesellig? Kann es sich nicht mit dem von Monsieur Lelio vertragen?

CHEVALIER Gib acht, hörst du; wenn du noch einmal unverschämt wirst, ich habe eine Herrin, die sich mit dir befassen wird, das garantiere ich dir.

TRIVELIN Ist ja schon gut; doch meine Verschwiegenheit läßt nach, ich muß es gestehen; ich fühle, wie sie kränkelt; es wäre angebracht, ihr mit einem Kuß oder auch mehreren wieder auf die Beine zu helfen.

CHEVALIER Nein.

TRIVELIN Dann verwandeln wir es doch in etwas anderes.

CHEVALIER Das kann ich nicht.

TRIVELIN Du verstehst mich nicht; aber ich kann mich nicht entschließen, dir das Lösungswort zu liefern.

Der Chevalier zieht seine Uhr aus der Tasche.

Ah! ah! du findest es auch von allein; das Wort ist keine Uhr, aber sie kommt ihm schon sehr nahe, wegen des Metalls.

CHEVALIER Oh, ich verstehe dich sehr gut, da mach dir keine Sorgen.

TRIVELIN Trotzdem wäre mir ein Kuß lieber.

CHEVALIER Da, und benimm dich anständig.

TRIVELIN Ach, Schelmin, du betrügst meine Liebe; du weichst aus, aber mit so viel Charme, daß ich mich ergeben muß.

Siebte Szene

CHEVALIER · TRIVELIN
ARLEQUIN

Arlequin hat das Ende des Gesprächs mit angehört. Während der Chevalier Trivelin das Geld gibt, nimmt er es mit der einen Hand, während er den andern Arm um den Chevalier legt.

ARLEQUIN Ach, da habe ich sie! ach, Liebste, ich sterbe! du liebes kleines Goldstück du, ich kann mich nicht lassen vor Freude! Ach, Trivelin, ich bin beglückt.

TRIVELIN Und ich betrogen.

CHEVALIER Mein Geheimnis ist entdeckt; ich bin verzweifelt.

ARLEQUIN Laß mich dich betrachten, Kassette meiner Seele: wie entzückend sie ist! Mein Herz schmilzt, meine Süße, ich fühle mich ganz schwach. Rasch ein Muster zur Stärkung, ach! ach! ach!

CHEVALIER *zu Trivelin.*
Befreie mich von ihm; was meint er mit seinem Muster?

TRIVELIN Schon gut! Geld will er haben.

CHEVALIER Wenn es nur daran hängt, um meinen Plan zu Ende zu führen, so erkläre ihm alles und verpflichte ihn zum Schweigen, hier hast du die Mittel dazu.

Zu Arlequin.

Mein lieber Arlequin, verrate mich nicht, ich verspreche dir Muster, so viele du willst. Trivelin gibt sie dir; folge ihm und halte den Mund; wenn du sprichst, bekommst du nichts.

ARLEQUIN Hölle und Teufel, ich will ganz folgsam sein. Werden Sie mich lieben, kleiner Mann?

CHEVALIER Ganz sicher.

TRIVELIN Auf, mein Sohn, du erinnerst dich an die gestiftete Flasche; die wollen wir jetzt zusammen leeren.

ARLEQUIN *ohne sich zu rühren.*

Gehen wir.

TRIVELIN Nun komm doch.

Zum Chevalier.

Verfolgen Sie weiter Ihren Plan und machen Sie sich keine Gedanken.

ARLEQUIN *im Weggehen.*

Ach, was für eine schöne Entdeckung! Wie schön! Wie schön!

Achte Szene

GRÄFIN · CHEVALIER

CHEVALIER *einen Augenblick allein.*

Ich spiele also weiter. Mein Plan bereitet mir zu viel Vergnügen, als daß ich ihn aufgeben möchte; und wenn er mich noch hundert Pfund kostet, ich will versuchen, ihn bis zum Ende durchzuführen. Da kommt die Gräfin; ich glaube, sie ist mir gewogen; ich will sie endgültig für mich gewinnen. Sie scheinen traurig zu sein, Madame; was haben Sie?

GRÄFIN *beiseite.*

Ich will prüfen, was er fühlt.

Zum Chevalier.

Ich muß Ihnen etwas sagen, was mir sehr unangenehm ist, aber es läßt sich nicht vermeiden.

CHEVALIER Unser Gespräch fängt schlecht an, Madame.

GRÄFIN Sie haben sicher bemerkt, daß ich Sie mit Vergnügen hier sehe, und wenn es nur von mir abhinge, hätte ich dieses Vergnügen noch sehr lange.

CHEVALIER Ah, ich verstehe; ich erspare Ihnen das Weitere und werde noch heute nach Paris zurückfahren.

GRÄFIN Bitte machen Sie nicht mich dafür verantwortlich, ich beschwöre Sie.

CHEVALIER Ich stelle keine Untersuchungen an; Sie befehlen, ich gehorche.

GRÄFIN Bitte sagen Sie nicht, daß ich befehle.

CHEVALIER Aber Madame, ich bin es nicht wert, daß Sie sich entschuldigen. Sie sind zu gütig.

GRÄFIN Wirklich nicht, nein; und wenn Sie bleiben wollen, schließlich . . . ich überlasse es ganz Ihnen.

CHEVALIER Sie gehen keinerlei Risiko ein, wenn Sie die Entscheidung mir überlassen; ich weiß, was ich Ihren wahren Absichten schuldig bin.

GRÄFIN Aber Chevalier, man ist Hirngespinsten nichts schuldig.

CHEVALIER Ich bewundere Ihre Höflichkeit.

GRÄFIN Und ich Ihre Starrköpfigkeit, mich höflich zu finden, denn das muß ich sein, ob ich will oder nicht. Das weibliche Geschlecht hat seinen Stolz. Ich bitte Sie zu bleiben, weiter kann ich nicht gehen; Sie müssen das selbst entscheiden.

CHEVALIER *beiseite.*

Ihr Stolz liegt im Sterben, ich will ihm den Todesstoß versetzen.

Laut.

Adieu, Madame, ich fürchte, ich lasse mich sonst noch verleiten. Ich bliebe zwar gern, doch ich fliehe vor der Gefahr, Ihre Freundlichkeit zu mißdeuten. Adieu also; Sie versetzen mein Herz in einen schrecklichen Zustand.

GRÄFIN Hat man je einen solchen Menschen gesehen, mit seinem unverständigen Herzen?

CHEVALIER *wendet sich um.*

Bitte, Madame, warten Sie zumindest, bis ich gegangen bin, um Ihrem Widerwillen gegen mich freien Lauf zu lassen.

GRÄFIN Gehen Sie, Monsieur; ich kann es nicht erwarten; fahren Sie nach Paris, um sich Frauen zu suchen, die sich präziser ausdrücken als ich, die Sie in deutlichen Worten zu bleiben bitten, die über nichts erröten. Ich halte mich zurück, ich weiß, was ich mir schulde; aber gehen Sie, wenn Sie so wild darauf sind, alles falsch zu verstehen.

CHEVALIER Würde ich Ihnen eine Freude machen, wenn ich bliebe?

GRÄFIN Darf man eine Frau zwischen Ja und Nein stellen? Was für eine grobe Alternative! Gibt es etwas Schrecklicheres als einen Mann, der unfähig ist, etwas zu erraten? Aber gehen Sie, ich habe es satt, alles selbst zu tun.

CHEVALIER *tut, als ginge er.*

Ich errate also und reise ab.

GRÄFIN Er errät, sagt er, er errät und reist ab; welch ein Scharfsinn! Ich verstehe nicht, wieso mir dieser Mann gefallen hat. Lelio soll ihm folgen, ich gebe ihm den Abschied; ich will diese lästigen Männer hier nicht mehr haben. Ach, wie ich die Männer hasse! Unerträglich sind sie! Wie gern ich auf sie verzichte.

CHEVALIER *als käme er zurück.*

Ich habe ganz vergessen, Madame, daß ich in Paris vielleicht Gelegenheit habe, Ihnen einen Dienst zu erweisen; hätten Sie einen Auftrag für mich?

GRÄFIN Ja. Vergessen Sie, daß ich gewünscht hatte, Sie würden bleiben; das ist alles.

CHEVALIER Ein Auftrag, der einen zweiten enthält, nämlich den zu bleiben, und ich halte mich an den letzteren.

GRÄFIN Wie! das verstehen Sie? Welch ein Wunder!

CHEVALIER Ich liebe Sie, aber ich wage nichts zu vermuten, was zu meinen Gunsten spräche.

GRÄFIN Ich möchte auch nicht, daß Sie etwas vermuten.

CHEVALIER Also ist es nutzlos, mich hier zu behalten, Madame.

GRÄFIN Nutzlos! Wie er alles versteht! Sie sollten darauf achten, was man Ihnen sagt.

CHEVALIER Warum drücken Sie sich auch nicht klarer aus? Ich will abreisen, Sie halten mich zurück; ich nehme an, daß es aus einem besonderen Grund geschieht, aber durchaus nicht; nur um mir zu sagen: ich möchte nicht, daß Sie etwas vermuten. Ist das etwa verheißungsvoll? Und ich, Madame, ich möchte nicht so leben; ich kann das nicht, dafür liebe ich Sie zu sehr.

GRÄFIN Eine recht mutwillige Liebe, sie hat es sehr eilig.

CHEVALIER Das liegt nicht an mir, die haben Sie so gemacht.

GRÄFIN Also gut; und was möchten Sie?

CHEVALIER Ihnen gefallen.

GRÄFIN Nun, vielleicht kommt das noch.

CHEVALIER Wie, Sie wecken Hoffnungen in mir? Oh nein;

mich locken Sie nicht in ein fernes Land, ich wüßte nicht, welchen Weg ich gehen sollte.

GRÄFIN Gehen Sie nur, gehen Sie; man wird Sie nicht irreführen.

CHEVALIER Geben Sie mir Ihr Herz als Reisebegleiter mit, und ich mache mich auf den Weg.

GRÄFIN Hm! zusammen kommen wir vielleicht nicht weit.

CHEVALIER Und wieso glauben Sie das?

GRÄFIN Weil ich Sie für leichtsinnig halte.

CHEVALIER Sie haben mir einen großen Schrecken eingejagt; ich hatte gefürchtet, Ihr Verdacht wäre ernsthafter, aber wenn Sie nur mein Leichtsinn zurückhält, dann lassen Sie uns aufbrechen; sobald Sie mich besser kennen, werfen Sie mir den Makel nicht mehr vor.

GRÄFIN Reden wir doch einmal vernünftig miteinander; vielleicht werde ich Gefallen an Ihnen finden, das streite ich nicht ab; aber ist es normal, daß es plötzlich geschieht?

CHEVALIER Nein, aber wenn wir uns auf der Basis des Normalen miteinander einigen wollen, bekomme ich nichts; ich kann Ihr Herz nur gratis erhalten. Wenn ich warten will, bis ich es verdiene, kommen wir nie überein; ich kenne Ihren Wert und meinen.

GRÄFIN Vertrauen Sie auf mich; ich bin großzügig, vielleicht komme ich Ihnen entgegen.

CHEVALIER Streichen Sie das Vielleicht; dann sind Ihre Worte noch süßer.

GRÄFIN Wir wollen es stehenlassen, vielleicht ist es nur des Anstands wegen da.

CHEVALIER So kann es schon eher bleiben.

GRÄFIN Ich wollte Sie nur mit dem Wort versöhnen.

CHEVALIER Kommen wir nun zur Sache; werden Sie mich lieben?

GRÄFIN Und Sie, lieben Sie denn mich?

CHEVALIER Ja, Madame, ich habe die große Anstrengung auf mich genommen.

GRÄFIN Sie kennen mich erst seit so kurzer Zeit, daß ich ganz überrascht darüber bin.

CHEVALIER Sie, überrascht! Es ist Tag, die Sonne scheint; überrascht Sie das auch? Ich weiß nicht, was ich auf so etwas antworten soll. Muß man Sie denn länger als einen Moment sehen, um Sie anzubeten?

GRÄFIN Ich glaube Ihnen ja, werden Sie nicht böse, schimpfen Sie nicht mehr mit mir.

CHEVALIER Ja, Gräfin, ich liebe Sie, und unter allen liebenden Männern gibt es keinen, dessen Liebe so rein, so vernünftig ist wie meine, das schwöre ich Ihnen bei dieser schönen Hand, die sich meinen Liebkosungen überläßt; sehen Sie mich an, Madame, richten Sie Ihre schönen Augen auf mich, entziehen Sie mir nicht die süße Verwirrung, die ich in ihnen wecke. Ach, was für Blicke! Wie entzückend! Wer hätte je gedacht, daß sie mir gelten würden!

GRÄFIN Jetzt ist es genug; lassen Sie meine Hand los; sie hat da nichts verloren; Sie können sehr gut ohne sie sprechen.

CHEVALIER Sie haben erlaubt, daß ich sie nehme, erlauben Sie mir auch, sie zu behalten.

GRÄFIN Sind Sie bald fertig?

CHEVALIER Nie.

GRÄFIN Ihretwegen habe ich ganz vergessen, was ich Ihnen sagen wollte; dabei bin ich nur deshalb hier. Kommen wir noch einmal darauf zurück; Sie lieben mich, gut, aber was wollen wir tun? Lelio ist eifersüchtig auf Sie.

CHEVALIER Und ich bin es auf ihn; wir sind quitt.

GRÄFIN Er befürchtet, Sie lieben mich.

CHEVALIER Er ist dumm, das zu befürchten; er sollte dessen gewiß sein.

GRÄFIN Er befürchtet auch, daß ich Sie liebe.

CHEVALIER Und warum sollten Sie mich nicht lieben? Ich finde ihn lustig. Sie hätten ihm sagen müssen, daß Sie mich lieben, um ihn von seiner Angst zu heilen.

GRÄFIN Aber, Chevalier, um das zu sagen, muß man es fühlen.

CHEVALIER Wie! haben Sie mir nicht eben gesagt, Sie wollten mir entgegenkommen?

GRÄFIN Ich habe gesagt: vielleicht.

CHEVALIER Ich habe doch gewußt, daß das verdammte Vielleicht mir noch einen schlechten Streich spielt! Und was tun Sie Besseres, wenn Sie mich nicht lieben? Triumphiert Lelio etwa immer noch?

GRÄFIN Lelio fängt an, mir sehr zu mißfallen.

CHEVALIER Dann soll er das endgültig tun und uns in Ruhe lassen.

GRÄFIN Er hat einen seltsamen Charakter.

CHEVALIER Ein äußerst langweiliger Mensch!

GRÄFIN Und außerdem heftig, immer mißtrauisch. Ich weiß nicht, was ich ihm gegenüber entscheiden soll.

CHEVALIER Was Ihr Verstand Ihnen rät.

GRÄFIN Mein Verstand verteidigt ihn nicht mehr, ebenso wenig wie mein Herz.

CHEVALIER Er soll seinen Prozeß verlieren.

GRÄFIN Raten Sie mir das? Ich glaube tatsächlich, man sollte es dahin kommen lassen.

CHEVALIER Ja, aber was machen Sie danach mit Ihrem Herzen?

GRÄFIN In was mischen Sie sich?

CHEVALIER In meine Angelegenheiten, bei Gott!

GRÄFIN Sie erfahren es noch viel zu früh.

CHEVALIER Verdammt.

GRÄFIN Was haben Sie?

CHEVALIER Ihre Ruhe treibt mich zur Verzweiflung.

GRÄFIN Sie sind sehr ungeduldig, Chevalier. Ich kenne niemanden, der so ist wie Sie.

CHEVALIER Mein Gott, Madame, man ist, wie man sein kann, wenn man Sie liebt.

GRÄFIN Warten Sie noch, ich möchte Sie erst besser kennenlernen.

CHEVALIER Ich habe Temperament und bete Sie an, nun kennen Sie mich; doch wir wollen eine Lösung finden, die Ihnen zusagt: wenn ich Ihnen mißfalle, befehlen Sie mir abzureisen, und ich reise, wir verlieren kein Wort mehr darüber; darf ich etwas erhoffen, so sagen Sie mir nichts, ich erwarte keine Antwort von Ihnen; Ihr Schweigen wird mir eine Wonne sein, und Sie kostet es keine einzige Silbe. Mit weniger Aufwand können Sie nicht mehr ausdrücken.

GRÄFIN Ach!

CHEVALIER Ich bin glücklich.

GRÄFIN Ich war aber gekommen, um Sie zu bitten, uns zu verlassen; Lelio hatte mich darum gebeten.

CHEVALIER Kümmern wir uns nicht um Lelio; seine Sache taugt nichts.

Neunte Szene

CHEVALIER · GRÄFIN · LELIO

LELIO *der dem Chevalier Zeichen großer Freude macht.*
Sehr gut, Herr Chevalier, sehr gut; kümmern wir uns nicht um Lelio! So mißachten Sie ihn! Aber dank dem Himmel und Madames Güte wird da nichts draus. Lelio, der mehr

taugt als Sie, bleibt, und wer geht, sind Sie. Zum Teufel, was halten Sie von ihm, Madame? Habe ich nicht einen feinen Freund? Ist seine Handlungsweise nicht vorbildlich?

CHEVALIER Und was stört Sie an meiner Handlungsweise, Monsieur? Habe ich etwa geschworen, als ich Ihr Freund wurde, mit der Schönheit, der Anmut und dem größten Liebreiz der Welt zu brechen? Nein, bei Gott! Ihre Freundschaft in allen Ehren, aber auf die kann ich eher verzichten als auf die Liebe zu Madame. Sie entdecken einen Rivalen, na und? damit müssen Sie sich abfinden. Sie wundern sich, daß Madame nicht so freundlich ist, sich Ihretwegen einzuschließen; es sieht ganz so aus, als müßten Sie sich noch öfter wundern, und es wäre gut für Sie, sich daran zu gewöhnen.

LELIO Ich habe Ihnen nichts zu erwidern; Madame wird es übernehmen, mich für Ihr liebenswürdiges Benehmen zu rächen.

Zur Gräfin.

Darf ich Ihnen die Hand reichen, Madame? denn ich glaube nicht, daß Sie die Reden des Chevaliers sonderlich erfreulich finden.

GRÄFIN *ernsthaft.*

Wo soll ich denn hin? Wir könnten zusammen spazieren gehen; ich beklage mich gar nicht über den Chevalier: wenn er mich liebt, bin ich über die Art, wie er es sagt, nicht böse, und ich würde ihm höchstens seinen mittelmäßigen Geschmack vorwerfen.

CHEVALIER Oh, ich hätte mehr Anhänger für meinen Geschmack, als Sie für Ihren Vorwurf, Madame.

LELIO *wütend.*

Das geht ja wunderbar, und ich spiele hier eine reizende Rolle! Ich kenne Ihre Absichten nicht, Madame, jedoch . . .

GRÄFIN Ach, ich mag zornige Leute nicht; ich will Sie erst wieder sehen, wenn Sie sich beruhigt haben.

Geht ab.

Zehnte Szene

CHEVALIER · LELIO

LELIO *blickt der Gräfin nach und bricht, als sie nicht mehr zu sehen ist, in schallendes Gelächter aus.*

Ha! ha! ha! ha! die haben wir hereingelegt! Was sagst du dazu? bin ich nicht gut als eifersüchtiger Liebhaber?

Die Gräfin kommt noch einmal zurück, um zu sehen, was sich zwischen den beiden tut. Lelio leise.

Sie beobachtet uns.

Laut.

Das werden wir sehen, Chevalier; wir sprechen uns noch.

CHEVALIER *leise.*

Ein ausgekochter Gauner!

Laut.

Adieu, Lelio! Sie können davon halten, was Ihnen beliebt. Adieu.

Jeder geht auf seiner Seite ab.

DRITTER AKT

Erste Szene

LELIO · ARLEQUIN

ARLEQUIN *weinend.*
Hu! hu! hu! hu!

LELIO Jetzt sag', warum du heulst; ich will es wissen.

ARLEQUIN *stärker.*
Hu! hu! hu! hu!

LELIO Weshalb denn nur?

ARLEQUIN Ach, Monsieur, jetzt ist alles aus; ich werde nie mehr fröhlich sein.

LELIO Warum denn nicht?

ARLEQUIN Weil ich keine Lust mehr zum Lachen habe.

LELIO Und warum hast du keine Lust mehr zum Lachen, du Esel?

ARLEQUIN Weil ich traurig bin.

LELIO Ich frage dich, was dich traurig macht.

ARLEQUIN Ein großer Kummer, Monsieur.

LELIO Er kann nicht mehr lachen, weil er traurig ist, und er ist traurig wegen eines großen Kummers. Hättest du vielleicht die Güte, dich klarer auszudrücken? Weißt du auch, daß ich gleich zornig werde?

ARLEQUIN Aber ich sage Ihnen doch die Wahrheit.
Seufzt.

LELIO Du sagst sie mir so blöd, daß ich überhaupt nichts begreife. Hat man dir etwas Böses getan?

ARLEQUIN Sehr viel Böses.

LELIO Hat man dich geschlagen?

ARLEQUIN Viel schlimmer, hol's der Teufel.

LELIO Viel schlimmer?

ARLEQUIN Ja; wenn ein armer Mensch Gold verliert, muß er sterben; und ich sterbe auch, da besteht kein Zweifel.

LELIO Was soll das heißen: Gold?

ARLEQUIN Gold von Peru, so heißt das angeblich.

LELIO Und du hattest welches?

ARLEQUIN Oh, wahrhaftigen Gottes; das ist es ja. Jetzt habe ich keins mehr, und ich weine; als ich welches hatte, da war ich glücklich.

LELIO Und wer hatte dir das Gold gegeben?

ARLEQUIN Der Herr Chevalier hatte mir ein Muster geschenkt.

LELIO Was für ein Muster?

ARLEQUIN Das habe ich doch eben gesagt.

LELIO Eine Geduld braucht man bei diesem Esel! Trotzdem will ich wissen, worum es geht. Hör auf zu heulen, Arlequin. Wenn du dich über jemand zu beklagen hast, schaffe ich Ordnung, doch mußt du mir das erklären. Erst erzählst du mir von Gold von Peru, dann von einem Muster; ich verstehe nichts; antworte mir jetzt ganz klar: hat der Chevalier dir Gold gegeben?

ARLEQUIN Mir nicht, aber er hat es in meiner Anwesenheit Trivelin gegeben, zu treuen Händen, und der sollte es in meine treuen Hände legen, aber die haben es noch gar nicht berührt, weil die Hände von dem Schurken nicht treuer sind als meine.

LELIO War es denn viel Gold? Wieviele Louisdor waren es denn?

ARLEQUIN Vielleicht vierzig oder fünfzig! ich habe sie nicht gezählt.

LELIO Vierzig oder fünfzig! Und warum hat der Chevalier dir das Geschenk gemacht?

ARLEQUIN Weil ich ihn nach einem Muster gefragt habe.

LELIO Schon wieder dein Muster!

ARLEQUIN Ja, wirklich; der Herr Chevalier hat Trivelin auch eins gegeben.

LELIO Ich komme nicht dahinter, was er meint; aber etwas steckt darin, was mich betreffen könnte. Antworte: hast du dem Chevalier irgendeinen Dienst geleistet, der ihn veranlaßt hat, dich zu belohnen?

ARLEQUIN Nein; aber ich war eifersüchtig, weil er Trivelin liebt, weil er sein Herz betört und Gold in seine Börse gesteckt hat; und ich wollte auch ein betörtes Herz und eine volle Börse haben.

LELIO Was redest du da für seltsames Zeug?

ARLEQUIN Das ist so wahr wie daß zweimal zwei vier ist.

LELIO Wieso besteht zwischen Trivelins Herz und dem Chevalier eine Verbindung? Übt der Chevalier einen solchen Reiz aus? Du redest von ihm wie von einer Frau.

ARLEQUIN Jedenfalls ist er bezaubernd, und wenn Sie ihn kennenlernen, holt er sich auch Ihr Herz. Sie brauchen ihm bloß zu sagen: Ich weiß, wer Sie sind, aber ich verrate nichts. Dann kommt sofort ein Muster, und Sie werden sehen, ob ich verrückt bin oder nicht.

LELIO Ich begreife gar nichts. Aber wer ist dieser Chevalier?

ARLEQUIN Das ist ja das Geheimnis, für das man ein Geschenk bekommt, wenn man es nicht verrät.

LELIO Ich will aber, daß du es mir verrätst.

ARLEQUIN Sie ruinieren mich, Monsieur, er schenkt mir dann nichts mehr, der süße kleine Scheinmann, und ich habe ihn zu gern, um ihn zu verärgern.

LELIO Der süße kleine Scheinmann! Was meint er damit? und was bedeutet sein Entzücken? Wieso findest du ihn süß?

ARLEQUIN Ach, Monsieur, man sieht sonst keine Männer wie ihn; solche gibt es gar nicht auf der Welt, es wäre albern, sie zu suchen; aber wegen seiner Maskerade merkt man das nicht.

LELIO Seine Maskerade! Was er da sagt, bringt mich auf eine Vermutung, die durch alle meine Überlegungen bestätigt wird; der Chevalier hat gewisse Züge, einen gewissen Gesichtsausdruck . . . Doch da kommt Trivelin; ich will ihn zwingen, mir die Wahrheit zu sagen, wenn er sie kennt; aus dem bringe ich mehr heraus als aus diesem Tölpel.

Zu Arlequin.

Geh jetzt, ich will versuchen, dir dein Geld wieder zu beschaffen.

Arlequin ab.

Zweite Szene

LELIO · TRIVELIN

TRIVELIN *tritt gedankenverloren auf und sagt, als er Lelio sieht.*

Da ist mein schlechter Zahler; der Anblick dieses Mannes ist mir verhaßt, ich gehe besser woanders hin.

LELIO *ruft ihn.*

Trivelin, ich möchte dich gern sprechen.

TRIVELIN Mich, Monsieur? Können Sie das nicht verschieben? Ich habe ein solches Kopfweh, daß ich mit niemandem reden kann.

LELIO Ausgerechnet du willst auf ein bißchen Kopfweh achten? Komm her.

TRIVELIN Ich habe auch gar keine Neuigkeiten für Sie.

LELIO *geht auf ihn zu und nimmt ihn am Arm.*

Nun komm schon.

TRIVELIN Worum geht es denn? Bereuen Sie etwa Ihre Belohnung von vorhin? Mir sind solche Wohltaten noch nie begegnet; möchten Sie die kleine Sache aus Ihrem Leben streichen? Es ist zwar nur eine Lappalie, aber Lappalien können alles verderben.

LELIO Hör' mal, dein Geschwätz mißfällt mir.

TRIVELIN Ich habe Ihnen gleich gesagt, daß ich für ein Gespräch unbrauchbar bin.

LELIO Aber ich will, daß du mir klar auf das antwortest, was ich dich frage; und ich werde mich nach deinem Verhalten richten.

TRIVELIN Dann werden Sie sich kurz fassen; denn ich verfüge nur über eine Antwort, nämlich daß ich nichts weiß; Sie sehen, ich verursache Ihnen keine Mühe mit unnützen Fragen.

LELIO Wenn du mir die Wahrheit sagst, wirst du das nicht bereuen.

TRIVELIN Würden Sie mir dann wieder ein paar Stockhiebe ersparen?

LELIO Wir wollen uns nicht streiten.

TRIVELIN *entfernt sich.*

Bitte sehr.

LELIO Was machst du?

TRIVELIN Um sich nicht zu streiten, gibt es nichts Besseres, als das Gespräch abzubrechen; ich halte das für das Einfachste.

LELIO Allmählich verliere ich die Geduld und werde wütend; bleib da stehen; hör zu und antworte.

TRIVELIN *beiseite.*

Worauf will der verdammte Kerl nur hinaus?

LELIO Ich glaube, du fluchst?

TRIVELIN Das passiert mir manchmal ganz unwillkürlich.

LELIO Hör zu, wir wollen jetzt ganz freundlich miteinander reden, nicht wahr, Trivelin?

TRIVELIN Wie es sich für anständige Leute gehört.

LELIO Kennst du den Chevalier schon lange?

TRIVELIN Nein, das ist eine neue Bekanntschaft; sie ist so alt wie die zwischen Ihnen und mir.

LELIO Weißt du, wer er ist?

TRIVELIN Er bezeichnet sich als den jüngeren Bruder eines Edelmannes; aber die Titel dieses Bruders habe ich noch nie gesehen, und wenn ich sie jemals sehe, dann verspreche ich Ihnen eine Kopie davon.

LELIO Red' offen mit mir.

TRIVELIN Ich verspreche sie Ihnen wirklich, Sie haben mein Wort; eine bessere Garantie gibt es nicht.

LELIO Du verschweigst mir die Wahrheit; er ist kein Chevalier.

TRIVELIN Sollte er der Älteste in der Familie sein? ich dachte, er wäre nur auf sein Pflichtteil angewiesen; so kann man sich täuschen!

LELIO Du weichst mir aus; gib zu, daß du den falschen Chevalier liebst.

TRIVELIN Ja, ich liebe ihn nach der allgemeinen Regel, daß man alle Menschen lieben soll; das macht ihn mir teuer.

LELIO Und dieser Regel folgst du mit größtem Vergnügen.

TRIVELIN Ach, Monsieur, da täuschen Sie sich, meine Pflichten kosten mich die größte Anstrengung. Ich bin zwar voller Schwung bei den nutzlosen Tugenden, doch bei den notwendigen von einer Nachlässigkeit, die unvorstellbar ist; was sind wir doch für merkwürdige Wesen! Sind Sie nicht wie ich, Monsieur?

LELIO *verärgert.*

Gauner, du liebst diesen falschen Chevalier.

TRIVELIN Sachte, Monsieur; verdammt, das ist ernst.

LELIO Du kennst sein Geschlecht.

TRIVELIN Um es klarzustellen: an Geschlechtern kenne ich nur zwei: eins, das behauptet, vernünftig zu sein, und eins, das uns beweist, daß diese Behauptung nicht stimmt. Zu welchem gehört nun der Chevalier?

LELIO Weil du mich dazu zwingst, will ich dir etwas sagen, paß gut auf: ich schlage dich grün und blau, wenn du dich weiter über mich lustig machst; hast du verstanden?

TRIVELIN Ihre Worte sind eindeutig.

LELIO Ärgere mich nicht; ich habe an der Sache ein äußerst großes Interesse; es geht dabei um mein Vermögen, und entweder du redest, oder ich bringe dich um.

TRIVELIN Sie bringen mich um, wenn ich nicht rede? Ach, Monsieur, wenn schwatzhafte Leute nicht sterben brauchten, ich wäre unsterblich, oder niemand sonst.

LELIO So rede.

TRIVELIN Geben Sie mir ein Thema; so klein es auch sein mag, ich bescheide mich mit ihm und gehe sofort darauf ein.

LELIO *zieht seinen Degen.*

Ach, du willst also nicht! Dann werde ich dich etwas gefügiger machen.

TRIVELIN *spielt den Erschrockenen.*

Pfui doch! Sie würden mir ja Angst einjagen, wenn Sie nicht das Gesicht eines anständigen Menschen hätten.

LELIO *sieht ihn an.*

Ein Schelm bist du!

TRIVELIN Meine Kleidung ist ein Schelm; ich selbst bin ein braver Mensch, aber in diesem Aufzug ist die Redlichkeit ganz für die Katz'; sie bringt einem weder Ehre noch Nutzen.

LELIO *steckt seinen Degen wieder in die Scheide.*

Geh, ich will versuchen, ohne das Geständnis auszukommen, das ich von dir haben wollte, aber ich krieg' dich noch, und du stehst mir für allen Ärger ein, wenn ich welchen bekomme.

TRIVELIN Wo immer wir uns begegnen, Monsieur, ich ziehe

höflich meinen Hut, das verspreche ich Ihnen, und Sie werden mit mir zufrieden sein.

LELIO *wütend.*

Verschwinde jetzt.

TRIVELIN *geht.*

Das habe ich Ihnen schon vor einer Stunde vorgeschlagen.

Dritte Szene

CHEVALIER · LELIO *nachdenklich*

CHEVALIER Hör zu, mein Freund: die Gräfin schreibt eben Briefe für Paris; sie kommt bald herunter und will dann mit mir spazierengehen. Ich möchte dir vorschlagen, uns nicht zu stören, wenn wir zusammen sind, und woanders zu schmollen, wie sich das für einen eifersüchtigen Liebhaber gehört. In meinem Gespräch mit der Gräfin werde ich letzte Hand an unser großes Werk legen und sie endgültig zur Entscheidung drängen. Aber ich möchte, daß sich deine Hoffnungen ganz erfüllen und habe mir überlegt: ist der Vertrag über das Reugeld, den du mit ihr abgeschlossen hast, auch gültig? Es gibt falsch abgefaßte Verträge, die völlig wertlos sind; zeige mir einmal deinen, ich verstehe mich darauf; sollte etwas fehlen, könnte man entsprechende Maßnahmen treffen.

LELIO *beiseite.*

Ich will sehen, ob mein Verdacht richtig ist und versuchen, ihn zu entlarven.

CHEVALIER So antworte doch; was hast du?

LELIO Ich habe den Vertrag nicht bei mir; aber reden wir von etwas anderem.

CHEVALIER Was gibt es denn schon wieder? Willst du mich noch eine Frau heiraten lassen, außer der Gräfin?

LELIO Nein, ich denke an etwas viel Ernsteres; ich will mir den Degen in die Brust stoßen.

CHEVALIER Teufel! wenn du dich mit etwas Ernstem befaßt, dann gründlich. Und was hat deine Brust dir getan, daß du einen Degen hineinstoßen willst?

LELIO Bitte keine Scherze.

CHEVALIER *beiseite.*

Sollte Arlequin geschwatzt haben?

Zu Lelio.

Wenn du bei deinem Entschluß bleibst, machst du mich vielleicht zu deinem Erben?

LELIO Sie nehmen an der Sache teil, von der ich sprach.

CHEVALIER Wieso ich? Ich habe meiner Brust nichts vorzuwerfen, ganz ohne Eitelkeit, ich bin sehr zufrieden mit ihr.

LELIO Aber ich bin nicht zufrieden mit Ihnen, und mit Ihnen will ich mich erstechen.

CHEVALIER Mit mir?

LELIO Mit Ihnen.

CHEVALIER *stößt ihn lachend mit der Hand.*

Ha! ha! ha! ha! Leg' dich ins Bett und laß' den Wundarzt kommen zum Aderlaß, du bist krank.

LELIO Folgen Sie mir.

CHEVALIER *fühlt ihm den Puls.*

Der Puls deutet auf einen Blutandrang im Gehirn, du mußt einen Sonnenstich haben.

LELIO Keine Ausflüchte, folgen Sie mir endlich.

CHEVALIER Da, der Stich! Geh ins Bett, mein Freund.

LELIO Ich betrachte Sie als Feigling, wenn Sie nicht mitkommen.

CHEVALIER *mitleidig.*

Armer Kerl! nach dem, was du da sagst, kannst du froh sein, daß du nicht mehr ganz bei dir bist.

LELIO Sie sind feige wie eine Frau.

CHEVALIER *beiseite.*

Jetzt heißt es standhaft bleiben.

Zu Lelio.

Lelio, ich halte Sie für krank; es wäre schlimm, wenn Sie es nicht wären.

LELIO *verächtlich.*

Ich sage Ihnen, Sie haben keinen Mut, und eine Spindel paßte besser an Ihre Seite als ein Degen.

CHEVALIER Meinesgleichen würde Sie auch mit einer Spindel besiegen.

LELIO Ja, vielleicht im Boudoir.

CHEVALIER Überall. Doch langsam verliere ich die Geduld. Lassen Sie uns Ihren Zustand prüfen. Sehen Sie mir in die Augen; ich fürchte noch immer, daß es ein Fieberanfall ist.

Lelio sieht ihn an.

In Ihrem Blick liegt etwas Verrücktes, vielleicht habe ich mich getäuscht. Also gehen wir; aber wenigstens will ich wissen, auf Grund welcher Tatsache ich Sie jetzt zur Vernunft bringen werde.

LELIO Das sage ich Ihnen dort in dem Wäldchen.

CHEVALIER Also beeilen wir uns.

Beiseite.

Wenn er mich entschlossen sieht, verliert er vielleicht den Mut.

Sie gehen beide zum Hintergrund der Bühne, doch kurz davor:

LELIO *wendet sich um, betrachtet den Chevalier und sagt.*

Sie folgen mir also?

CHEVALIER Was heißt das, ich folge Ihnen also? Was meinen Sie damit? Wollen Sie jetzt Ihren Blutandrang im Hirn als Entschuldigung benutzen? Oh, das ist zu spät; ob Sie verrückt sind oder bei Sinnen, krank oder gesund, Sie kommen mit; ich will meine Spindel drehen. Ich würde Sie sogar aus den Händen des Wundarztes reißen, verdammt. Also auf!

LELIO *sieht ihn aufmerksam an.*

Sie sind fest entschlossen?

CHEVALIER Keine Umschweife mehr, Sie könnten schon längst ins Jenseits befördert sein.

LELIO *kommt auf die Bühne zurück.*

Sachte, mein Freund; ich muß dir etwas erklären.

CHEVALIER Ich betrachte Sie als Feigling, wenn Sie noch länger zögern.

LELIO *beiseite.*

Ich habe mich wahrhaftig getäuscht; er ist ein Chevalier, und ein sehr tapferer.

CHEVALIER Sie sind noch feiger als eine Frau.

LELIO Zum Henker, Chevalier, um die Wahrheit zu sagen, ich hatte gedacht, du wärst eine. Warum läßt du es dir auch einfallen, mit so einem Milchgesicht herumzulaufen. Das stünde jeder Frau gut an; du hast dich als Weibchen maskiert.

CHEVALIER Sie sind selbst eine Maske! Auf, in den Wald.

LELIO Nein, ich wollte nur etwas prüfen. Du hattest Trivelin beauftragt, Arlequin Geld zu geben, ich weiß nicht weshalb.

CHEVALIER *ernst.*

Weil er mich, als ich allein war, etwas von unserm Plan hat reden hören, was er der Gräfin weitererzählen könnte; deshalb, Monsieur . . .

LELIO Das habe ich nicht geahnt. Arlequin hat auch so etwas geschwatzt, als wärst du ein Mädchen; deine Schönheit hat mich das zunächst vermuten lassen; aber ich gebe mich geschlagen. Du bist sehr hübsch, aber noch viel tapferer; wir wollen uns umarmen und weiter unsern Plan verfolgen.

CHEVALIER Wenn ein Mann wie ich einmal in Bewegung ist, hat er Mühe anzuhalten.

LELIO Auch das hast du mit einer Frau gemeinsam.

CHEVALIER Wie auch immer, ich bin nicht wild darauf, jemanden zu töten; ich verzeihe Ihnen den Irrtum, doch verdient er eine Entschuldigung.

LELIO Ich bin dein ergebener Diener, Chevalier, und ich bitte dich, meine Kränkung zu vergessen.

CHEVALIER Ich vergesse sie, und ich freue mich, daß unsere Versöhnung mir eine heikle Sache erspart und ohne Zweifel einen Mord. Unser Duell war sicher; und wenn ich jemals eins habe, wird es sich nicht um die Gesetze kümmern.

LELIO Jedenfalls hast du keins mit mir.

CHEVALIER Nein, das verspreche ich dir.

LELIO *hält ihm die Hand hin.*

Schlag ein, ich garantiere dir das gleiche.

Arlequin kommt und bleibt stehen.

Vierte Szene

CHEVALIER · LELIO · ARLEQUIN

ARLEQUIN Ich bitte um Verzeihung, wenn ich störe, Herr Chevalier, aber der diebische Trivelin will mir das Geld nicht zurückgeben, das er von Ihnen für mich bekommen hat. Dabei war ich ganz verschwiegen. Sie haben mir befohlen, nicht zu verraten, daß Sie ein Mädchen sind; fragen Sie Monsieur Lelio, ob ich ihm ein Wort davon gesagt habe; er weiß nichts davon und wird es nie von mir erfahren.

CHEVALIER Der Teufel soll den Narren holen, ich verliere noch die Beherrschung.

ARLEQUIN *traurig.*

Wieso Narr? So lieben Sie mich also?

Zu Lelio.

Jetzt hören Sie mich an, Monsieur: Vorhin bin ich dazugekommen, als Trivelin zu ihm sagte, wie süß du bist, mein Täubchen. Küß' mich. Nein. Dann gib mir Geld . . . Und schon streckt er die Hand nach dem Geld aus; aber meine war gerade da, und es ist in die gefallen. Als der Chevalier mich gesehen hat, da hat er zu mir gesagt: Mein Sohn, hat er gesagt, verrate niemandem, daß ich ein Mädchen bin. Nein, Liebchen, aber schenk mir dein Herz. Nimm es, hat sie geantwortet. Und dann hat sie Trivelin befohlen, mir Gold zu geben. Wir haben zusammen eine Flasche Wein getrunken, die im Wirtshaus sind Zeugen, und jetzt komme ich, um das Gold und das Herz zu holen, und da schimpft sie mich einen Narren!

Der Chevalier ist nachdenklich.

LELIO Geh jetzt und laß uns allein, doch sag niemandem ein Wort.

ARLEQUIN *geht.*

Aber Sie kümmern sich um mein Hab und Gut. Ach, ach, ach!

Fünfte Szene

CHEVALIER · LELIO

LELIO Na, Herr Duellant, der sich schlagen will, ohne sich um die Gesetze zu kümmern! Das glaube ich gern; aber was haben Sie mir zu antworten?

CHEVALIER Nichts, er sagt die reine Wahrheit.

LELIO Jetzt sind Sie schön in Verlegenheit, meine Liebe.

CHEVALIER Ich, in Verlegenheit? Kein bißchen, dem Himmel sei Dank; ich bin eine Frau und stehe zu meiner Art.

LELIO Ha! ha! ich würde gern wissen, auf wen Sie es hier abgesehen haben.

CHEVALIER Sie müssen zugeben, daß ich Pech hatte. Es war alles gut eingefädelt; das müssen Sie anerkennen; mit meinem Milchgesicht habe ich Ihnen sogar Angst eingejagt, das ist besonders lustig.

LELIO Kommen wir zur Sache; ich war so unvorsichtig, Ihnen mein Herz zu öffnen.

CHEVALIER Was macht das? ich habe nichts darin gesehen, was mich reizen würde.

LELIO Sie kennen meine Pläne.

CHEVALIER Die keinen Vertrauten wie mich nötig hatten, oder?

LELIO Das gebe ich zu.

CHEVALIER Trotzdem sind sie gut. Vor allem mag ich die Einöde und daß Sie Ihre Ehefrau zwei Wochen nach der Hochzeit unfehlbar mit Häßlichkeit beglücken ist einzigartig.

LELIO Sie haben ein gutes Gedächtnis; aber lassen wir das. Wer sind Sie?

CHEVALIER Ich bin ein Mädchen, ziemlich hübsch, wie Sie sehen, und deren Reize von einiger Dauer sein werden, wenn ich einen Mann finde, der mir den einsamen Landsitz und die Zwei-Wochen-Frist erspart; außerdem bin ich fast ebenso bösartig wie Sie.

LELIO Oh, ich lasse Ihnen den Vortritt.

CHEVALIER Da haben Sie Unrecht; Sie verkennen Ihre Stärke.

LELIO Was haben Sie hier vor?

CHEVALIER Ihr Porträt zu zeichnen, um es einer gewissen Dame zu bringen, die gern wissen möchte, was sie mit dem Original machen soll.

LELIO Eine schöne Mission!

CHEVALIER Nicht allzu häßlich. Dank dieser Mission entgeht ein zartes Lamm dem bösen Wolf und werden zwölftausend Pfund Rente gerettet, die sich woanders binden werden; Kleinigkeiten zwar, aber durchaus einer Verkleidung wert.

LELIO *beunruhigt.*
Was soll das alles heißen?

CHEVALIER Ich erkläre es deutlicher: das Lamm ist meine Herrin; die zwölftausend Pfund Rente ist das Vermögen, das Ihre kluge Rechnung veranlaßt hat; und der Wolf, der das alles verschlungen hätte, sind Sie, Monsieur.

LELIO Ich bin verloren!

CHEVALIER Nein; Ihnen entgeht die Beute, das ist alles. Ich gebe zu, daß sie recht ansehnlich war; aber warum sind Sie auch ein Wolf? Dafür kann ich nichts. Man hat gewußt, daß Sie incognito in Paris waren, man hat Ihrem Verhalten mißtraut. Darum folgt man Ihnen, man weiß, daß Sie auf dem Ball sind; ich bin schlau und gerissen, man schickt mich Ihnen nach; man stattet mich aus, wie Sie mich hier sehen, um mir die Möglichkeit zu geben, Ihre Bekanntschaft zu machen; ich komme an, erfülle meine Aufgabe, werde Ihr Freund; ich lerne Sie näher kennen, entdecke, daß Sie nichts taugen und werde das berichten; dagegen ist kein Wort einzuwenden.

LELIO Sie sind also die Zofe der betreffenden Dame?

CHEVALIER Und Ihre sehr ergebene Dienerin.

LELIO Sie müssen zugeben, daß ich sehr bedauernswert bin.

CHEVALIER Und ich sehr geschickt. Aber sagen Sie mal, bereuen Sie das Schlechte, das Sie tun wollten, oder das Schlechte, das Sie nicht getan haben?

LELIO Lassen wir das! Warum haben Sie mir mit Ihrer

Gerissenheit auch noch das Herz der Gräfin entzogen? Warum haben Sie eingewilligt, diese Rolle bei ihr zu spielen?

CHEVALIER Aus guten Gründen. Sie wollten zehntausend Taler durch sie gewinnen, nicht wahr? Zu diesem Zweck haben Sie an meine List appelliert. Wenn ich die Sache bis zu ihrem Ende geführt hätte, wollte ich Sie ein bißchen erpressen und meinen Teil an der Beute haben; oder ich hätte Ihnen den Vertrag über die Reugeldzahlung entlockt, unter dem Vorwand ihn anzusehen, und ihn dann gegen ein paar hundert Pistolen auf die Hand Ihnen wieder zurückgegeben; sonst hätte ich Ihnen gedroht, Sie bei den zwölftausend Pfund Rente zu verraten und Ihre Rechnung gleich Null zu machen. Oh, mein Plan war sehr gut ausgedacht; sobald ich das Geld in der Hand gehabt hätte, hopp, hätte ich mich mit meinem kleinen Sümmchen und dem Porträt davongemacht, das mir noch eine kleine Belohnung von meiner Herrin eingebracht hätte; das alles zusammen mit den kleinen Ersparnissen von meiner Reise und meinem Lohn hätte mich bei meinen äußeren Vorzügen zu einer hübschen Partie gemacht, ohne einen Wolf. Nun ist es schief gegangen, das ärgert mich; aber Sie tun mir auch leid.

LELIO Ach, wenn du wolltest ...

CHEVALIER Haben Sie eine Idee? Überlegen Sie.

LELIO Du würdest noch mehr gewinnen, als du erhofft hast.

CHEVALIER Hören Sie, ich bin nicht zimperlich; mir kommt es ebensowenig wie Ihnen auf einen Schurkenstreich mehr oder weniger an. Ich öffne Ihnen auch mein Herz und fürchte nicht, Ihres zu schockieren; wir brauchen uns nicht um gegenseitige Achtung zu bemühen, das ist unter Leuten unseres Schlages nicht nötig. Um also die Sache abzuschließen, machen Sie mein Glück, und ich sage, Sie wären ein anständiger Mensch; aber vorher müssen wir uns über den Preis für die Anständigkeit einigen, die ich Ihnen verschaffe; Sie brauchen sehr viel.

LELIO Verlange, was du willst, du bekommst es.

CHEVALIER Aber psst! bewahren Sie das Geheimnis in alle Ewigkeit. Ich verlange zweitausend Taler und gehe um keinen Sou herunter; zu dem Preis überlasse ich Ihnen meine Herrin und führe die Sache mit der Gräfin zu Ende. Wenn wir uns einigen, schreibe ich noch heute abend einen Brief nach Paris, den Sie selbst mir diktieren; Sie können sich so edel darstellen wie es Ihnen beliebt. Ist die Hochzeit vollzogen, können Sie sich verhalten wie Sie wollen, ich bin versorgt, und Sie auch; die andern werden sich damit abfinden.

LELIO Ich schenke dir die zweitausend Taler, zusammen mit meiner Freundschaft.

CHEVALIER Oh, die Ehre tausche ich lieber gegen fünfzig Pistolen, wenn's recht ist.

LELIO Gegen hundert, mein liebes Kind.

CHEVALIER Noch besser, obwohl sie die offen gestanden nicht wert ist.

LELIO Also heute abend schreiben wir.

CHEVALIER Ja. Aber mein Geld, wann bekomme ich das?

LELIO *zieht einen Ring vom Finger.*

Hier ist ein Ring für die hundert Pistolen vom Tauschgeschäft, als erstes.

CHEVALIER Gut. Und nun zu den zweitausend Talern.

LELIO Ich stelle dir gleich einen Schuldschein aus.

CHEVALIER Ja, gleich! Die Frau Gräfin kommt bald, und ich will die Sache mit ihr nicht zu Ende führen, ohne meine Sicherheiten zu haben. Überlassen Sie mir den Vertrag über das Reugeld; Sie bekommen ihn gegen den Schuldschein zurück.

LELIO *holt ihn aus seiner Tasche.*

Da hast du ihn.

CHEVALIER Und verraten Sie mich nie.

LELIO Wo denkst du hin!

CHEVALIER Da ist schon die Gräfin. Wenn ich eine gewisse Zeit mit ihr allein gewesen bin, kommen Sie wütend an und drängen sie, sich klar zwischen Ihnen und mir zu entscheiden; und jetzt gehen Sie, damit sie uns nicht zusammen sieht.

Lelio ab.

Sechste Szene

GRÄFIN · CHEVALIER

CHEVALIER Ich wollte gerade zu Ihnen, Gräfin.

GRÄFIN Sie haben mich beunruhigt, Chevalier. Ich sah von weitem Lelio mit Ihnen sprechen; er ist sehr jähzornig; bitte lassen Sie sich nicht mit ihm ein.

CHEVALIER Auf Ehre, er ist ein Original. Wissen Sie, daß er sich damit brüstet, er würde meinen Abschied bei Ihnen erreichen?

GRÄFIN Er? Wenn er sich brüstete, seinen eigenen zu erreichen, dann wäre das zutreffender.

CHEVALIER Ich habe ihm versprochen, daß er ihn bekommt, und Sie werden mein Versprechen einlösen. Es ist noch früh, er kann bei Sonnenuntergang in Paris sein; schicken Sie ihn weg, mein liebes Herz.

GRÄFIN Sie sind ein Heißsporn, Chevalier, ohne Vernunft.

CHEVALIER Vernunft! was soll ich damit anfangen, bei meiner Liebe? Die hat es zu eilig für die Vernunft. Haben Sie noch welche behalten, Gräfin? Tun Sie mir den Kummer an? Dann würden Sie mich nicht lieben.

GRÄFIN Das ist wieder eine Ihrer mutwilligen Launen; Sie wissen genau, wie entzückend Sie sind, und das gibt Ihnen Sicherheit; und wirklich, Sie amüsieren mich. Welch ein Unterschied zwischen Ihnen und Lelio, im Grunde!

CHEVALIER Ach, Sie sehen nichts. Doch kommen wir zu Lelio zurück; ich habe Sie gebeten, ihn heute wegzuschikken; die Liebe verurteilt Sie dazu; sie befiehlt, man muß gehorchen.

GRÄFIN Und wenn ich mich weigere, was geschieht dann?

CHEVALIER Nein; das würden Sie nicht wagen.

GRÄFIN Ich würde das nicht wagen? Jetzt seht doch einmal, mit welcher Kühnheit er mir das sagt!

CHEVALIER Nein, sage ich Ihnen, ich bin meiner Sache sicher, denn Sie lieben mich, Ihr Herz gehört mir. Ich werde damit machen, was mir gefällt, so wie Sie mit meinem machen werden, was Ihnen gefällt; das ist die Regel, und die befolgen Sie, das versichere ich Ihnen.

GRÄFIN Es läßt sich nicht leugnen, daß dieser Schelm genau weiß, was er wert ist. Ich liebe ihn! mein Herz gehört ihm! er sagt einem das mit einer bewundernswerten Ungezwungenheit; man ist davon ebenso überzeugt wie er.

CHEVALIER Ich hege nicht den geringsten Zweifel; das Vertrauen dazu haben Sie mir gegeben; ich nütze es ohne Umschweife, wie Sie sehen, und verlange immer wieder, daß Lelio fährt.

GRÄFIN Wie denken Sie sich das? Einem Mann sagen, daß er abreisen soll!

CHEVALIER Mir diesen Abschied verweigern, um den ich bitte, gerade als stünde er mir nicht zu.

GRÄFIN Spaßvogel!

CHEVALIER Herzlose!

GRÄFIN Kleiner Tyrann!

CHEVALIER Widerborstige Seele, geben Sie nach?

GRÄFIN Ich kann nicht, mein lieber Chevalier; ich habe bestimmte Gründe dafür, höflich mit ihm zu sein.

CHEVALIER Gründe, Madame, Gründe! und was sind das für welche?

GRÄFIN Erregen Sie sich nicht; ich habe ihm Geld geliehen.

CHEVALIER Na und? Oder hat er Ihnen eine Quittung ausgestellt, die man dem Gericht nicht zeigen kann?

GRÄFIN Keineswegs; ich habe einen Schuldschein darüber.

CHEVALIER Dann fügen Sie einen Gerichtsdiener hinzu, und Sie haben Ihr Geld.

GRÄFIN Das ist wahr; aber …

CHEVALIER Na! na! Dieses Aber klingt recht verlegen.

GRÄFIN Was soll ich Ihnen sagen? Um mich dieses Geldes zu versichern, habe ich in einen Vertrag über ein Reugeld in gleicher Höhe eingewilligt, das derjenige zahlen muß, der sich vom andern trennt.

CHEVALIER Ein Reugeld, Madame! Das ist ja ein wahres Liebespfand. Ich bin erschüttert, verwirrt, ich bin nicht mehr Herr meiner selbst.

GRÄFIN Dieser schreckliche Vertrag! warum habe ich ihn nur unterschrieben? Das habe ich von meiner Nachgiebigkeit einem hassenswerten Menschen gegenüber, von dem ich immer schon geahnt hatte, daß ich ihn hassen würde; schon immer hatte ich eine gewisse Abneigung gegen ihn, und nie hatte ich genügend Verstand, um auf der Hut zu sein.

CHEVALIER Er hat diese Abneigung gut genützt und eine recht zärtliche Liebe daraus gemacht. Ach, Madame, ich sehe ihn zu Ihren Füßen, Sie lauschen ihm mit einem Vergnügen …, er schwört Ihnen, Sie ewig anzubeten, Sie geben ihm den Schwur zurück, sein Mund sucht den Ihren, und er läßt sich finden; denn so geschieht es jetzt; ich höre Sie seufzen, sehe wie Ihre Augen sich auf ihn heften, bald mutwillig, bald schmachtend, immer voller Liebe, einer stets wachsenden Liebe. Und ich sterbe; diese Dinge bringen mich um. Was soll ich tun, um diese Bilder zu verscheuchen? Grausamer Vertrag, soll ich dich immer vor mir sehen? Welch ein Kummer!

Beiseite.

Und welch unsinniges Geschwätz!

GRÄFIN Beruhigen Sie sich, Monsieur; betrachten Sie uns beide als Opfer Ihrer Trugbilder; wie leid es mir tut, daß ich von dem verdammten Vertrag gesprochen habe! Warum habe ich Sie auch für vernünftig gehalten? Warum bin ich Ihnen begegnet? Verdiene ich das alles, was Sie mir sagen? Dürfen Sie sich über mich beklagen? Liebe ich Sie nicht genügend? Kann Lelio Sie ärgern? Habe ich ihn so geliebt wie ich Sie liebe? Wo gibt es einen Mann, der zärtlicher geschätzt wird als Sie, der so gewiß ist, daß es immer so bleibt? Aber von nichts lassen Sie sich überzeugen; Sie sind gekränkt, wollen nichts verstehen; Sie bringen mich zur Verzweiflung. Was soll aus uns werden? Wie kann man so leben? das möchte ich gern von Ihnen wissen.

CHEVALIER *beiseite.*

Der Erfolg meiner Frechheit überrascht mich.

Laut.

Ach, Gräfin, Ihr Kummer gibt mir meinen Frieden und meine Freude zurück. Wie viele zärtliche Dinge Sie mir gesagt haben! Es ist unfaßbar; ich bin entzückt. Wir wollen wieder fröhlich sein und vergessen, was gewesen ist.

GRÄFIN Wie kommt es aber, daß ich Sie so liebe? Was haben Sie gemacht?

CHEVALIER Leider gar nichts; alles kommt von Ihrer Freundlichkeit.

GRÄFIN Weil Sie liebenswerter als ein anderer sind, ganz offensichtlich.

CHEVALIER Für alle, die Ihnen nicht gleichen, bin ich das vielleicht; aber für Menschen wie Sie bin ich ein Nichts. Nein, ich werde Ihre Liebe nie vergelten können; in Wahrheit bin ich ihrer nicht würdig.

GRÄFIN Wie muß man denn sein, um diese Liebe zu verdienen?

CHEVALIER Oh, das werde ich Ihnen nicht sagen.

GRÄFIN Lieben Sie mich immer, und ich bin glücklich.

CHEVALIER Werden Sie diesem bescheidenen Geschmack treu bleiben?

GRÄFIN Verursachen Sie mir keinen Kummer mehr und alles ist gut.

CHEVALIER Ich verspreche es Ihnen; aber Lelio muß gehen.

GRÄFIN Ich hatte gehofft, er würde das von sich aus beschließen, wegen des Reugeldes. Es geht um zehntausend Taler, die ich für Sie retten würde, Chevalier; denn schließlich ist es Ihr Vermögen, um das ich besorgt bin.

CHEVALIER Von mir aus kann alles Vermögen der Welt zur Hölle fahren, wenn er nur abreist; brechen Sie als erste mit ihm, das ist mein Vermögen.

GRÄFIN Überlegen Sie es sich.

CHEVALIER Sie zögern noch, es fällt Ihnen schwer, ihn mir zu opfern! Ist das die wahre Liebe? Ach, wie viel Ihnen noch fehlt, um einem Menschen wie mir alle Wünsche zu erfüllen.

GRÄFIN Es wird mir nichts mehr fehlen, beruhigen Sie sich.

CHEVALIER Mir gegenüber wird Ihnen immer etwas fehlen.

GRÄFIN Nein, ich füge mich; ich schicke Lelio weg, und Sie diktieren den Abschiedsbrief.

CHEVALIER Sagen Sie ihm, daß er ohne Umstände zu machen gehen soll?

GRÄFIN Ja.

CHEVALIER Nein, meine liebe Gräfin, Sie werden ihn nicht wegschicken. Es genügt mir, daß Sie es vorhaben; Ihre Liebe hält jeder Prüfung stand, und ich erspare es Ihnen, noch weiter zu gehen; das wäre zu viel. Ich muß Sie schützen, wenn Sie sich meinetwegen vergessen.

GRÄFIN Ich liebe Sie; das sagt alles.

CHEVALIER Mich lieben genügt nicht, Gräfin; zeichnen Sie mich ein wenig vor Lelio aus, dem Sie das vielleicht auch gesagt haben.

GRÄFIN Was soll ich Ihnen denn sagen?

CHEVALIER »Ich bete Sie an.« Morgen entschlüpft es Ihnen von allein, rücken Sie es einen Tag vor, befriedigen Sie meine kleine Laune.

GRÄFIN Ich will tot umfallen, wenn er mir nicht Lust dazu macht, es zu sagen. Sie sollten sich aber wenigstens schämen, es zu verlangen.

CHEVALIER Wenn Sie es mir gesagt haben, bitte ich Sie auch um Verzeihung.

GRÄFIN Ich glaube, er überredet mich noch.

CHEVALIER Bitte, mein Engel, machen Sie mir die Freude; Sie riskieren nichts bei mir; lassen Sie diese Worte Ihrem schönen Mund entschlüpfen. Soll ich ihm einen Kuß zur Ermutigung aufdrücken?

GRÄFIN Auch das noch! Lassen Sie mich! sind Sie denn nie zufrieden? Ich werde Ihnen nichts vorenthalten, wenn es an der Zeit ist.

CHEVALIER Sie sind gerührt, lassen Sie den Augenblick nicht ungenutzt; ich will nur ein Wort; soll ich Ihnen helfen? Sprechen Sie mir nach: Chevalier, ich bete Sie an.

GRÄFIN Chevalier, ich bete Sie an. Er bringt mich dahin, alles zu machen, was er will.

CHEVALIER *beiseite.*

Wie schwach mein Geschlecht ist. – Ach, wie ich das genieße, Liebste! Noch einmal.

GRÄFIN Gut; aber dann verlangen Sie nichts mehr von mir.

CHEVALIER Was fürchten Sie denn, was ich verlangen würde?

GRÄFIN Was weiß ich? Sie bekommen ja nie genug. Schweigen Sie.

CHEVALIER Ich gehorche; ich bin ein verträglicher Mensch und möchte die Achtung, die ich vor Ihnen habe, nicht verletzen.

GRÄFIN Ich heirate Sie, genügt das?

CHEVALIER Mehr als nötig ist, wenn Sie mir Gerechtigkeit widerfahren lassen.

GRÄFIN Ich bin bereit, Ihnen ewige Treue zu schwören und verliere die zehntausend Taler leichten Herzens.

CHEVALIER Nein, Sie werden sie nicht verlieren, wenn Sie machen, was ich Ihnen sage. Lelio wird Sie sicher drängen, sich zwischen ihm und mir zu entscheiden; willigen Sie ein, ihn zu heiraten. Ich möchte, daß Sie ihn ganz kennenlernen; lassen Sie sich von mir führen, wir wollen das Reugeld retten. Sie werden sehen, was das für ein Mensch ist. Da kommt er, ich kann nicht mehr erklären.

GRÄFIN Ich verhalte mich so, wie Sie es wünschen.

Siebte Szene

LELIO · GRÄFIN · CHEVALIER

LELIO Gestatten Sie, Madame, daß ich einen Augenblick Ihr Gespräch mit Monsieur unterbreche. Ich möchte mich nicht beschweren, sondern Ihnen nur kurz etwas sagen.

Trotzdem hätte ich einen sehr schönen Gesprächsstoff, und Ihre Gleichgültigkeit mir gegenüber, seit dieser Herr, der mir nicht das Wasser reichen kann …

CHEVALIER Er hat recht.

LELIO Aber lassen wir das. Meine Vorwürfe sind begründet, jedoch mißfalle ich Ihnen; ich habe mir vorgenommen zu schweigen, und ich schweige, koste es, was es wolle. Was könnte ich Ihnen nicht alles sagen! Warum finden Sie mich hassenswert? Warum entziehen Sie sich mir? Was habe ich Ihnen getan? Ich bin verzweifelt.

CHEVALIER *lachend.*

Ha! ha! ha! ha!

LELIO Sie lachen, Monsieur le Chevalier, aber Sie vergeuden nur Ihre Zeit; ich will die meine nutzen, um Ihnen eine Antwort zu geben.

CHEVALIER Sei nicht böse, Lelio, aber du wolltest nur kurz etwas sagen, ganz kurz, und jetzt hast du so lange geredet und nichts ist geklärt; das amüsiert mich.

GRÄFIN Fassen Sie sich, Lelio, und sagen Sie mir ganz ruhig, was Sie wollen.

LELIO Ich möchte Sie bitten, mir zu sagen, wen von uns beiden Sie zu behalten geruhen, Monsieur oder mich. Verkünden Sie es, Madame, mein Herz kann die Ungewißheit nicht mehr ertragen.

GRÄFIN Sie sind sehr heftig, Lelio, doch der Grund für Ihre Heftigkeit ist verzeihlich, und ich wünsche Ihnen mehr Gutes, als Sie glauben. Chevalier, wir haben bis jetzt miteinander kokettiert, es wird Zeit, daß das ein Ende nimmt; Sie haben mir von Ihrer Liebe gesprochen, es täte mir leid, wenn sie ernst wäre; ich schulde meine Hand Lelio und bin bereit, die seine zu empfangen.

Zu Lelio.

Beklagen Sie sich immer noch?

LELIO Nein, Madame, das sind günstige Überlegungen für mich, und wenn ich...

GRÄFIN Ich erlasse es Ihnen, mir zu danken, Lelio; ich bin sicher, daß ich Ihnen eine große Freude mache.

Beiseite.

Seine Gefaßtheit ist lustig.

DIENER Da ist ein Brief mit der Post gekommen, Madame.

GRÄFIN Gib ihn her. Erlauben Sie, daß ich mich einen Augenblick zurückziehe? Er ist von meinem Bruder.

Achte Szene

LELIO · CHEVALIER

LELIO Was zum Teufel soll das bedeuten? Sie nimmt mich beim Wort, was sagen Sie dazu?

CHEVALIER Was ich sage? Nichts, ich glaube ich träume, und ich versuche aufzuwachen.

LELIO Da bin ich in einer schönen Lage, mit ihrer Hand, die sie mir anbietet, um die ich mit viel Aufwand werbe, und die mir doch höchst gleichgültig ist! Aber täuschen Sie mich auch nicht?

CHEVALIER Ich muß schon bitten! Ich diene Ihnen ohne Falsch, oder ich bin keine Zofe. Was sich da abspielt, könnte folgenden Grund haben: im Laufe meines Gesprächs mit der Gräfin hatte sie mich verdächtigt, eine Liebesbeziehung in Paris zu haben; ich hatte mich auf eine galante Antwort beschränkt, und plötzlich ist sie ernst geworden; da kamen Sie, und zweifellos ist ihr Verhalten noch ein Rest von Verärgerung, die vorbeigehen wird, denn sie liebt mich.

LELIO Ich bin in größter Verlegenheit.

CHEVALIER Wenn sie Ihnen ernsthaft ihre Hand anbietet,

ist das einzige Mittel, das ich sehe, ihr zu sagen, Sie würden sie heiraten, obwohl Sie sie nicht mehr liebten. Kleiden Sie diese Frechheit in eine höfliche Form und fügen Sie hinzu, wenn sie nicht wolle, dann sei das Reugelt ihre Sache.

LELIO Sehr merkwürdig, dein Vorschlag.

CHEVALIER Merkwürdig! Seit wann sind Sie so empfindlich? Schrecken Sie plötzlich vor einem Verhalten zurück, das Ihnen zehntausend Taler rettet? Ich liebe Sie nicht mehr, Madame, doch ich will Sie heiraten; wollen Sie das nicht? dann zahlen Sie das Reugeld; Ihre Hand oder das Geld. Ganz einfach.

Neunte Szene

LELIO · GRÄFIN · CHEVALIER

GRÄFIN Mein Bruder kann nicht so rasch kommen, Lelio, wir brauchen ihn nicht zu erwarten und können unsere Angelegenheit regeln, wann Sie wollen.

CHEVALIER *leise zu Lelio.*
Nur Mut, noch eine Frechheit und es ist geschafft.

LELIO Mein Gott, Madame, soll ich es wagen, in aller Offenheit mit Ihnen zu sprechen? Mein Herz ist nicht mehr in seiner früheren Verfassung.

GRÄFIN Wie! erklären Sie das; lieben Sie mich nicht mehr?

LELIO Das will ich so nicht sagen; doch die Ungewißheit hat meine Liebe ein wenig abgekühlt.

GRÄFIN Und was bedeutet dann diese Darstellung leidenschaftlicher Gefühle, die ich eben erlebt habe? Was ist aus Ihrer Verzweiflung geworden? War das nur eine Theaterleidenschaft? Es sah so aus, als würden Sie den Tod erleiden, wenn ich die Dinge nicht klärte. »Sprechen Sie, Madame, ich kann es nicht mehr ertragen . . .«

LELIO Mein Gott, Madame, ich hatte gedacht, ich ginge kein Risiko ein, und Sie würden mich abweisen.

GRÄFIN Sie sind ein ausgezeichneter Komödiant; und das Reugeld, was machen wir mit dem, Monsieur?

LELIO Die Zahlungsverpflichtung bleibt, Madame; ich habe die Ehre, Sie zu heiraten.

GRÄFIN Was? Sie heiraten mich und lieben mich nicht mehr!

LELIO Das tut nichts zur Sache, Madame; das soll Sie nicht stören.

GRÄFIN Gehen Sie, ich verachte Sie und will nichts mehr von Ihnen wissen.

LELIO Und das Reugeld, Madame, das werden Sie also zahlen?

GRÄFIN Was höre ich, Lelio? Wo bleibt da der Anstand?

CHEVALIER Darüber wird Ihnen der Herr kaum Auskunft geben können; ich glaube nicht, daß er den kennt. Aber es ist nicht recht, daß ein elendes Reugeld Sie entzweit; quälen Sie sich nicht weiter, da, jetzt ist der Vertrag gelöst.

Zerreißt den Schein.

Ha! ha! ha!

LELIO Schurke!

CHEVALIER *lachend.*

Ha! ha! ha! Trösten Sie sich, Lelio, es bleibt Ihnen eine Dame mit zwölftausend Pfund Rente; ha! ha! Man hat Ihnen geschrieben, sie sei schön; man hat Sie getäuscht, denn hier ist sie; mein Gesicht ist das Original.

GRÄFIN Gerechter Himmel!

CHEVALIER Meine Verwandlung ist nicht nach dem Geschmack Ihrer zärtlichen Gefühle, liebe Gräfin. Ich hätte es weit mit Ihnen treiben können, wenn ich in Ihrer Gesellschaft geblieben wäre; so ging viel Liebe verloren; doch dafür haben Sie eine ansehnliche Summe gerettet; ich werde Ihnen noch von dem hübschen Streich erzählen, den man Ihnen spielen wollte.

GRÄFIN Ich kenne keinen traurigeren als den, den Sie mir spielen.

CHEVALIER Trösten Sie sich; Sie müssen zärtliche Gefühle aufgeben, aber die erweckte ich nur zu Ihrem eigenen Nutzen. Betrachten Sie Ihren Kummer als eine kleine Strafe für Ihre Unbeständigkeit, denn Sie haben Lelio weniger aus berechtigtem Anlaß als aus Leichtfertigkeit verlassen. Und was Sie betrifft, Seigneur Lelio, dies ist Ihr Ring. Sie haben ihn mir freiwillig gegeben, und ich verfüge über ihn zu Gunsten von Trivelin und Arlequin. Da, Kinder, verkauft ihn und teilt euch das Geld.

TRIVELIN *und* ARLEQUIN Ergebensten Dank, Madame!

TRIVELIN Da sind die Musikanten, um das versprochene Fest zu geben.

CHEVALIER *zu Lelio.*

Lassen Sie es sich nicht entgehen; abreisen können Sie auch später.

DAS SPIEL VON LIEBE UND ZUFALL

Le Jeu de l'Amour et du Hasard

1730

Personen

MONSIEUR ORGON
MARIO
SILVIA
DORANTE
LISETTE
Kammerzofe von Silvia
ARLEQUIN
Diener von Dorante
EIN DIENER

Das Stück spielt in Paris.

ERSTER AKT

Erste Szene

SILVIA · LISETTE

SILVIA Und noch einmal, wieso mischst du dich da ein und behauptest, meine Gefühle zu kennen?

LISETTE Weil ich dachte, in einem solchen Fall wären Ihre Gefühle die gleichen wie die aller anderen Leute. Ihr Herr Vater fragt mich, ob Sie froh darüber wären, daß er Sie verheiratet, ob es Ihnen gefiele, und ich antworte ihm: ja; das kommt ganz prompt, und vielleicht sind Sie das einzige Mädchen auf der Welt, bei dem dieses Ja nicht zutrifft; ein Nein ist unnatürlich.

SILVIA Ein Nein ist unnatürlich, wie einfältig und naiv! Die Ehe hätte für dich also einen großen Reiz?

LISETTE Nun, da kommt zum Beispiel wieder ein Ja.

SILVIA Halt den Mund. Gib deine dummen Antworten sonstwo zum besten, aber nicht bei mir, und merk' dir, daß es dir nicht zusteht, mein Herz nach deinem zu beurteilen.

LISETTE Mein Herz ist so beschaffen wie das aller andern Leute, wieso verfällt das Ihre darauf, wie keines sonst zu sein?

SILVIA Ich glaube, wenn du es wagtest, du würdest mich noch als wunderlich bezeichnen.

LISETTE Das würde sich zeigen, wenn ich Ihresgleichen wäre!

SILVIA Du legst es darauf an, mich zu verärgern, Lisette.

LISETTE Es ist nicht meine Absicht; aber was habe ich denn im Grunde Schlimmes getan, als ich Monsieur Orgon sagte, Sie wären froh darüber, daß er Sie verheirate.

SILVIA Zunächst hast du nicht die Wahrheit gesagt, mich bekümmert es nicht, unverheiratet zu sein.

LISETTE Das ist ganz neu.

SILVIA Und außerdem soll mein Vater nicht glauben, er mache mir eine große Freude, indem er mich verheiratet, denn das würde ihn mit einer Zuversicht handeln lassen, die vielleicht nicht angebracht ist.

LISETTE Wie, Sie wollen den Mann nicht heiraten, den er für Sie bestimmt hat?

SILVIA Was weiß ich, vielleicht gefällt er mir nicht, und das beunruhigt mich.

LISETTE Es heißt, Ihr Zukünftiger sei der schätzenswerteste Mann der Welt, eine gute Erscheinung, liebenswürdig, hübsch, man könne nicht mehr Geist, keinen besseren Charakter haben als er; was wollen Sie noch? Kann man sich eine glücklichere Verbindung vorstellen? Eine wonnevollere Ehe?

SILVIA Wonnevoll! Wie verrückt du dich ausdrückst!

LISETTE Du meine Güte, Madame, ist es nicht ein Glück, wenn ein Anbeter dieser Art in aller Form heiraten will? Es gäbe kaum ein Mädchen, das nicht in Gefahr wäre, wenn er ihr den Hof machte, ihn ohne Hochzeit zu heiraten; liebenswert, eine gute Erscheinung, da kommt die Liebe auf ihre Kosten; umgänglich, intelligent, da hat die Gemeinsamkeit ihren Teil: bei Gott! alles ist gut an diesem Mann, alles ist da, das Nützliche und auch das Angenehme.

SIVLIA Ja, bei dem Porträt, das du von ihm entwirfst, und es heißt, daß er ihm gleicht; aber es heißt so, und ich selbst bin vielleicht nicht dieser Ansicht. Er ist ein schöner Mann, heißt es, und das ist fast um so schlimmer.

LISETTE Um so schlimmer, um so schlimmer, wirklich ein sehr seltsamer Gedanke!

SILVIA Ein sehr vernünftiger; ein schöner Mann ist leicht ein Geck, habe ich bemerkt.

LISETTE Oh, er hat unrecht, ein Geck zu sein, aber recht, daß er schön ist.

SILVIA Es heißt außerdem, er sei eine gute Erscheinung, meinetwegen.

LISETTE Hm, das könnte man ihm verzeihen.

SILVIA Schönheit und gutes Aussehen, davon befreie ich ihn, das sind überflüssige Beigaben.

LISETTE Du lieber Himmel! Wenn ich jemals heirate, ist für mich dieser Überfluß gerade das Nötigste.

SILVIA Du weißt nicht, was du sagst; in einer Ehe hat man es viel öfter mit dem verständigen Mann zu tun als mit dem liebenswerten; kurz, ich erwarte bei ihm nur einen guten Charakter, und der findet sich schwerer als man denkt. Der seine wird sehr gelobt, aber wer hat mit ihm zusammen gelebt? Verstellen sich die Männer nicht, vor allem, wenn sie intelligent sind? Habe ich selbst nicht genügend Männer gesehen, die ihren Freunden gegenüber als die besten Menschen der Welt erschienen? Sie sind die Sanftmut, die Einsicht, die Heiterkeit in Person. Alles, sogar ihre Gesichtszüge, bürgt für die vielen guten Eigenschaften, die man ihnen zuschreibt. Monsieur X scheint ein reizender Mensch zu sein, sehr verständig, hieß es täglich von Ergaste: Er ist es auch, wurde geantwortet; ich selbst habe es geantwortet; sein Gesicht belügt Sie nicht. Ja, vertraut nur diesem sanften, zuvorkommenden Aussehen, das eine Viertelstunde später verschwindet, um einem finsteren, wilden, brutalen Gesicht zu weichen, das der Schrecken eines ganzen Hauses wird. Ergaste hat geheiratet; seine Frau, seine Kinder, seine Dienerschaft, alle kennen nur noch dieses Gesicht, während er überall sonst die liebenswerte Miene herumträgt, die wir an ihm kennen, und die er nur als Maske aufsetzt, wenn er das Haus verläßt.

LISETTE Ein komischer Kauz, mit seinen zwei Gesichtern.

SILVIA Freut man sich nicht über Léandre, wenn man ihn sieht? Nun, zu Hause spricht er kein Wort, er lacht nicht, er schimpft nicht, er hat eine kalte Seele, verschlossen, unzugänglich; seine Frau kennt sie gar nicht, sie hat keinerlei Verbindung zu ihr, sie ist mit einer Erscheinung verheiratet, die aus einem Arbeitszimmer kommt, sich zu Tisch setzt und ihre ganze Umgebung vor Unlust, Kälte und Langeweile umkommen läßt. Ist das nicht ein amüsanter Ehemann?

LISETTE Mir wird eiskalt bei der Beschreibung, die Sie mir von ihm geben; aber wie steht es mit Tersandre?

SILVIA Ja, Tersandre! Neulich ist er gegen seine Frau wütend geworden; ich will sie besuchen, werde angemeldet; ich sehe einen Mann mit offenen Armen auf mich zukommen, heiter, gelassen; man hätte geglaubt, er käme von einer besonders amüsanten Unterhaltung, sein Mund und seine Augen lachten noch. So ein Betrüger! Da hast du die Männer. Wer glaubt es, daß seine Frau seinetwegen zu bedauern ist? Ich fand sie niedergeschlagen, aschfahl, mit verweinten Augen, ich fand sie so, wie ich selbst vielleicht bald aussehe, mein zukünftiges Porträt; zumindest laufe ich Gefahr, eine Kopie davon zu werden. Sie tat mir leid, Lisette; und wenn ich dir bald auch leid tue, ist das nicht schrecklich, was meinst du? Denke daran, was das ist, ein Ehemann.

LISETTE Ein Ehemann? das ist ein Ehemann. Mit dem Wort hätten Sie nicht aufhören sollen, es söhnt mich mit allem andern aus.

Zweite Szene

MONSIEUR ORGON · SILVIA · LISETTE

M. ORGON Guten Tag, liebe Tochter. Die Neuigkeit, die ich dir habe ausrichten lassen, macht dir hoffentlich Freude. Dein Bräutigam kommt heute, sein Vater teilt es mir in diesem Brief hier mit. Du antwortest gar nichts, du scheinst traurig zu sein, und Lisette schlägt die Augen nieder, was soll das bedeuten? Dann rede du, was gibt's?

LISETTE Ein Gesicht, Monsieur, das Schrecken verbreitet, ein anderes, das durch Kälte tötet, eine frostige Seele, die sich abseits hält, und außerdem das Porträt einer Frau, niedergeschlagen, aschfahl, mit geschwollenen und verweinten Augen; das ist es, Monsieur, was wir so andachtsvoll betrachten.

M. ORGON Was soll das Geschwafel bedeuten? Eine Seele, ein Porträt: erkläre das bitte genauer, ich begreife kein Wort davon.

SILVIA Ich habe mit Lisette gerade über das Unglück von Frauen gesprochen, die von ihren Ehemännern schlecht behandelt werden; als Beispiel nannte ich ihr die Frau von Tersandre, die ich neulich ganz niedergeschlagen antraf, weil ihr Mann sie angeschrieen hatte, und darüber habe ich meine Betrachtungen angestellt.

LISETTE Ja, wir sprachen über einen Gesichtsausdruck, der kommt und geht; wir sagten, daß der Ehemann in Gesellschaft eine Maske trägt und seiner Frau zieht er eine Grimasse.

M. ORGON Ich verstehe von alledem nur, daß die Ehe dich schreckt, liebe Tochter, um so mehr, als du Dorante nicht kennst.

LISETTE Erstens ist er schön, und das ist fast um so schlimmer.

M. ORGON Um so schlimmer? bist du übergeschnappt mit deinem um so schlimmer?

LISETTE Ich sage, was man mir beibringt; ich habe es bei Madame gelernt, ich studiere bei ihr.

M. ORGON Alles gut und schön, aber darum geht es nicht. Du weißt, mein Kind, wie sehr ich dich liebe. Dorante kommt, um dich zu heiraten; ich habe diese Heirat während meiner letzten Reise mit seinem Vater, meinem alten guten Freund, beschlossen; doch nur unter der Bedingung, daß ihr euch beide gegenseitig gefallt und euch frei darüber aussprechen könnt; ich verbiete dir jede Rücksichtnahme auf mich: gefällt Dorante dir nicht, so brauchst du es nur zu sagen, und er reist ab; solltest du ihm nicht gefallen, so reist er ebenfalls ab.

LISETTE Wie in der Oper: Du willst mich, ich will dich, rasch einen Notar; oder aber: liebst du mich? nein; ich dich auch nicht; rasch aufs Pferd.

M. ORGON Ich selbst habe Dorante noch nie gesehen; er war nicht da, als ich seinen Vater besuchte; doch nach all dem Guten, was man mir von ihm erzählt hat, fürchte ich kaum, daß einer von euch den andern zurückweist.

SILVIA Ich bin von Ihrer Güte gerührt, lieber Vater. Sie verbieten mir jede Rücksichtnahme auf Sie, und ich gehorche Ihnen.

M. ORGON Ich befehle es dir.

SILVIA Aber wenn ich es wagte, würde ich Sie wegen eines Einfalls, der mir eben gekommen ist, um die Erlaubnis für etwas bitten, was mich noch vollends beruhigen würde.

M. ORGON Sprich, wenn die Sache zu machen ist, gewähre ich sie gern.

SILVIA Sie ist durchaus zu machen; doch ich fürchte, ich mißbrauche Ihre Güte.

M. ORGON Mißbrauche sie ruhig; komm, in dieser Welt muß man etwas zu gut sein, damit es genügt.

LISETTE Das kann nur der beste aller Menschen sagen.

M. ORGON Nun erkläre es mir endlich, Tochter.

SILVIA Dorante kommt heute hier an: wenn ich ihn nun sehen könnte und ein bißchen prüfen, ohne daß er mich erkennt; Lisette ist gewitzt, Vater, sie könnte für kurze Zeit meinen Platz einnehmen und ich ihren.

M. ORGON *beiseite.*

Ein amüsanter Einfall.

Laut.

Laß mich ein wenig darüber nachdenken.

Beiseite.

Wenn ich sie gewähren lasse, wird etwas sehr Eigenartiges geschehen, darauf ist sie selbst nicht gefaßt...

Laut.

Einverstanden, liebe Tochter, ich erlaube dir die Verkleidung. Bist du auch sicher, Lisette, daß du deine Rolle durchhältst?

LISETTE Ich, Monsieur? Sie wissen doch, wer ich bin; versuchen Sie einmal, mir den Hof zu machen und es dabei an Respekt fehlen zu lassen, wenn Sie das wagen; da haben Sie gleich meine Probe für die vornehmen Manieren, mit denen ich Sie empfange; was sagen Sie dazu, hm? Erkennen Sie Lisette wieder?

M. ORGON Wie, was! Jetzt täusche ich mich selbst in ihr; doch wir dürfen keine Zeit verlieren, geh' und mach dich für deine Rolle zurecht, Dorante kann uns jeden Augenblick überraschen. Beeilt euch, und daß alle im Haus Bescheid wissen.

SILVIA Ich brauche kaum mehr als eine Schürze.

LISETTE Und ich will Toilette machen; kommen Sie, Lisette, und frisieren Sie mich, damit Sie sich an Ihre neuen

Pflichten gewöhnen; und etwas mehr Aufmerksamkeit, wenn ich bitten darf.

SILVIA Sie werden mit mir zufrieden sein, Madame; gehen wir.

Dritte Szene

MARIO · MONSIEUR ORGON · SILVIA

MARIO Meinen Glückwunsch zu der Neuigkeit, die ich eben erfahren habe, Schwester; wir werden bald deinen Bräutigam sehen.

SILVIA Ja, Bruder; aber ich habe jetzt keine Zeit zu verlieren, ich muß mich um wichtige Dinge kümmern; unser Vater wird es dir erklären, ich überlasse dich ihm.

Vierte Szene

MONSIEUR ORGON · MARIO

M. ORGON Halte sie nicht auf, Mario, komm, ich will dir erklären, worum es geht.

MARIO Was gibt es denn so Wichtiges, Vater?

M. ORGON Zunächst bitte ich dich, über das, was ich dir sagen werde, zu schweigen.

MARIO Ich verspreche es.

M. ORGON Wir werden heute Dorante sehen; doch sehen wir ihn nur verkleidet.

MARIO Verkleidet! Kommt er zum Maskenfest, geben Sie einen Ball für ihn?

M. ORGON Hör dir die Stelle in dem Brief seines Vaters an. Hm... »Ich weiß nicht recht, was Sie von einem Einfall halten, den mein Sohn hatte; er findet ihn selbst etwas merkwürdig, doch ist das Motiv entschuldbar und sogar aus Feingefühl entstanden; er hat mich nämlich gebeten ihm zu erlauben, zunächst als sein Diener bei Ihnen erscheinen zu dürfen, der seinerseits die Rolle seines Herrn übernimmt.«

MARIO Ha! ha! das wird lustig.

M. ORGON Höre noch zu Ende. »... Mein Sohn weiß, wie ernst die Bindung ist, die er eingehen will, und er hofft, wie er sagt, unter dieser nur für kurze Zeit beabsichtigten Verkleidung einige Charakterzüge seiner zukünftigen Ehefrau zu entdecken und sie besser kennenzulernen, um zu wissen, wie er sich entscheiden soll, da wir beide ja beschlossen haben, ihnen ihre volle Freiheit zu lassen. Ich selbst, der ich auf das vertraue, was Sie mir von Ihrer liebenswerten Tochter erzählt haben, bin mit allem einverstanden und ergreife nur die Vorsichtsmaßnahme, Sie davon zu unterrichten, obwohl er mich darum gebeten hat, sein Geheimnis zu wahren; Sie können es Ihrer Tochter gegenüber damit halten, wie Sie es für richtig empfinden ...«. Das schreibt mir der Vater. Aber das ist noch nicht alles, gib acht, was noch geschehen ist: deine Schwester, die sich ebenfalls wegen Dorante Gedanken macht, dessen Geheimnis sie nicht kennt, hat mich gefragt, ob sie hier die gleiche Komödie spielen dürfe, um Dorante zu beobachten, so wie dieser sie beobachten will. Was sagst du dazu? Hast du schon so etwas Ausgefallenes erlebt? Im Augenblick verkleiden sich Herrin und Zofe. Was rätst du mir, Mario, soll ich deine Schwester in das Geheimnis einweihen, oder nicht?

MARIO Wenn die Dinge so stehen, Vater, würde ich die beiden nicht stören und würde den Einfall achten, der jedem von ihnen gekommen ist; sie müssen in dieser Verkleidung häufig miteinander reden und wir werden sehen, ob ihr Herz ihnen nicht ihren Wert verrät. Vielleicht wird Dorante an meiner Schwester auch als Zofe Gefallen finden, und das wäre reizend für sie.

M. ORGON Wir wollen sehen, wie sie sich aus der Affäre zieht.

MARIO Die Sache verschafft uns bestimmt Vergnügen, ich will gleich am Anfang dabei sein und werde die beiden ein bißchen necken.

Fünfte Szene

SILVIA · MONSIEUR ORGON · MARIO

SILVIA Da bin ich wieder, Vater, sehe ich nicht gut aus als Kammerzofe? Und du, Bruder, du weißt ja offensichtlich, worum es geht, wie findest du mich?

MARIO Auf Ehre, Schwester, um den Diener ist es gleich geschehen; aber du könntest auch Dorante deiner Herrin stehlen.

SILVIA Offen gesagt, es würde mich freuen, ihm auch in dieser Rolle zu gefallen, ich wäre nicht böse, wenn ich seine Vernunft besiegte, ihn wegen des Standesunterschieds zwischen ihm und mir ein bißchen verwirrte; wenn meine Reize das erreichten, machten sie mir ein großes Vergnügen, ich wäre stolz auf sie. Im übrigen würde mir das helfen, Dorante zu erforschen. Was seinen Diener betrifft, so fürchte ich dessen Werben nicht, er wird es bei mir nicht wagen, in meinen Gesichtszügen liegt etwas, das dem Kerl eher Achtung als Liebe einflößen wird.

MARIO Sachte, liebe Schwester, der Kerl ist deinesgleichen.

M. ORGON Und wird sich bestimmt in dich verlieben.

SILVIA Nun gut, die Ehre, ihm zu gefallen, kann mir nur nutzen; Diener klatschen von Natur aus gern, die Liebe ist schwatzhaft, und ich mache ihn zum Berichterstatter seines Herrn.

EIN DIENER Monsieur, ein Diener ist angekommen, der Sie sprechen möchte; ihm folgt ein Träger mit einem Koffer.

M. ORGON Er soll hereinkommen; sicher ist es der Diener von Dorante; sein Herr wird vielleicht noch an der Post aufgehalten. Wo ist Lisette?

SILVIA Lisette zieht sich um, und nach Auskunft ihres Spiegels findet sie uns sehr unvorsichtig, ihr Dorante zu überlassen; sie ist gleich fertig.

M. ORGON Still, da kommt er.

Sechste Szene

DORANTE *als Diener* · MONSIEUR ORGON
SILVIA · MARIO

DORANTE Ich suche Monsieur Orgon; oder ist er es, dem ich die Ehre habe, meine Verbeugung zu machen?

M. ORGON Ja, mein Freund, er ist es.

DORANTE Sie haben sicher von uns Nachricht bekommen, Monsieur, ich gehöre zu Monsieur Dorante, der gleich kommen wird, und der mich schon vorausgeschickt hat, um Sie seiner Hochachtung zu versichern, bevor er es selbst tut.

M. ORGON Du erfüllst deinen Auftrag mit großem Geschick; Lisette, was sagst du zu dem Burschen?

SILVIA Ich, Monsieur, ich sage, daß er willkommen ist, und daß er etwas zu taugen scheint.

DORANTE Sie sind sehr gütig, ich tue mein Möglichstes.

MARIO Jedenfalls ist er hübsch geraten; dein Herz wird sich tapfer halten müssen, Lisette.

SILVIA Mein Herz, was hat das hier zu suchen!

DORANTE Ärgern Sie sich nicht, Mademoiselle, was Monsieur da sagt, macht mich nicht eingebildet.

SILVIA Diese Bescheidenheit gefällt mir, machen Sie nur so weiter.

MARIO Sehr gut! Aber mir scheint, die Anrede Mademoiselle, die er gebraucht, klingt sehr formell; zwischen Leuten wie euch sollten die Höflichkeitsformeln nicht so ernsthaft sein, so als wäret ihr ständig auf der Hut; kommt, verkehrt ein bißchen zwangloser miteinander, dein Name ist Lisette, und du, mein Freund, wie heißt du?

DORANTE Bourguignon, Monsieur, zu Ihren Diensten.

SILVIA Also Bourguignon, meinetwegen!

DORANTE Und Lisette geht auch, ich bin darum nicht weniger Ihr Diener.

MARIO Ihr Diener, das ist immer noch nicht eure Art zu reden, dein Diener muß es heißen.

M. ORGON Ha! Ha! Ha! Ha!

SILVIA *leise zu Mario.*

Du machst dich über mich lustig, Bruder.

DORANTE Fürs Duzen warte ich auf Lisettes Anweisung.

SILVIA Mach es, wie du willst, Bourguignon; jetzt ist das Eis gebrochen, und da es den Herren Spaß macht . . .

DORANTE Ich danke dir, Lisette, und erwidere sofort die Ehre, die du mir erweist.

M. ORGON Nur Mut, Kinder, wenn ihr euch ineinander verliebt, seid ihr der Förmlichkeiten enthoben.

MARIO Oh, nicht so eilig. Sich verlieben, das ist ganz etwas anderes; vielleicht wissen Sie noch nicht, daß ich es auf das Herz von Lisette abgesehen habe, ja, ich. Es behandelt mich zwar sehr grausam, aber ich will nicht, daß mir Bourguignon ins Gehege kommt.

SILVIA Auch wenn Sie das so auffassen, ich will, daß Bourguignon sich in mich verliebt.

DORANTE Du tust dir selbst unrecht, wenn du sagst, ich will, schöne Lisette; du brauchst nicht zu befehlen, damit man dir gehorcht.

MARIO Mein lieber Bourguignon, diese Galanterie haben Sie irgendwo gestohlen.

DORANTE Da haben Sie recht, Monsieur, aus diesen Augen habe ich sie genommen.

MARIO Halt den Mund, das wird ja immer ärger, ich verbiete dir, so viel Geist zu haben.

SILVIA Er hat ihn ja nicht auf Ihre Kosten, und wenn er ihn in meinen Augen findet, soll er ihn sich ruhig nehmen.

M. ORGON Die Sache geht schlecht aus für dich, lieber Sohn, gehen wir. Dorante wird bald kommen, wir wollen Silvia Bescheid sagen; und du, Lisette, zeigst dem Burschen die Räume seines Herrn. Adieu, Bourguignon.

DORANTE Sie erweisen mir zu viel Ehre, Monsieur.

Siebte Szene

SILVIA · DORANTE

SILVIA *beiseite.*

Sie spielen Komödie. Was macht das, ich werde es ausnutzen; der Bursche ist nicht dumm, und die Zofe, die ihn bekommt, kann sich freuen. Er wird mit mir anbändeln. Ich lasse ihn schwatzen, Hauptsache, ich erfahre etwas!

DORANTE *beiseite.*

Das Mädchen da verblüfft mich, ihr Gesicht würde jeder Frau auf der Welt Ehre machen; ich will sie kennenlernen.

Laut.

Da wir auf freundschaftlichem Fuße stehen und die Förmlichkeiten abgelegt haben, mußt du mir verraten, Lisette:

kann sich deine Herrin mit dir messen? Sie ist sehr kühn, sich eine Kammerzofe wie dich zu leisten.

SILVIA Diese Frage, Bourguignon, zeigt mir, daß du nach alter Sitte mit der Absicht kommst, mir Verliebtheiten zu sagen.

DORANTE Auf Ehre, mit der Absicht war ich nicht gekommen, das muß ich gestehen; wenn ich auch Diener bin, habe ich doch nie engere Bindungen mit den Zofen gehabt, ich mag keinen Domestikengeist; aber bei dir ist es etwas anderes; ich weiß nicht, aber du beeindruckst mich, ich bin fast eingeschüchtert, ich würde bei dir keine Vertraulichkeiten wagen, ich habe ständig das Verlangen, meinen Hut zu ziehen, und wenn ich dich duze, habe ich das Gefühl zu lästern. Kurz, ich würde dich am liebsten mit einer Höflichkeit behandeln, die dich zum Lachen brächte. Was bist du für ein Kammermädchen, mit deinen Prinzessinnenmanieren?

SILVIA Ach, alles was du da zu empfinden glaubst, wenn du mich siehst, ist genau das, was die andern Diener auch erzählen, die mich gesehen haben.

DORANTE Auf Ehre, es würde mich nicht überraschen, wenn es auch alle Herren erzählten.

SILVIA Die Bemerkung ist hübsch, aber ich wiederhole dir, ich bin nicht für die Schmeicheleien von Leuten gemacht, deren Kleidung wie deine ist.

DORANTE Das heißt also, daß mein Aufzug dir nicht gefällt?

SILVIA Nein, Bourguignon; lassen wir die Liebe und seien wir gute Freunde.

DORANTE Nur das? Dein kleiner Vertrag enthält zwei unerfüllbare Bedingungen.

SILVIA *beiseite.*

Welch ein Mensch, dieser Diener!

Laut.

Trotzdem muß er in Kraft treten; mir ist vorausgesagt worden, daß ich nur einen Mann von Stand heiraten werde, und daraufhin habe ich geschworen, nie einen anderen anzuhören.

DORANTE Alle Wetter, das ist lustig, was du in bezug auf einen Mann geschworen hast, habe ich in bezug auf eine Frau geschworen, ich habe gelobt, nur ein Mädchen von Stand ernsthaft zu lieben.

SILVIA Dann bleib auch bei deinem Vorsatz.

DORANTE Vielleicht bleibe ich mehr dabei, als wir glauben; du siehst sehr vornehm aus, und manchmal ist man ein Mädchen von Stand, ohne es zu wissen.

SILVIA Ha, ha, ha! Ich würde dir gern für dein Kompliment danken, wenn es nicht auf Kosten meiner Mutter ginge.

DORANTE Dann räch' dich dafür an meiner, wenn du mich ansehnlich genug findest.

SILVIA *beiseite.*

Er würde es verdienen.

Laut.

Darum geht es ja gar nicht; Schluß jetzt mit dem Geschäker, mir ist ein Ehemann von Stand vorausgesagt und davon gehe ich nicht ab.

DORANTE Teufel, wenn ich so einer wäre, ich liefe Gefahr, die Wahrsagung zu erfüllen; ich habe zwar kein Vertrauen zur Astrologie, aber ein sehr großes zu deinem Gesicht.

SILVIA *beiseite.*

Er ist unerschöpflich . . .

Laut.

Bist du bald fertig? Was kümmert dich die Wahrsagung, da sie dich ausschließt?

DORANTE Sie hat nicht vorausgesagt, daß ich dich nicht lieben werde.

SILVIA Nein, aber sie hat gesagt, daß es dir nichts nützt, und ich bestätige es dir.

DORANTE Das machst du gut, Lisette, dieser Stolz steht dir wunderbar, und obwohl er sich gegen mich richtet, sehe ich ihn gern an dir; ich habe ihn dir gewünscht, sobald ich dich sah, dieser Zug fehlte dir noch, und ich tröste mich, daß er für mich ein Nachteil ist, weil er für dich einen Gewinn bedeutet.

SILVIA *beiseite.*

Wahrhaftig, der Junge überrascht mich, obwohl ich doch . . .

Laut.

Sag mal, wer bist du eigentlich, daß du so mit mir redest?

DORANTE Der Sohn redlicher Leute, die nicht reich waren.

SILVIA Ach, ich wünsche dir von Herzen eine bessere Stellung als deine und wollte, ich könnte etwas dazu beitragen; das Schicksal hat dich schlecht behandelt.

DORANTE Mein Gott, die Liebe behandelt mich viel schlechter; es wäre mir lieber, ich dürfte dich um dein Herz bitten, als ich besäße alle Reichtümer der Welt.

SILVIA *beiseite.*

Da sind wir ja wieder beim gleichen Thema.

Laut.

Bourguignon, ich kann über das, was du sagst, nicht böse werden; aber ich bitte dich, laß uns von etwas anderem reden, von deinem Herrn; du kannst es sicher unterlassen, mit mir von Liebe zu reden, denke ich?

DORANTE Du könntest es auch unterlassen, welche in mir zu wecken.

SILVIA Jetzt werde ich gleich böse, ich verliere die Geduld, und noch einmal, hör auf mit deiner Liebe.

DORANTE Dann leg du dein Gesicht ab.

SILVIA *beiseite.*

Fast glaube ich, er amüsiert mich...

Laut.

Nun, Bourguignon, du willst also nicht aufhören, muß ich also weggehen?

Beiseite.

Ich hätte es längst tun sollen.

DORANTE Warte, Lisette; ich wollte selbst über etwas anderes mit dir reden; aber ich weiß nicht mehr, worüber.

SILVIA Ich hatte dir auch etwas zu sagen; aber du hast mir ebenfalls meine Gedanken verscheucht.

DORANTE Ich erinnere mich, daß ich dich gefragt hatte, ob deine Herrin sich mit dir messen kann.

SILVIA Du kommst auf einem Umweg zu deinem Ziel zurück, adieu.

DORANTE Nein, Lisette, wirklich nicht; es geht hier nur um meinen Herrn.

SILVIA Also gut, ich wollte auch mit dir über ihn sprechen, und ich hoffe, du wirst mir im Vertrauen sagen, wie er ist; deine Anhänglichkeit an ihn gibt mir eine gute Meinung von ihm, er muß Vorzüge haben, da du ihm dienst.

DORANTE Erlaubst du mir bitte, dir für das zu danken, was du eben gesagt hast?

SILVIA Willst du wohl nicht darauf achten, daß ich so unvorsichtig war, es zu sagen?

DORANTE Schon wieder eine von diesen Antworten, die mich entzücken; mach, was immer du willst, ich kann nicht widerstehen, und ich bin recht unglücklich, daß ich vom größten Liebreiz der Welt gefangen bin.

SILVIA Und ich wüßte gern, wieso ich die Freundlichkeit habe, dich anzuhören, das ist wirklich seltsam.

DORANTE Du hast recht, unsere Sache ist einzigartig.

SILVIA *beiseite.*

Trotz allem, was er mir gesagt hat, bin ich nicht gegangen,

ich gehe auch nicht, ich bin immer noch da, und ich antworte! Das hat nichts mehr mit einem Scherz zu tun.

Laut.

Adieu.

DORANTE Laß uns noch über das reden, was wir besprechen wollten.

SILVIA Adieu, sage ich, kein Erbarmen mehr. Wenn dein Herr angekommen ist, will ich selbst versuchen, ihn für meine Herrin kennenzulernen, wenn es die Mühe lohnt; inzwischen kannst du dich umsehen, das sind eure Räume.

DORANTE Da kommt mein Herr.

Achte Szene

DORANTE · SILVIA · ARLEQUIN

ARLEQUIN Ach, da bist du ja, Bourguignon; seid ihr gut hier empfangen worden, mein Koffer und du?

DORANTE Es wäre nicht möglich gewesen, uns schlecht zu empfangen, Monsieur.

ARLEQUIN Irgend so ein Diener hat mir gesagt, ich solle hier herein gehen und man würde meinem Schwiegervater Bescheid sagen, der bei meiner Frau ist.

SILVIA Sie meinen gewiß Monsieur Orgon und seine Tochter, Monsieur?

ARLEQUIN Ja, ja, meinen Schwiegervater und meine Frau, das kommt auf das gleiche heraus; ich komme um zu heiraten, und sie warten auf mich, um geheiratet zu werden; das ist so ausgemacht, fehlt nur noch die Trauung; eine Kleinigkeit.

SILVIA Eine Kleinigkeit, die durchaus der Mühe wert ist, daß man sie bedenkt.

ARLEQUIN Ja, aber wenn man sie bedacht hat, denkt man nicht mehr daran.

SILVIA *leise zu Dorante.*

Ich habe den Eindruck, bei euch gehört nicht viel dazu, als ein verdienstvoller Mann zu gelten, Bourguignon.

ARLEQUIN Was sagen Sie da zu meinem Diener, schönes Kind?

SILVIA Nichts, nur daß ich Monsieur Orgon herunterbitten will.

ARLEQUIN Und warum sagen Sie nicht meinen Schwiegervater, so wie ich?

SILVIA Weil er es noch nicht ist.

DORANTE Sie hat recht, Monsieur, die Hochzeit hat noch nicht stattgefunden.

ARLEQUIN Ich bin ja hier, damit sie stattfindet.

DORANTE So warten Sie ab, bis sie stattgefunden hat.

ARLEQUIN Alle Wetter, was für Umstände wegen eines Schwiegervaters vom Tag davor oder danach.

SILVIA Natürlich, welchen Unterschied macht es schon, ob man verheiratet ist oder nicht? Ja, Monsieur, wir haben Unrecht und ich beeile mich, Ihren Schwiegervater von Ihrer Ankunft zu benachrichtigen.

ARLEQUIN Und auch meine Frau, wenn's beliebt; doch bevor Sie weglaufen, sagen Sie mir noch eins, Sie hübsche Person, sind Sie nicht die Kammerzofe des Hauses?

SILVIA Sie sagen es.

ARLEQUIN Das ist sehr gut so und freut mich; glauben Sie, ich gefalle hier, wie finden Sie mich?

SILVIA Ich finde Sie ... lustig.

ARLEQUIN Gut, um so besser, bleiben Sie bei diesem Gefühl, es wird vielleicht noch angebracht sein.

SILVIA Sie sind sehr bescheiden, sich damit zu begnügen, aber ich gehe jetzt, man hat sicher vergessen, Ihrem

Schwiegervater Bescheid zu sagen, denn sonst wäre er bestimmt schon hier, ich hole ihn.

ARLEQUIN Sagen Sie ihm, ich erwarte ihn mit Wohlwollen.

SILVIA *beiseite.*

Wie merkwürdig das Schicksal ist! Keiner dieser beiden Männer ist an seinem Platz.

Neunte Szene

DORANTE · ARLEQUIN

ARLEQUIN So, Monsieur, mein Anfang ist gut; ich gefalle bereits der Zofe.

DORANTE Ein Flegel bist du!

ARLEQUIN Wieso das, mein Einzug war so hübsch.

DORANTE Du hattest mir fest versprochen, deine dumme, banale Redeweise aufzugeben, und ich hatte dir genaue Anweisungen gegeben und dir eingeschärft, vor allem ernsthaft zu sein. Geh, ich merke deutlich, daß es leichtsinnig von mir war, mich auf dich zu verlassen.

ARLEQUIN Von jetzt an mache ich es noch besser, und da ernsthaft sein nicht genügt, bin ich auch melancholisch. Ich weine auch, wenn es sein muß.

DORANTE Ich weiß nicht mehr ein noch aus; dieses Abenteuer bringt mich ganz aus der Fassung; was soll ich tun?

ARLEQUIN Ist das Mädchen nicht amüsant?

DORANTE Halt den Mund; da kommt Monsieur Orgon.

Zehnte Szene

MONSIEUR ORGON · DORANTE · ARLEQUIN

M. ORGON Mein lieber Monsieur, ich bitte Sie tausendmal um Verzeihung, daß ich Sie warten ließ; doch ich habe Ihre Ankunft in diesem Augenblick erst erfahren.

ARLEQUIN Tausendmal ist viel zu viel, Monsieur, für einen Fehler genügt einmal; darüber hinaus steht meine gesamte Verzeihung zu Ihren Diensten.

M. ORGON Ich werde mich bemühen, sie nicht zu benötigen.

ARLEQUIN Sie sind der Herr und ich Ihr Diener.

M. ORGON Ich bin wirklich entzückt, Sie zu sehen, ich habe Sie voller Ungeduld erwartet.

ARLEQUIN Ich wäre mit Bourguignon zusammen gekommen; aber wenn man reist, wissen Sie, dann ist man in einem so schlechten Zustand, und ich wollte mich in einem verlockenderen Aufzug zeigen.

M. ORGON Das ist Ihnen sehr gelungen; meine Tochter kleidet sich gerade an, sie hatte sich nicht ganz wohlgefühlt. Wollen Sie sich etwas erfrischen, bis sie herunterkommt?

ARLEQUIN Oh, ich habe es noch nie jemandem abgelehnt, mit ihm anzustoßen.

M. ORGON Bourguignon, du kümmerst dich selbst um dich, mein Freund.

ARLEQUIN Der Bursche ist kein Kostverächter, der trinkt nur vom Besten.

M. ORGON Er soll sich nicht zurückhalten.

ZWEITER AKT

Erste Szene

LISETTE · MONSIEUR ORGON

M. ORGON Na, was willst du, Lisette?

LISETTE Ich muß Sie einen Augenblick sprechen.

M. ORGON Worum geht es?

LISETTE Darum, daß ich Ihnen sagen will, wie die Dinge stehen, weil es wichtig ist, daß Sie unterrichtet sind, damit Sie sich nicht über mich beschweren können.

M. ORGON Es ist also sehr ernst?

LISETTE Ja, sehr ernst. Sie haben der Verkleidung von Mademoiselle Silvia zugestimmt, ich selbst habe zunächst gedacht, sie hätte keine Folgen, aber ich habe mich getäuscht.

M. ORGON Und welche Folgen hat sie nun?

LISETTE Man lobt sich nicht gern selbst, Monsieur, aber allen Regeln der Bescheidenheit zum Trotz muß ich Ihnen sagen, daß wenn Sie sich nicht um das kümmern, was vor sich geht, der Bräutigam seiner Braut kein Herz mehr schenken kann; es wird Zeit, daß sich Ihr Fräulein Tochter zu erkennen gibt, es ist dringend, einen Tag länger, und ich stehe für nichts mehr ein.

M. ORGON Hm, wieso soll er meine Tochter nicht mehr haben wollen, wenn er weiß, daß sie es ist; mißtraust du ihren Reizen?

LISETTE Nein, aber Sie mißtrauen den meinen nicht genügend; ich mache Sie darauf aufmerksam, daß sie ihren

Weg gehen, und ich rate Ihnen nicht, sie frei gewähren zu lassen.

M. ORGON Mein Kompliment, Lisette.

Lacht.

Ha, ha, ha!

LISETTE Da haben wir's; Sie scherzen, Monsieur, Sie machen sich über mich lustig, es tut mir leid, denn es ist zu Ihrem Schaden.

M. ORGON Kümmere dich nicht darum, Lisette, mach nur so weiter.

LISETTE Ich wiederhole Ihnen, das Herz von Dorante hat es sehr eilig; sehen Sie, jetzt findet er großen Gefallen an mir, heute abend liebt er mich, morgen betet er mich an; ich verdiene das nicht, es ist geschmacklos, sagen Sie, was Sie wollen; aber es wird geschehen; Sie können sicher sein, morgen werde ich angebetet.

M. ORGON Nun, was macht dir das: wenn er dich so sehr liebt, soll er dich heiraten.

LISETTE Wie, Sie würden ihn nicht daran hindern?

M. ORGON Nein, bei meiner Ehre, wenn du ihn so weit bringst.

LISETTE Geben Sie acht, Monsieur, bis jetzt habe ich meinen Reizen nicht nachgeholfen, ich habe sie ganz allein machen lassen; und ich habe seinen Kopf geschont: wenn ich mich einmische, verdrehe ich ihm den, da gibt es keine Rettung mehr.

M. ORGON Verdrehe, verstöre, entflamme ihn und heirate, ich erlaube es dir, wenn du es kannst.

LISETTE Wenn es so steht, ist mein Glück gemacht, schätze ich.

M. ORGON Aber sag einmal, hat meine Tochter etwas verlauten lassen, was hält sie von ihrem Bräutigam?

LISETTE Wir hatten noch kaum Gelegenheit uns zu sprechen, denn dieser Bräutigam läßt mich nicht aus den Augen; aber ganz allgemein, ich glaube nicht, daß sie sich freut, sie sieht traurig aus, nachdenklich, und ich vermute, sie wird mich bitten, ihn abzuweisen.

M. ORGON Aber das verbiete ich dir; ich vermeide es, mit ihr darüber zu sprechen, ich habe meine Gründe dafür, daß ihr diese Verkleidung noch beibehaltet; sie soll ihren Zukünftigen ganz in Muße prüfen. Und der Diener, wie verhält er sich? Hat er sich etwa in meine Tochter verliebt?

LISETTE Das ist ein komischer Kerl; ich habe bemerkt, daß er den Herrn bei ihr spielt, weil er eine gute Erscheinung ist; er sieht sie an und seufzt.

M. ORGON Und das ärgert sie?

LISETTE Hm ... Sie errötet.

M. ORGON Ach, du täuschst dich; die Blicke eines Dieners können sie doch nicht so verwirren.

LISETTE Sie errötet, Monsieur.

M. ORGON Dann sicher aus Unwillen.

LISETTE Um so besser.

M. ORGON Nun, wenn du mit ihr sprichst, sage ihr, du hättest den Diener im Verdacht, er würde sie gegen seinen Herrn beeinflussen; und kümmere dich nicht darum, wenn sie sich darüber ärgert, das ist meine Angelegenheit. Aber da kommt Dorante, er sucht dich offenbar.

Zweite Szene

LISETTE · ARLEQUIN · M. ORGON

ARLEQUIN Ach, da sind Sie ja, wundervolle Dame, ich habe alle Welt nach Ihnen gefragt; gehorsamer Diener, lieber Schwiegervater, oder so gut als ob.

M. ORGON Gehorsamer Diener; adieu, liebe Kinder, ich lasse euch beide allein; es ist gut, wenn ihr euch ein bißchen verliebt, bevor ihr heiratet.

ARLEQUIN Ich würde diese beiden Tätigkeiten gern zusammen erledigen.

M. ORGON Nicht so ungeduldig, adieu.

Dritte Szene

LISETTE · ARLEQUIN

ARLEQUIN Madame, er sagt, ich soll nicht ungeduldig sein; er hat gut reden, der brave Mann.

LISETTE Ich kann kaum glauben, daß Ihnen das Warten so schwer fällt, Monsieur; Sie spielen nur aus Galanterie den Ungeduldigen, denn Sie sind doch kaum erst angekommen. Ihre Liebe kann noch gar nicht groß sein, sie wird höchstens gerade geboren.

ARLEQUIN Sie täuschen sich, Sie Wunder aller Zeiten, eine Liebe auf Ihre Art bleibt nicht lange in der Wiege; Ihr erster Blick hat die meine zur Welt gebracht, der zweite hat ihr Kraft gegeben, und der dritte hat sie groß gemacht; wir wollen ihr so schnell es geht eine Bleibe verschaffen, erbarmen Sie sich ihrer, denn Sie sind ihre Mutter.

LISETTE Finden Sie, daß man sie schlecht behandelt, wird sie so vernachlässigt?

ARLEQUIN Geben Sie ihr wenigstens Ihr schönes weißes Händchen, bis man für sie sorgt, damit Sie ihr eine kleine Freude machen.

LISETTE Da nehmen Sie, kleiner Quälgeist, denn sonst geben Sie ja doch keine Ruhe.

ARLEQUIN *ihr die Hand küssend.*

Du Spielzeug meiner Seele! das entzückt mich wie köstlicher Wein, schade, daß ich nur einen kleinen Schoppen davon bekomme!

LISETTE He, hören Sie auf, Sie sind zu gierig.

ARLEQUIN Ich will mich nur erhalten, bis ich endlich leben darf.

LISETTE Sollte man nicht Vernunft haben?

ARLEQUIN Vernunft! Ach, die ist mir abhanden gekommen, Ihre schönen Augen sind die Schelme, die sie mir gestohlen haben.

LISETTE Aber ist es denn möglich, daß Sie mich so lieben? Ich kann es nicht glauben.

ARLEQUIN Ich kümmere mich nicht darum, was möglich ist; aber ich liebe Sie wie ein Verrückter, und in Ihrem Spiegel können Sie sehen, daß es begründet ist.

LISETTE Mein Spiegel würde mich nur noch ungläubiger machen.

ARLEQUIN Ach, süße Angebetete, Ihre Bescheidenheit wäre dann reine Heuchelei!

LISETTE Da kommt jemand zu uns; es ist Ihr Diener.

Vierte Szene

DORANTE · ARLEQUIN · LISETTE

DORANTE Monsieur, dürfte ich Sie einen Augenblick sprechen?

ARLEQUIN Nein! verfluchtes Dienerpack, das uns nie in Ruhe läßt!

LISETTE Hören Sie doch einmal, was er will, Monsieur.

DORANTE Nur auf ein Wort.

ARLEQUIN Wenn er zwei sagt, Madame, ist seine Entlassung das dritte. Also?

DORANTE *leise zu Arlequin.*

Komm jetzt, unverschämter Kerl.

ARLEQUIN *leise zu Dorante.*

Das war eine Beschimpfung, kein Wort.

Zu Lisette.

Entschuldigen Sie mich, meine Königin.

LISETTE Nur zu, nur zu.

DORANTE *leise.*

Befreie mich von alledem hier, liefere dich nicht aus; erscheine ernst und nachdenklich, sogar unzufrieden, hörst du?

ARLEQUIN Ja, mein Freund, machen Sie sich keine Sorgen und verschwinden Sie.

Fünfte Szene

ARLEQUIN · LISETTE

ARLEQUIN Ach, Madame, wäre er nicht dazwischen gekommen, ich hätte Ihnen wunderschöne Sachen gesagt, und jetzt finde ich nur noch ganz gewöhnliche, bis auf meine Liebe, die ist außergewöhnlich. Aber a propos Liebe, wann leistet Ihre der meinen Gesellschaft?

LISETTE Man muß hoffen, daß es so weit kommt.

ARLEQUIN Und glauben Sie, daß es soweit kommt?

LISETTE Eine sehr dreiste Frage; wissen Sie, daß Sie mich in Verlegenheit bringen?

ARLEQUIN Was wollen Sie! Ich brenne, und ich schreie »Feuer«.

LISETTE Wenn es mir erlaubt wäre, so schnell eine Antwort zu geben . . .

ARLEQUIN Ich bin der Meinung, daß Sie es ganz offen dürfen.

LISETTE Die meinem Geschlecht eigene Zurückhaltung will das nicht.

ARLEQUIN Das ist aber nicht die heute übliche, denn die erlaubt noch ganz anderes.

LISETTE Was wollen Sie von mir?

ARLEQUIN Sagen Sie mir ein ganz kleines bißchen, daß Sie mich lieben; passen Sie auf: ich liebe Sie; machen Sie das Echo, wiederholen Sie es, Prinzessin.

LISETTE Er ist unersättlich! Also gut, Monsieur, ich liebe Sie.

ARLEQUIN Ach, Madame, ich sterbe; mein Glück raubt mir den Verstand, ich fürchte, ich werde verrückt. Sie lieben mich! das ist wundervoll!

LISETTE Ich hätte allerdings Grund, über Ihre prompte Verehrung erstaunt zu sein; vielleicht lieben Sie mich weniger, wenn wir uns besser kennen.

ARLEQUIN Ach, Madame, wenn wir erst soweit sind, verliere ich viel, da gibt es eine Menge abzuziehen.

LISETTE Sie vermuten bei mir mehr Vorzüge, als ich besitze.

ARLEQUIN Und Sie, Madame, wissen nichts über meine; ich dürfte nur auf Knien mit Ihnen reden.

LISETTE Denken Sie daran, daß man nicht Herr seines Schicksals ist.

ARLEQUIN Die Väter und Mütter machen alles nach ihren Köpfen.

LISETTE Was mich angeht, so hätte mein Herz Sie unter welchem Stand auch immer gewählt.

ARLEQUIN Das kann es auch jetzt noch tun.

LISETTE Darf ich mir schmeicheln, daß Sie mir gegenüber ebenso denken?

ARLEQUIN Ach, wenn Sie nur Perrette oder Margot wären, wenn ich Sie mit dem Leuchter in der Hand in den Keller hätte hinabgehen sehen, Sie bleiben doch immer meine Prinzessin.

LISETTE Mögen diese schönen Gefühle von Dauer sein!

ARLEQUIN Um Sie auf beiden Seiten zu stärken, wollen wir uns ewige Liebe schwören, allen Schönheitsfehlern zum Trotz, die Sie bei mir noch finden.

LISETTE Mir ist an diesem Schwur mehr gelegen als Ihnen, und ich leiste ihn von ganzem Herzen.

ARLEQUIN *fällt auf die Knie.*

Ihre Güte blendet mich, und ich verneige mich vor ihr.

LISETTE Halten Sie ein, ich darf diese Stellung bei Ihnen nicht dulden, ich wäre unverschämt, wenn ich Sie so knien ließe; stehen Sie auf. Da kommt schon wieder jemand.

Sechste Szene

LISETTE · ARLEQUIN · SILVIA

LISETTE Was willst du, Lisette?

SILVIA Ich muß mit Ihnen sprechen, Madame.

ARLEQUIN Zum Teufel! Nein, Mädchen, geh und komm in einer Viertelstunde wieder, bei uns zu Hause kommen die Kammerzofen nur herein, wenn man sie ruft.

SILVIA Ich muß mit Madame sprechen, Monsieur.

ARLEQUIN Jetzt seht doch die hartnäckige Zofe an! Königin meines Lebens, schicken Sie sie hinaus. Geh, Mädchen, wir haben Anweisung, uns zu verlieben, bevor wir verheiratet werden, unterbrich also bitte nicht unsere Aufgabe.

LISETTE Kannst du nicht etwas später wiederkommen, Lisette?

SILVIA Aber, Madame...

ARLEQUIN Aber! dieses Aber könnte mich krank machen.

SILVIA *die ersten Worte beiseite.* Ein schrecklicher Mensch! – Madame, ich versichere Ihnen, es ist dringend.

LISETTE Erlauben Sie bitte, daß ich mich von ihr befreie, Monsieur.

ARLEQUIN Da der Teufel es will und sie auch ... Geduld ... Ich gehe so lange spazieren, bis sie fertig ist. Ach, was sind unsere Leute doch für blöde Leute.

Siebte Szene

SILVIA · LISETTE

SILVIA Ich finde dich großartig, daß du ihn nicht sofort wegschickst und mich die Gemeinheiten dieses Kerls ertragen läßt.

LISETTE Alle Wetter, Madame, ich kann schließlich nicht zwei Rollen auf einmal spielen; entweder ich trete als die Herrin auf oder als die Dienerin, ich gehorche oder ich befehle.

SILVIA Sehr gut; aber da er jetzt weg ist, hörst du mich als deine Herrin an: du hast sicher gemerkt, daß mir dieser Mann nicht gefällt.

LISETTE Sie hatten noch keine Zeit, ihn genauer zu prüfen.

SILVIA Bist du toll mit deinem Prüfen? Muß man ihn etwa zweimal sehen um festzustellen, daß wir nicht zusammenpassen? Kurzum, ich will ihn nicht. Offenbar billigt mein Vater meine Abneigung nicht, denn er weicht mir aus und spricht kein Wort mit mir; unter diesen Umständen mußt du mich ganz vorsichtig aus der Affäre ziehen, indem du dem jungen Mann geschickt zu verstehen gibst, daß du keine Lust hast, ihn zu heiraten.

LISETTE Das kann ich nicht, Madame.

SILVIA Das kannst du nicht! Und was hindert dich daran?

LISETTE Monsieur Orgon hat es mir verboten.

SILVIA Er hat es dir verboten! Das kann ich mir von meinem Vater nicht vorstellen.

LISETTE Ausdrücklich verboten.

SILVIA Dann beauftrage ich dich also, ihm meinen Widerwillen auszudrücken und ihm zu versichern, daß er unüberwindlich ist; ich könnte mir nicht vorstellen, daß er danach die Dinge noch weitertreiben wolle.

LISETTE Aber Madame, was hat Ihr Zukünftiger denn nur so Unangenehmes, so Abstoßendes?

SILVIA Er mißfällt mir, sage ich dir, und dein mangelnder Eifer ebenso.

LISETTE Nehmen Sie sich die Zeit, ihn näher kennenzulernen – mehr wird von Ihnen gar nicht erwartet.

SILVIA Ich hasse ihn genügend, um mir nicht die Zeit zu nehmen, ihn noch mehr zu hassen.

LISETTE Hat Sie nicht vielleicht sein Diener, dieser Wichtigtuer, gegen ihn beeinflußt?

SILVIA Dummes Ding! Was hat sein Diener damit zu tun.

LISETTE Ich mißtraue ihm, er ist ein Schwätzer.

SILVIA Laß deine Urteile, man kann mit ihnen nichts anfangen; ich achte darauf, daß dieser Diener wenig mit mir spricht, und das Wenige, das er zu mir gesagt hat, war immer sehr vernünftig.

LISETTE Ich glaube, er bringt es fertig, Ihnen alberne Geschichten zu erzählen, nur um seinen Geist leuchten zu lassen.

SILVIA Verdanke ich es nicht meiner Verkleidung, daß ich mir dummes Zeug sagen lassen muß? Auf wen hast du es abgesehen? Warum bist du so versessen darauf, diesen Jungen für eine Abneigung verantwortlich zu machen, an der er keinen Anteil hat? Jetzt zwingst du mich noch, ihn zu rechtfertigen; man braucht ihn nicht mit seinem Herrn zu entzweien, noch einen Spitzbuben aus ihm zu machen, bloß weil man mich als Närrin hinstellen will, die sich seine Geschichten anhört.

LISETTE Oh, Madame, wenn Sie ihn in dem Ton verteidigen und auch noch böse werden, dann brauche ich nichts mehr zu sagen.

SILVIA Wenn ich ihn in dem Ton verteidige! Was ist denn das für ein Ton, den du selbst anschlägst? Was soll dein Gerede bedeuten, was geht in deinem Hirn eigentlich vor?

LISETTE Ich sage, Madame, daß ich Sie noch nie so gesehen habe wie jetzt, und daß ich Ihren Ärger nicht begreife. Wenn der Diener nichts gesagt hat, dann um so besser, dann brauchen Sie sich gar nicht aufzuregen, um ihn zu rechtfertigen, ich glaube Ihnen auch so, ich persönlich habe durchaus nichts gegen Ihre gute Meinung von ihm.

SILVIA Jetzt seht euch doch diese Böswilligkeit an, wie sie die Dinge verdreht! Ich bin so entrüstet, daß ich . . . weinen könnte.

LISETTE Wieso denn, Madame? Was für Hintergedanken hören Sie da nur heraus?

SILVIA Ich, ich höre Hintergedanken heraus! Ich schimpfe seinetwegen mit dir! ich habe eine gute Meinung von ihm! Soweit läßt du es an Achtung mir gegenüber fehlen! Eine gute Meinung, gerechter Himmel, eine gute Meinung! Was soll ich darauf antworten? Was soll das bitte heißen, mit wem redest du eigentlich? Wer ist vor so etwas sicher, was mit mir geschieht, wie weit sind wir denn gekommen?

LISETTE Das weiß ich nicht, aber ich kann mich noch gar nicht von meiner Verwunderung über Sie erholen.

SILVIA Sie hat eine Art zu reden, die mich rasend macht; geh' jetzt, du bist unerträglich, laß mir meine Ruhe, ich werde andere Maßnahmen ergreifen.

Achte Szene

SILVIA

SILVIA Ich zittere noch von dem, was sie gesagt hat; mit welcher Frechheit Dienstboten uns in ihrem Innern behandeln! Wie diese Leute uns herabziehen! Ich kann mich gar nicht beruhigen, ich wage gar nicht an die Wendungen zu denken, derer sie sich bedient hat, sie machen mir immer noch Angst. Es handelt sich um einen Diener: wie seltsam! Ich will den Gedanken wegschieben, mit dem das unverschämte Ding meine Fantasie verdunkelt hat. Da kommt Bourguignon, da kommt das besagte Objekt, dessentwegen ich mich errege; doch das liegt nicht an ihm, dem armen Jungen, und er soll es nicht zu spüren bekommen.

Neunte Szene

DORANTE · SILVIA

DORANTE Lisette, welche Abneigung du auch gegen mich haben magst, ich muß mit dir sprechen; ich glaube, ich muß mich über dich beschweren.

SILVIA Wir wollen uns nicht mehr duzen, Bourguignon, ich bitte dich.

DORANTE Wie du willst.

SILVIA Du tust es aber immer noch.

DORANTE Ebenso wie du, du sagst: ich bitte dich.

SILVIA Das ist mir so herausgefahren.

DORANTE Ach, glaub' mir, es ist am besten, wir reden wie wir können; es lohnt nicht, uns Zwang anzutun bei der kurzen Zeit, die wir uns noch sehen.

SILVIA Reist dein Herr ab? Das wäre kein großer Verlust.

DORANTE So wenig wie bei mir, nicht wahr? Ich vollende deinen Gedanken.

SILVIA Ich könnte ihn selbst vollenden, wenn ich Lust dazu hätte, aber ich denke nicht an dich.

DORANTE Und ich vergesse dich keinen Augenblick.

SILVIA Hör zu, Bourguignon, ein für allemal: bleib, oder geh, oder komm zurück, all das muß mir gleichgültig sein und ist es mir auch, ich will dir weder Gutes noch Schlechtes, ich hasse dich nicht, noch liebe ich dich oder werde dich jemals lieben, es sei denn, mein Geist verwirrte sich. Jetzt kennst du meine Einstellung, meine Vernunft erlaubt mir keine andere, und eigentlich sollte ich es unterlassen, dir das zu sagen.

DORANTE Mein Unglück ist unermeßlich, vielleicht raubst du mir die ganze Ruhe meines Lebens.

SILVIA Was für eine Vorstellung er da im Kopf hat! Er tut mir leid: komm wieder zu dir; du sprichst mit mir, ich antworte dir, das ist sehr viel, das ist zu viel sogar, du kannst es mir glauben, und wenn du Bescheid wüßtest, wärst du wirklich zufrieden mit mir, du würdest mich für beispiellos gütig halten, von einer Güte, die ich bei jeder anderen tadeln würde. Trotzdem werfe ich sie mir nicht vor, mein Herz beruhigt mich, was ich tue ist lobenswert, ich spreche aus Großmut mit dir; aber das darf nicht so weitergehen, diese Art von Großmut ist nur vorübergehend gut, und es liegt mir nicht, mir ständig die Unschuld meiner Absichten zu versichern, das führt zu nichts. Deshalb wollen wir aufhören, Bourguignon; hören wir auf, bitte. Was bedeutet das denn? es ist lächerlich; komm, reden wir nicht mehr davon.

DORANTE Ach, liebe Lisette, wie ich leide!

SILVIA Kommen wir zu dem, was du mir sagen wolltest; du hattest dich über mich beschwert, als du hereinkamst, worum ging es?

DORANTE Um nichts, eine Bagatelle, ich wollte dich sehen und habe wohl nur einen Vorwand gesucht.

SILVIA *beiseite.*

Was soll ich dazu sagen! Wenn ich zornig würde, änderte das überhaupt nichts.

DORANTE Ich glaube deine Herrin wirft mir vor, ich würde meinen Herrn bei dir schlecht machen.

SILVIA Das bildet sie sich ein, und wenn sie bei dir noch einmal davon anfängt, kannst du es einfach leugnen, ich kümmere mich um alles andere.

DORANTE Ach, das ist es nicht, was mich bedrückt!

SILVIA Wenn du mir sonst nichts zu sagen hast, haben wir beide nichts mehr miteinander zu tun.

DORANTE Laß mir wenigstens das Vergnügen, dich zu sehen.

SILVIA Welch hübsches Verlangen! Ich soll die Leidenschaft von Bourguignon unterhalten! Eines Tages wird mich die Erinnerung an all das zum Lachen bringen.

DORANTE Du spottest über mich. Recht hast du, ich weiß nicht, was ich sage, noch was ich von dir erwarte. Adieu!

SILVIA Adieu, du triffst eine gute Entscheidung . . . Doch dein Abschied erinnert mich daran, ich würde gern noch etwas wissen: ihr reist ab, hast du gesagt, ist das sicher?

DORANTE Was mich betrifft, ich muß abreisen, oder ich verliere den Verstand.

SILVIA Wegen der Antwort habe ich dich wahrhaftig nicht zurückgehalten.

DORANTE Und ich habe nur einen Fehler begangen, nämlich, daß ich nicht sofort abgereist bin, als ich dich gesehen habe.

SILVIA *beiseite.*

Ich muß ständig vergessen, daß ich ihm zuhöre.

DORANTE Wenn du wüßtest, Lisette, in welchem Zustand ich mich befinde ...

SILVIA Oh, er ist nicht so interessant zu erfahren wie meiner, das versichere ich dir.

DORANTE Was kannst du mir vorwerfen? Ich habe nicht die Absicht, dich zu betören.

SILVIA *beiseite.*

Darauf sollte man sich nicht verlassen.

DORANTE Und was könnte ich auch erhoffen, wenn ich versuchte, deine Zuneigung zu gewinnen? Ach, selbst wenn ich dein Herz besäße ...

SILVIA Der Himmel soll mich bewahren! Auch wenn es dir gehörte, du wüßtest es nicht, und ich würde mich so gut anstellen, daß ich es selbst nicht wüßte; was für ein Gedanke ihm da gekommen ist!

DORANTE Es ist also ganz gewiß, daß du mich nicht haßt, nicht liebst, und nie lieben wirst?

SILVIA Ganz gewiß.

DORANTE Ganz gewiß! Was ist denn so schrecklich an mir?

SILVIA Gar nichts, da liegt es nicht, was dir schadet.

DORANTE Dann sag' es mir bitte hundertmal, teure Lisette, daß du mich nie lieben wirst.

SILVIA Oh, das habe ich dir oft genug gesagt, versuche nun endlich, es mir zu glauben.

DORANTE Ich muß es dir glauben! Zerstöre eine gefährliche Leidenschaft, rette mich vor ihren Auswirkungen, die ich fürchte; du haßt mich nicht, du liebst mich nicht und wirst mich nie lieben. Vernichte mein Herz mit dieser Gewißheit. Ich bin aufrichtig, hilf mir gegen mich selbst, ich brauche deine Hilfe, ich flehe dich auf Knien um sie an.

Er wirft sich ihr zu Füßen. In diesem Augenblick treten M. Orgon und Mario ein, ohne sich bemerkbar zu machen.

SILVIA Da haben wir's. Das hat mir bei meinem Abenteuer

noch gefehlt; ach, wie unglücklich ich bin! Nur mein Entgegenkommen hat ihn dahingebracht! Steh doch auf! Bourguignon, ich beschwöre dich, es könnte jemand kommen. Ich sage dir, was du möchtest, was willst du von mir? ich hasse dich nicht, steh auf; ich würde dich lieben, wenn ich es könnte, du mißfällst mir nicht, das muß dir genügen.

DORANTE Wie, Lisette, wenn ich nicht das wäre, was ich bin, wenn ich reich wäre, von Stand, und dich so liebte, wie ich dich liebe, dann hätte dein Herz keinen Widerwillen gegen mich?

SILVIA Sicher nicht.

DORANTE Du würdest mich nicht hassen, würdest mich ertragen?

SILVIA Gern, aber steh auf.

DORANTE Du scheinst das ernst zu meinen, aber wenn es stimmt, dann ist es um meine Vernunft geschehen.

SILVIA Ich sage dir, was du möchtest, und doch stehst du nicht auf.

Zehnte Szene

MONSIEUR ORGON · MARIO · SILVIA · DORANTE

M. ORGON Es tut mir leid, euch zu unterbrechen, Kinder, das geht ja wunderbar, nur weiter so!

SILVIA Ich konnte den Burschen nicht daran hindern, sich auf die Knie zu werfen, Monsieur, ich bin nicht in der Lage, ihm Achtung einzuflößen, glaube ich.

M. ORGON Ihr paßt ausgezeichnet zueinander, ihr beiden; aber ich möchte mit dir sprechen, Lisette, und ihr könnt eure Unterhaltung fortführen, wenn wir gegangen sind; seien Sie so freundlich, Bourguignon!

DORANTE Ich ziehe mich zurück, Monsieur.

M. ORGON Gehen Sie und versuchen Sie, etwas zurückhaltender von Ihrem Herrn zu sprechen als bisher.

DORANTE Ich, Monsieur?

MARIO Ja, Sie Monsieur Bourguignon. Sie sollen sich nicht gerade durch übertriebene Achtung Ihrem Herrn gegenüber auszeichnen, habe ich gehört.

DORANTE Ich weiß nicht, was Sie damit sagen wollen.

M. ORGON Adieu, adieu; Sie können sich ein andermal rechtfertigen.

Elfte Szene

SILVIA · MARIO · MONSIEUR ORGON

M. ORGON Nun, Silvia, du siehst uns nicht an, du scheinst sehr verlegen zu sein.

SILVIA Ich, Vater? und was sollte der Grund für diese Verlegenheit sein? Ich bin wie gewöhnlich, dem Himmel sei dank; leider muß ich Ihnen sagen, daß Sie sich eine falsche Vorstellung machen.

MARIO Da ist aber etwas, Schwester, da ist etwas.

SILVIA Etwas in deinem Kopf vielleicht, was tut's; aber in meinem ist nur die Verwunderung über das, was du sagst.

M. ORGON Also der Bursche, der eben hinausging, gibt dir die maßlose Abneigung ein, die du gegen seinen Herrn empfindest?

SILVIA Wer? Der Diener von Dorante?

M. ORGON Ja, der galante Bourguignon.

SILVIA Der galante Bourguignon, dessen Attribut mir neu ist, spricht mir gegenüber nicht von ihm.

M. ORGON Und doch wird behauptet, er mache ihn bei dir schlecht, und deshalb wollte ich mit dir sprechen.

SILVIA Das ist nicht nötig, Vater, und einzig und allein sein

Herr selbst hat mir meine natürliche Abneigung gegen ihn eingeflößt.

MARIO Du kannst sagen, was du willst, Schwester, sie ist viel zu stark, um so natürlich zu sein, und irgend jemand hat dabei geholfen.

SILVIA *heftig.*

Mit welch vielsagendem Gesichtsausdruck du mir das erklärst, Bruder! Und wer ist bitte dieser jemand, der dabei geholfen haben soll, hm?

MARIO Was für eine Laune du hast, wie du dich gleich erregst!

SILVIA Weil ich meine Rolle satt habe, und ich hätte mich schon längst zu erkennen gegeben, wenn ich nicht fürchtete, unsern Vater zu verärgern.

M. ORGON Hüte dich, Tochter, das zu tun, ich bin deshalb hergekommen, um es dir noch einmal einzuschärfen. Da ich so freundlich war, dir deine Verkleidung zu erlauben, mußt du bitte auch so freundlich sein, dein Urteil über Dorante aufzuschieben und zu prüfen, ob die Abneigung, die man dir gegen ihn eingeflößt hat, auch berechtigt ist.

SILVIA Sie hören mir also gar nicht zu, Vater! Ich sage Ihnen doch, daß niemand sie mir eingeflößt hat.

MARIO Wie, der Schwätzer, der eben hier war, sollte ihn dir nicht ein bißchen verekelt haben?

SILVIA *hitzig.*

Wie unfreundlich deine Worte sind! Mir verekelt haben, verekelt! Ich bekomme hier wirklich seltsame Ausdrücke zu hören, lauter unglaubliche Dinge, eine unbegreifliche Sprache; ich bin verlegen, da ist etwas, und dann ist es der galante Bourguignon, der mir Dorante verekelt hat; alles, was ihr wollt, aber ich begreife kein Wort davon.

MARIO Im Augenblick bist du seltsam, Schwester. Auf wen

hast du nur solchen Zorn? Wieso bist du so gereizt, und welcher Gedanken verdächtigst du uns?

SILVIA Nur so weiter, Bruder; ein Verhängnis will es, daß du heute kein Wort sagen kannst, ohne mich zu verärgern! Welchen Verdacht soll ich denn haben? Siehst du Gespenster?

M. ORGON Du bist tatsächlich so erregt, daß ich dich auch nicht wiedererkenne. Offensichtlich hat Lisette deswegen mit uns gesprochen; sie hätte dem Diener vorgeworfen, daß er dich nicht zu Gunsten seines Herrn beeinflußt hätte, und Madame, sagte sie, hat ihn mit so viel Zorn gegen mich verteidigt, daß ich noch immer sehr verwundert bin, und wegen dieses Ausdrucks verwundert haben wir mit ihr geschimpft; aber solche Leute kennen die Bedeutung eines Wortes nicht.

SILVIA Das unverschämte Ding! Sie ist das hassenswerteste Mädchen, das es überhaupt gibt. Ich gebe zu, daß ich böse geworden bin, aus Gerechtigkeit gegen diesen Jungen.

MARIO Darin sehe ich nichts Schlimmes.

SILVIA Nichts ist natürlicher. Wie, nur weil ich gerecht bin und möchte, daß man niemandem schadet, nur weil ich einen Diener vor dem Unrecht bewahren möchte, das man ihm bei seinem Herrn antun will, heißt es gleich, ich hätte Wutanfälle, Zornausbrüche, und man ist verwundert über sie; einen Augenblick später schwatzt eine dumme Gans böswilliges Zeug, und man muß sich ärgern, sie zum Schweigen bringen und meine Partei gegen sie ergreifen wegen der Bedeutung ihrer Worte! Meine Partei! Ich habe es also nötig, daß man mich verteidigt, mich rechtfertigt? Was ich tue, könnte also falsch ausgelegt werden? Aber was tue ich denn? was wirft man mir denn vor? Verratet es mir doch, ich flehe euch an; ist es ernst, hält man mich zum besten, macht sich jemand über mich lustig? Ich habe keine Ruhe mehr.

M. ORGON Sachte, sachte.

SILVIA Nein, Vater. Nichts von sachte. Verwunderungen, Bedeutungen! Was soll das heißen? Sagen Sie es doch! Man verdächtigt den Diener, aber zu Unrecht; ihr täuscht euch alle, Lisette ist eine Närrin, er hat keine Schuld, und das ist alles; weshalb fangt ihr bei mir noch einmal davon an? Ich bin wirklich empört!

M. ORGON Du hältst dich zurück, liebe Tochter, denn du hättest große Lust, auch mit mir zu schimpfen; aber wir wollen etwas Besseres tun: dieser Diener ist allein verdächtig, Dorante braucht ihn also nur wegzujagen.

SILVIA Diese unselige Verkleidung! Lisette soll mir nicht unter die Augen kommen, ich hasse sie noch mehr als Dorante.

M. ORGON Du brauchst sie nur zu sehen, wenn du willst; aber du müßtest doch entzückt sein, daß der Bursche verschwindet, denn er liebt dich, und das ist dir offensichtlich lästig.

SILVIA Ich kann mich nicht über ihn beklagen, er hält mich für eine Zofe und redet in dem entsprechenden Ton mit mir; aber er sagt mir nicht, was er will, darauf achte ich.

MARIO Du hast das nicht so in der Hand, wie du behauptest.

M. ORGON Haben wir ihn nicht gegen deinen Willen zu deinen Füßen gesehen? Warst du nicht gezwungen, ihm zu erklären, daß er dir nicht mißfällt, nur damit er aufsteht?

SILVIA *beiseite.*
Ich ersticke.

MARIO Und als er dich gefragt hat, ob du ihn unter bestimmten Umständen lieben würdest, hast du noch zärtlich hinzufügen müssen: gern, sonst läge er jetzt noch da.

SILVIA Eine hübsche Bemerkung, lieber Bruder, aber da die

Sache mir wenig gefallen hat, ist das Erinnern daran nicht sehr freundlich. Ach, reden wir doch ernsthaft: wann ist endlich Schluß mit der Komödie, die ihr auf meine Kosten spielt?

M. ORGON Ich verlange nichts weiter von dir, liebe Tochter, als daß du Dorante nicht abweist, bevor du nicht eine genaue Kenntnis der Sache hast; warte noch etwas, du wirst mir für den Aufschub, den ich verlange, noch dankbar sein, dafür stehe ich ein.

MARIO Du wirst Dorante heiraten, und sogar aus Zuneigung, das sage ich dir voraus... Doch, lieber Vater, ich bitte Sie um Gnade für den Diener.

SILVIA Warum Gnade? Ich will, daß er abreist.

M. ORGON Sein Herr wird darüber entscheiden, gehen wir.

MARIO Adieu, adieu, liebe Schwester, und keinen Groll.

Zwölfte Szene

SILVIA *allein* · DORANTE *kommt kurz darauf.*

SILVIA Ach, wie schwer mir das Herz ist! Ich weiß nicht, was sich in die Verwirrung mischt, die ich empfinde, das ganze Abenteuer macht mich traurig; ich mißtraue allen Gesichtern und bin mit niemandem zufrieden, auch mit mir nicht.

DORANTE Ich habe dich gesucht, Lisette.

SILVIA Es lohnt nicht der Mühe mich zu finden, denn ich weiche dir aus.

DORANTE *hindert sie am Weggehen.*

Bitte bleib, Lisette, ich muß ein letztes Mal mit dir sprechen, es geht um eine wichtige Sache, die deine Herrschaft betrifft.

SILVIA Sag' sie ihnen selbst, ich treffe dich nie, ohne daß es Ärger gibt, laß mich in Ruh!

DORANTE Das könnte ich dir zurückgeben; aber hör' mich bitte an, du wirst sehen, wie sich die Dinge ändern durch das, was ich dir sagen will.

SILVIA Also dann rede, ich höre dich an, da es nun einmal beschlossen ist, daß meine Nachgiebigkeit dir gegenüber keine Grenzen hat.

DORANTE Versprichst du mir, das Geheimnis zu wahren?

SILVIA Ich habe noch nie jemanden verraten.

DORANTE Du verdankst die Mitteilung, die ich dir machen werde, nur der Achtung, die ich für dich empfinde.

SILVIA Das glaube ich; aber versuche mich zu achten, ohne es mir zu sagen, denn das riecht nach einem Vorwand.

DORANTE Du täuschst dich, Lisette: du hast mir versprochen, das Geheimnis zu wahren, ich rede also zu Ende. Du hast mich in großer Erregung gesehen, ich konnte mich nicht beherrschen, dich zu lieben.

SILVIA Da haben wir's; ich beherrsche mich aber, dich anzuhören; adieu.

DORANTE Bleib, es ist nicht mehr Bourguignon, der mit dir spricht.

SILVIA Oh, und wer bist du?

DORANTE Ach, Lisette, jetzt wirst du die Qual verstehen, die mein Herz empfunden hat.

SILVIA Ich rede nicht mit deinem Herzen, ich rede mit dir.

DORANTE Kommt auch niemand?

SILVIA Nein.

DORANTE Die Lage der Dinge zwingt mich, es dir zu sagen, ich bin ein zu redlicher Mensch, um nicht ihren Lauf anzuhalten.

SILVIA Meinetwegen.

DORANTE Du sollst wissen, daß jener, der bei deiner Herrin ist, nicht das ist, wofür man ihn hält.

SILVIA *lebhaft.*

Und was ist er?

DORANTE Ein Diener.

SILVIA Und?

DORANTE Ich bin Dorante.

SILVIA *beiseite.*

Oh, ich sehe klar in meinem Herzen.

DORANTE Ich wollte in diesem Aufzug ein wenig deine Herrin erforschen, bevor ich sie heirate. Mein Vater erlaubte mir mein Vorhaben, und das Abenteuer erscheint mir wie ein Traum: ich hasse die Herrin, deren Ehemann ich werden soll, und liebe die Zofe, die in mir nur einen neuen Herrn finden sollte. Was soll ich machen? Ich erröte für deine Herrin, es zu sagen, aber sie hat so wenig Geschmack, daß sie ganz verliebt in meinen Diener ist und ihn heiraten würde, wenn man sie gewähren ließe. Welche Entscheidung soll ich treffen?

SILVIA *beiseite.*

Ich will ihm verheimlichen, wer ich bin ...

Laut.

Ihre Lage ist etwas Neues, ganz sicher! Aber Monsieur, ich möchte mich zunächst für alle Respektlosigkeiten entschuldigen, die vielleicht in meinen Reden waren.

DORANTE *heftig.*

Schweig, Lisette; deine Entschuldigungen kränken mich, sie erinnern mich an den Standesunterschied, der uns trennt, und machen ihn mir nur noch schmerzlicher.

SILVIA Sind Ihre Gefühle für mich so ernst? Lieben Sie mich so sehr?

DORANTE So sehr, daß ich jeder anderen Bindung entsagen werde, da es mir nicht erlaubt ist, mein Schicksal mit deinem zu verbinden; und in dieser Lage war die einzige Süße für mich, daß ich glaubte, du seist mir gewogen.

SILVIA Ein Herz, das mich trotz meines Standes ausgewählt hat, ist gewiß würdig, erhört zu werden, und ich würde es gern mit meinem belohnen, wenn ich nicht fürchten müßte, es ginge damit eine unangemessene Bindung ein.

DORANTE Hast du nicht schon genügend Reize, Lisette? Fügst du ihnen noch die Großmut hinzu, mit der du zu mir sprichst?

SILVIA Ich höre jemanden kommen; gedulden Sie sich noch etwas mit Ihrem Diener, die Dinge nehmen nicht so schnell ihren Lauf, wir sehen uns wieder und werden ein Mittel suchen, Ihre Lage zu retten.

DORANTE Ich will deinen Ratschlägen folgen.

Geht ab.

SILVIA Es ist Dorante! Das kam zur rechten Zeit für mich.

Dreizehnte Szene

SILVIA · MARIO

MARIO Ich komme noch einmal zurück, Schwester: wir haben dich in einer Verwirrung zurückgelassen, die mir leid tut; ich möchte dich aus ihr befreien, hör zu.

SILVIA *lebhaft.*

Ach, Bruder, es gibt ganz andere Neuigkeiten.

MARIO Welche denn?

SILVIA Es ist nicht Bourguignon, Bruder, sondern Dorante.

MARIO Von wem redest du?

SILVIA Von ihm, hörst du, ich habe es eben erfahren, er ist gerade weggegangen, er hat es mir selbst gesagt.

MARIO Wer denn nur?

SILVIA Verstehst du mich denn nicht?

MARIO Ich will des Todes sein, wenn ich etwas begreife!

SILVIA Komm, wir wollen unsern Vater aufsuchen, er muß es erfahren; auch dich brauche ich, Bruder: ich habe einen neuen Einfall, du mußt so tun, als liebtest du mich, du hattest bereits im Scherz so etwas angedeutet; aber vor allem mußt du das Geheimnis hüten, bitte . . .

MARIO Das hüte ich gern, denn ich weiß gar nicht, worum es geht.

SILVIA Auf, Bruder, komm, verlieren wir keine Zeit; so etwas hat es noch nie gegeben!

MARIO Gütiger Himmel, mach, daß sie nicht überschnappt.

DRITTER AKT

Erste Szene

DORANTE · ARLEQUIN

ARLEQUIN Ach, Monsieur, mein sehr verehrter, lieber Herr, ich flehe Sie an.

DORANTE Was willst du denn noch?

ARLEQUIN Haben Sie doch Erbarmen mit meinem schönen Abenteuer, verderben Sie nicht mein Glück, das so freundlich seinen Lauf nimmt, versperren Sie ihm nicht den Weg.

DORANTE Du elender Wicht, ich glaube, du machst dich lustig über mich! Hundert Stockschläge verdientest du.

ARLEQUIN Ich weise sie nicht zurück, falls ich sie verdiene; aber wenn ich sie bekommen habe, dann erlauben Sie mir, neue zu verdienen; soll ich den Stock holen?

DORANTE Lumpenkerl!

ARLEQUIN Lumpenkerl, meinetwegen, aber deswegen kann man trotzdem sein Glück machen.

DORANTE Dieser Halunke! Wie einfallsreich er plötzlich ist!

ARLEQUIN Halunke ist auch gut, es paßt ebenfalls zu mir: ein Lumpenkerl wird nicht beleidigt, wenn man ihn einen Halunken nennt; aber ein Halunke kann eine gute Heirat machen.

DORANTE Was denn, du frecher Kerl, du willst, daß ich einen redlichen Mann im Irrtum lasse und es dulde, daß du seine Tochter unter meinem Namen heiratest? Höre, wenn du noch einmal von dieser Unverschämtheit anfängst, sage ich Monsieur Orgon, wer du bist, und jage dich fort, verstehst du?

ARLEQUIN Wir wollen uns einigen: das Fräulein verehrt mich, sie betet mich an; wenn ich ihr meinen Stand als Diener erkläre und ihr zärtliches Herz nichtsdestotrotz noch weiter lüstern auf die Ehe mit mir ist, dann lassen Sie die Hochzeitsgeigen spielen, ja?

DORANTE Sobald man weiß, wer du bist, kümmere ich mich nicht mehr darum.

ARLEQUIN Gut! ich gehe stehenden Fußes, um die großmütige Dame über mein Kostüm aufzuklären, und ich hoffe, daß uns eine farbige Litze nicht auseinanderbringt, sondern daß ihre Liebe mich an die Tafel setzen wird, dem Schicksal zum Trotz, das mich nur vor die Anrichte gestellt hat.

Zweite Szene

DORANTE *allein* · *Später* MARIO

DORANTE Alles, was hier vorgeht, alles, was ich selbst erlebt habe, ist unglaublich... Ich würde aber gern Lisette treffen und erfahren, ob sie bei ihrer Herrin Erfolg hatte mit dem, was sie zu tun versprochen hat, um mich aus meiner Verlegenheit zu befreien. Ich will sehen, ob ich sie allein sprechen kann.

MARIO Einen Augenblick, Bourguignon, ich möchte ein Wort mit Ihnen reden.

DORANTE Was steht zu Diensten, Monsieur?

MARIO Sie machen Lisette den Hof?

DORANTE Sie ist so reizend, daß es schwerfiele, mit ihr nicht über Liebe zu reden.

MARIO Wie nimmt sie auf, was Sie ihr sagen?

DORANTE Sie scherzt darüber, Monsieur.

MARIO Du bist intelligent, heuchelst du auch nicht?

DORANTE Nein; aber was kümmert Sie das? Angenommen, Lisette empfände eine Neigung für mich ...

MARIO Empfände eine Neigung für mich! Wo nehmen Sie Ihre Sprache her? Sie haben eine sehr gewählte Ausdrucksweise für einen Burschen Ihrer Art.

DORANTE Anders kann ich nicht reden, Monsieur.

MARIO Offensichtlich attackieren Sie Lisette mit solchen kleinen Delikatessen; damit ahmt man den vornehmen Herrn nach.

DORANTE Ich versichere Ihnen, Monsieur, daß ich niemanden nachahme; aber wahrscheinlich sind Sie nicht gekommen, um mir Überheblichkeit vorzuwerfen, sondern Sie wollten mir etwas sagen; wir sprachen von Lisette, von meinen Gefühlen zu ihr und dem Interesse, das Sie daran nehmen.

MARIO Verdammt, das klingt ja schon nach Eifersucht, was du da sagst; mäßige dich ein wenig. Also du hast mir erklärt, angenommen, Lisette empfände eine Neigung für dich ... was dann?

DORANTE Warum müssen Sie das wissen, Monsieur?

MARIO Aus einem sehr einfachen Grund: Weil ich trotz des scherzhaften Tones, den ich vorhin anschlug, sehr böse wäre, wenn sie dich liebte; ohne weitere Erklärungen verbiete ich dir, dich weiter um sie zu kümmern; nicht eigentlich weil ich fürchte, sie könnte dich lieben, dafür hat sie wohl ein zu vornehmes Herz, aber weil es mir mißfällt, Bourguignon als Rivalen zu haben.

DORANTE Auf Ehre, das glaube ich Ihnen, denn Bourguignon, auch wenn er nur Bourguignon ist, hat ebenfalls wenig Freude daran, daß Sie der seine sind.

MARIO Er wird sich daran gewöhnen.

DORANTE Das muß er wohl; Sie lieben Lisette also sehr, Monsieur?

MARIO Genügend, um mich ernsthaft an sie zu binden, sobald ich bestimmte Maßnahmen getroffen habe; verstehst du, was das bedeutet?

DORANTE Ja, ich glaube, ich weiß Bescheid, und wenn es sich so verhält, werden Sie sicher auch geliebt?

MARIO Was glaubst du denn? Sehe ich so aus, als verdiente ich das nicht?

DORANTE Sie erwarten hoffentlich nicht, daß Ihr eigener Rivale Sie lobt.

MARIO Die Antwort ist klug, ich verzeihe sie dir; aber leider kann ich nicht behaupten, ich würde geliebt, und das sage ich nicht, um dir Rechenschaft abzulegen, wie du dir denken kannst, sondern weil man die Wahrheit sagen soll.

DORANTE Sie verblüffen mich, Monsieur. Lisette weiß also nichts von Ihren Absichten?

MARIO Lisette weiß von allem Guten, das ich ihr wünsche, doch scheint sie unempfindlich dagegen zu sein; aber ich hoffe, die Vernunft gewinnt mir ihr Herz. Adieu, geh jetzt ohne zu murren. Ihre Gleichgültigkeit gegen mich, trotz allem, was ich ihr biete, soll dich für das Opfer trösten, das du mir bringst ... Deine Livrée ist nicht geeignet, die Waagschale zu deinen Gunsten zu neigen, und außerdem steht es dir nicht zu, gegen mich zu kämpfen.

Dritte Szene

SILVIA · DORANTE · MARIO

MARIO Ach, da bist du ja, Lisette!

SILVIA Was haben Sie, Monsieur? Sie scheinen erregt zu sein?

MARIO Nichts weiter, ich habe nur ein paar Worte mit Bourguignon gewechselt.

SILVIA Er ist traurig, haben Sie mit ihm geschimpft?

DORANTE Monsieur hat mich wissen lassen, daß er Sie liebt, Lisette.

SILVIA Dafür kann ich nichts.

DORANTE Und verbietet mir, Sie zu lieben.

SILVIA Er verbietet mir also, Ihnen liebenswert zu erscheinen?

MARIO Ich kann nicht verhindern, daß er dich liebt, schöne Lisette, aber ich will nicht, daß er es dir erklärt.

SILVIA Er erklärt es mir nicht, er wiederholt es nur noch.

MARIO Zumindest wird er es dir nicht wiederholen, wenn ich dabei bin; gehen Sie jetzt, Bourguignon.

DORANTE Ich warte, bis sie es mir befiehlt.

MARIO Schon wieder?

SILVIA Er sagt, er wartet; gedulden Sie sich doch ein wenig.

DORANTE Empfinden Sie eine Neigung für Monsieur?

SILVIA Wie, Liebe? Oh, ich glaube nicht, daß man sie mir verbieten muß.

DORANTE Täuschen Sie mich nicht?

MARIO Ich spiele hier eine hübsche Rolle; er soll endlich hinausgehen. Mit wem spreche ich eigentlich?

DORANTE Mit Bourguignon, ganz einfach.

MARIO Na also; er soll gefälligst gehn!

DORANTE *beiseite.*

Wie ich leide!

SILVIA Geben Sie nach, denn er wird böse.

DORANTE *leise zu Silvia.*

Vielleicht ist Ihnen das nur allzu lieb.

MARIO Jetzt ist aber Schluß.

DORANTE Sie hatten mir von dieser Liebe nichts gesagt, Lisette.

Vierte Szene

MONSIEUR ORGON · MARIO · SILVIA

SILVIA Ihr müßt zugeben, daß ich sehr undankbar wäre, wenn ich diesen Mann nicht liebte.

MARIO *lacht.*

Ha! ha! ha! ha!

M. ORGON Worüber lachst du, Mario?

MARIO Über den Zorn von Dorante, als er wegging, weil ich ihn gezwungen habe, Lisette in Ruhe zu lassen.

SILVIA Was hat er dir in euerm kurzen Gespräch denn gesagt?

MARIO Ich habe noch nie einen Menschen in solcher Verlegenheit gesehen und so wütend.

M. ORGON Es tut mir nicht einmal leid, daß er auf seine eigene List hereingefallen ist, und im übrigen, wenn man es genau nimmt, ist alles, was du bisher unternommen hast, liebe Tochter, höchst schmeichelhaft und erfreulich für ihn; doch genug jetzt davon.

MARIO Aber wie weit ist er nun, Schwester?

SILVIA Ach, Bruder, ich muß dir gestehen, daß ich Grund habe, zufrieden zu sein.

MARIO Ach, Bruder, sagt sie. Fühlt ihr den süßen Frieden, der sich in ihre Worte mischt?

M. ORGON Wie, Tochter, du hoffst, daß er so weit geht, dir als Zofe seine Hand anzubieten?

SILVIA Ja, liebster Vater, das hoffe ich.

MARIO Wie raffiniert: liebster Vater! Jetzt schimpfst du nicht mehr mit uns, jetzt bist du honigsüß.

SILVIA Du verzeihst mir auch gar nichts.

MARIO Ha! ha! ich räche mich nur; vorhin hast du mich wegen meiner Ausdrücke verspottet, jetzt mache ich mich über deine lustig; deine Freude ist ebenso amüsant wie es deine Aufregung war.

M. ORGON Du sollst dich über mich nicht beklagen müssen, Tochter, ich willige in alles ein, was du möchtest.

SILVIA Ach, Vater, wenn Sie wüßten, wie dankbar ich Ihnen dafür bin! Wir sind beide füreinander bestimmt, Dorante und ich, er muß mich heiraten; wenn Sie wüßten, wie hoch ich ihm anrechne, was er heute für mich tut, wie mein Herz das Übermaß von Zärtlichkeit, das er mir beweist, in Erinnerung behalten wird! Wenn Sie wüßten, wie reizvoll das alles unsere Verbindung machen wird! Er wird sich nie an diese Geschichte erinnern können, ohne mich zu lieben, und ich ebensowenig. Sie haben unser Glück für unser ganzes Leben begründet, indem Sie mich gewähren ließen; das ist eine einzigartige Heirat; das ist ein Abenteuer, dessen Bericht allein rührend ist; das ist das seltsamste Spiel des Zufalls, das glücklichste, das ...

MARIO O je, o je, Schwester! Welche Beredsamkeit! wie ist dein Herz mitteilsam!

M. ORGON Ich muß gestehen, du bereitest dir da ein ganz reizendes Vergnügen, vor allem, wenn du deine Sache zu Ende führst.

SILVIA Sie ist so gut wie beendet. Dorante ist besiegt, ich erwarte meinen Gefangenen.

MARIO Seine Fesseln werden aus reinerem Gold sein, als er denkt; aber ich glaube, seine Seele leidet, und ich habe Mitleid mit seinem Schmerz.

SILVIA Daß es ihn so viel kostet, sich zu entscheiden, macht ihn mir noch schätzenswerter: er glaubt, seinen Vater zu enttäuschen und seine Geburt zu verleugnen. Das sind wichtige Überlegungen: ich bin glücklich, wenn ich sie besiege! Doch muß ich mir diesen Sieg erringen, er darf ihn mir nicht schenken, ich will einen Kampf zwischen Liebe und Vernunft.

MARIO Und die Vernunft soll dabei auf der Strecke bleiben?

M. ORGON Das heißt also, er soll das ganze Ausmaß der Herausforderung empfinden, die er auf sich zu nehmen glaubt; welch eine unersättliche, selbstgefällige Eigenliebe!

MARIO Es ist die Eigenliebe einer Frau, ganz einfach.

Fünfte Szene

MONSIEUR ORGON · SILVIA · MARIO · LISETTE

M. ORGON Still, da kommt Lisette; wir wollen hören, was sie von uns will.

LISETTE Monsieur, Sie haben mir vorhin gesagt, daß Sie mir Dorante überlassen, daß Sie seinen Kopf meiner Gnade anvertrauen; ich habe Sie beim Wort genommen, ich habe gearbeitet, als wäre es für mich, und Sie werden ein gelungenes Werk sehen, das versichere ich Ihnen, der Kopf ist in gutem Zustand. Was soll ich nun damit machen, überläßt Madame ihn mir?

M. ORGON Noch einmal, Tochter, erhebst du Anspruch auf ihn?

SILVIA Nein, ich schenke ihn dir, Lisette, ich überlasse dir alle meine Rechte, und um mich wie du auszudrücken, ich würde mich nie für ein Herz interessieren, daß ich nicht selbst bearbeitet hätte.

LISETTE Wie, Sie wollen wirklich, daß ich ihn heirate, und Monsieur will es wirklich auch?

M. ORGON Ja, er soll sich damit abfinden, warum liebt er dich?

MARIO Ich bin auch einverstanden.

LISETTE Ich auch, und ich danke Ihnen allen.

M. ORGON Halt, Lisette; ich mache allerdings eine kleine

Einschränkung; um uns von dem zu entlasten, was daraus entsteht, mußt du ihm ein bißchen zu erkennen geben, wer du bist.

LISETTE Wenn ich es ihm ein bißchen sage, weiß er es gleich ganz.

M. ORGON Nun, wird der in so gutem Zustand befindliche Kopf diese Erschütterung nicht aushalten? Ich glaube nicht, daß Dorante von der Art ist, die sich davon schrekken läßt.

LISETTE Dort ist er und sucht mich, seien Sie bitte so freundlich und überlassen Sie mir das Feld, es geht um mein Meisterwerk.

M. ORGON Das ist wahr, gehen wir also.

SILVIA Von Herzen gern.

MARIO Sehr gut.

Sechste Szene

LISETTE · ARLEQUIN

ARLEQUIN Endlich sehe ich Sie, meine Königin, und jetzt werde ich mich nie mehr von Ihnen trennen, denn ich habe allzu sehr für Ihre Abwesenheit gebüßt, und ich hatte den Eindruck, daß Sie meiner Anwesenheit ausgewichen sind.

LISETTE Ich muß gestehen, Monsieur, daran stimmt etwas.

ARLEQUIN Wie, teure Seele, Labtrunk meines Herzens, haben Sie das Ende meines Lebens beschlossen?

LISETTE Nein, mein Lieber, seine Dauer ist mir viel zu kostbar.

ARLEQUIN Oh, diese Worte geben mir wieder Kraft.

LISETTE Und Sie dürfen nicht an meinen zärtlichen Gefühlen zweifeln.

ARLEQUIN Ich wollte, ich könnte diese lieben Wörtchen küssen und sie mit meinen Lippen von Ihrem Munde pflücken.

LISETTE Aber Sie hatten mich wegen unserer Hochzeit gedrängt, und mein Vater hatte mir noch nicht erlaubt, Ihnen zu antworten; ich habe eben mit ihm gesprochen und darf Ihnen sagen, daß Sie ihn um meine Hand bitten dürfen, wann immer Sie wollen.

ARLEQUIN Bevor ich ihn darum bitte, müssen Sie erst erlauben, daß ich Sie darum bitte; ich will ihr meinen Dank für die Barmherzigkeit abstatten, daß sie die meine ergreifen will, die ihrer wahrhaftig unwürdig ist.

LISETTE Ich weigere mich nicht, sie Ihnen einen Moment zu überlassen, vorausgesetzt, Sie nehmen sie für immer.

ARLEQUIN Liebe süße kleine Patschhand, ich nehme dich ohne zu feilschen; ich ängstige mich nicht um die Ehre, die du mir machen wirst, aber die, die ich dir machen soll, die verursacht mir Kummer.

LISETTE Sie machen mir mehr, als mir zusteht.

ARLEQUIN Oh nein, oh nein, von dieser Mathematik verstehen Sie nicht so viel wie ich.

LISETTE Dennoch betrachte ich Ihre Liebe wie ein Geschenk des Himmels.

ARLEQUIN Das Geschenk, das er Ihnen da gemacht hat, wird ihn kaum ruinieren, er ist sehr knausrig.

LISETTE Ich finde ihn überaus freigebig.

ARLEQUIN Weil Sie es nicht am hellichten Tage sehen.

LISETTE Sie wissen gar nicht, wie sehr Ihre Bescheidenheit mich in Verlegenheit bringt.

ARLEQUIN Verausgaben Sie sich nicht mit Ihrer Verlegenheit; ich wäre sehr unverschämt, wenn ich nicht bescheiden wäre.

LISETTE Ach, Monsieur, muß ich Ihnen sagen, daß ich es bin, die durch Ihre zärtlichen Gefühle geehrt wird?

ARLEQUIN Ui! Ui! ich weiß nicht mehr wohin.

LISETTE Noch einmal, Monsieur, ich kenne mich.

ARLEQUIN Oh, ich kenne mich auch sehr gut, und diese Bekanntschaft ist für mich nichts Besonderes, so wenig wie für Sie, wenn Sie sie gemacht haben; der Teufel hol's, aber Sie wissen nicht, was Sie erwartet.

LISETTE *beiseite.*

So viel Selbsterniedrigung ist nicht natürlich.

Laut.

Wieso sagen Sie mir das?

ARLEQUIN Da liegt nämlich der Hase im Pfeffer.

LISETTE Ja und? Sie beunruhigen mich: sind Sie etwa nicht...?

ARLEQUIN Ui! Ui! Sie ziehen mir die Decke weg.

LISETTE Ich möchte gern wissen, worum es geht.

ARLEQUIN *beiseite.*

Ich muß die Sache etwas vorbereiten...

Laut.

Madame, ist Ihre Liebe widerstandsfähig, hält sie die Anstrengung aus, die ich ihr zumuten werde, jagt ein schlechtes Lager ihr Angst ein? Ich werde sie sehr bescheiden unterbringen.

LISETTE Befreien Sie mich von meiner Ungewißheit. Heraus damit, wer sind Sie?

ARLEQUIN Ich bin... Haben Sie noch nie Falschgeld gesehen? Wissen Sie, was ein falscher Louisdor ist? Na, so einem bin ich ziemlich ähnlich.

LISETTE Nun sagen Sie schon, wie heißen Sie?

ARLEQUIN Wie ich heiße?

Beiseite.

Soll ich ihr sagen Arlequin? Nein, das reimt sich so gut auf Kretin.

LISETTE Na?

ARLEQUIN Verdammt, hier muß ich mich ein bißchen anstrengen! Ist Ihnen der Soldatenstand zuwider?

LISETTE Was verstehen Sie unter einem Soldaten?

ARLEQUIN Na, zum Beispiel einen Vorzimmersoldaten.

LISETTE Ein Vorzimmersoldat? Also rede ich etwa gar nicht mit Dorante?

ARLEQUIN Das ist mein Major.

LISETTE Verdammtes Schlitzohr!

ARLEQUIN *beiseite.*

Dem Reim konnte ich nicht entgehen.

LISETTE Jetzt seht euch den Hammel an!

ARLEQUIN Das ist ein jäher Sturz.

LISETTE Seit einer Stunde bitte ich ihn um Gnade und verausgabe mich in Demut wegen dieser Kreatur da!

ARLEQUIN Ach, Madame, wenn Ihnen die Liebe wichtiger wäre als das Ansehen, hätten Sie mit mir so viel gewonnen wie mit einem feinen Herrn.

LISETTE *lachend.*

Ha, ha, ha; ich muß trotzdem über ihn lachen mit seinem Ansehen, und etwas anderes bleibt mir auch gar nicht übrig ... Geh, mein Ansehen vergibt dir, es ist gnädig.

ARLEQUIN Ganz und gar, großmütige Dame? Ach, wieviel Dankbarkeit meine Liebe Ihnen verspricht!

LISETTE Schlag ein, Arlequin; ich bin hereingefallen: der Vorzimmersoldat von Monsieur ist der Zofe von Madame durchaus würdig.

ARLEQUIN Der Zofe von Madame!

LISETTE Das ist mein Major, oder das Gegenstück dazu.

ARLEQUIN Du Larve!

LISETTE Räch' dich doch.

ARLEQUIN Jetzt seht euch das Schaf an, wegen dem ich mich seit einer Stunde in meiner Beschämung verheddere!

LISETTE Kommen wir zur Sache: liebst du mich?

ARLEQUIN Alle Wetter, ja; mit deinem Namen hast du keineswegs das Gesicht gewechselt, und du weißt doch, daß wir uns Treue geschworen haben, trotz aller Schönheitsfehler.

LISETTE Geh, das Unglück ist nicht groß, trösten wir uns; wir wollen uns nichts anmerken lassen und uns nicht lächerlich machen. Es hat allen Anschein, als wüßte dein Herr noch nicht über meine Herrin Bescheid, sag' ihm nichts, wir wollen die Dinge lassen, wie sie sind; ich glaube, da kommt er. Monsieur, ich bin Ihre Dienerin.

ARLEQUIN Und ich Ihr Diener, Madame.

Lachend.

Ha! ha! ha!

Siebte Szene

DORANTE · ARLEQUIN

DORANTE So, du hast mit der Tochter von Monsieur Orgon gesprochen; hast du ihr gesagt, wer du bist?

ARLEQUIN Alle Wetter, ja; das liebe Kind, ihr Herz war sanfter als das eines Lammes, es hat keinen Mucks von sich gegeben. Als ich ihr sagte, ich hieße Arlequin und trüge eine Dienerkleidung: ach, lieber Freund, hat sie da zu mir gesagt, jeder Mensch hat seinen Namen im Leben, und jeder seine Kleidung, die Ihre kostet Sie nichts, und dennoch ist sie entzückend.

DORANTE Was für eine blödsinnige Geschichte erzählst du mir da?

ARLEQUIN Jedenfalls werde ich um ihre Hand anhalten.

DORANTE Wie, sie willigt in eine Ehe mit dir ein?

ARLEQUIN Sie ist ganz krank danach.

DORANTE Du lügst mir etwas vor, sie weiß nicht, wer du bist.

ARLEQUIN Hölle und Teufel, wollen wir wetten, daß ich sie in meiner Dienerlivrée heirate, im Arbeitskittel, wenn Sie mich ärgern? Ich will Ihnen etwas sagen: die Liebe auf meine Art geht nicht so leicht zu Bruch, ich brauche Ihren Plunder nicht, um meine Sache zu Ende zu bringen, Sie können mir mein Zeug ruhig wiedergeben.

DORANTE Du bist ein Betrüger, ich kann das nicht begreifen, ich muß jetzt endlich Monsieur Orgon unterrichten.

ARLEQUIN Wen? Unsern Vater? Ach, der gute Mann, den haben wir ganz auf unsrer Seite; er ist der beste Mensch der Welt, ein wahrer Schatz! ... Das werden Sie mir noch bestätigen.

DORANTE Dieser Narr! Hast du Lisette gesehen?

ARLEQUIN Lisette? nein; vielleicht habe ich sie vor Augen gehabt, aber ein Mann von Stand gibt doch nicht acht auf eine Kammerzofe; meinen Anteil an dieser Aufmerksamkeit überlasse ich Ihnen.

DORANTE Hinaus mit dir, du verlierst den Verstand.

ARLEQUIN Ihr Verhalten ist ein wenig ungezwungen, aber das macht die Gewohnheit: adieu, wenn ich verheiratet bin, reden wir von gleich zu gleich miteinander. Da kommt Ihre Zofe. Guten Tag, Lisette, ich lege dir Bourguignon ans Herz, er ist ein ganz verdienstvoller Bursche.

Achte Szene

DORANTE · SILVIA

DORANTE *beiseite.*

Wie sie es verdient, geliebt zu werden! Warum mußte Mario mir zuvorkommen?

SILVIA Wo waren Sie nur, Monsieur? Seit ich von Mario weggegangen bin, habe ich Sie nicht mehr finden können, um Ihnen zu berichten, was ich mit Monsieur Orgon besprochen habe.

DORANTE Dabei bin ich gar nicht von hier weggegangen; doch worum geht es?

SILVIA *beiseite.*

Diese Kälte!

Laut.

Obwohl ich versucht habe, Ihren Diener herabzusetzen und Monsieur Orgon selbst zum Zeugen für seine mangelnden Vorzüge genommen habe, und obwohl ich auch versucht habe, ihn zu veranlassen, die Hochzeit wenigstens aufzuschieben: er hat mich nicht einmal angehört; es heißt sogar, man wolle zum Notar schicken, und es ist höchste Zeit, daß Sie sich zu erkennen geben.

DORANTE Das ist auch meine Absicht; ich werde unauffällig abreisen und einen Brief zurücklassen, der Monsieur Orgon von allem in Kenntnis setzt.

SILVIA *beiseite.*

Abreisen! das hatte ich nicht berechnet.

DORANTE Billigen Sie meine Absicht nicht?

SILVIA Hm . . . nicht allzu sehr.

DORANTE Trotzdem sehe ich in meiner Lage keine bessere Lösung, es sei denn, ich redete selbst mit ihm, und dazu kann ich mich nicht entschließen; im übrigen gibt es andere Gründe, weshalb ich abreise: ich habe hier nichts mehr verloren.

SILVIA Da ich Ihre Gründe nicht kenne, kann ich sie weder billigen noch anfechten; aber es steht mir nicht zu, Sie danach zu fragen.

DORANTE Es wäre Ihnen ein leichtes, sie zu ahnen, Lisette.

SILVIA Nun, ich denke mir zum Beispiel, daß Sie eine Abneigung gegen Monsieur Orgons Tochter haben.

DORANTE Und sonst merken Sie nichts?

SILVIA Oh, ich könnte noch Einiges vermuten; aber ich bin nicht töricht und nicht so eitel, mir etwas auszumalen.

DORANTE Noch so mutig, darüber zu reden, denn Sie hätten mir kaum etwas Freundliches zu sagen; adieu, Lisette.

SILVIA Seien Sie vorsichtig, ich glaube, Sie verstehen mich nicht, das muß ich Ihnen sagen.

DORANTE Sehr gut; Ihre Erklärung wäre kaum günstig für mich; bewahren Sie mein Geheimnis bis nach meiner Abreise.

SILVIA Wie, Sie reisen wirklich ab?

DORANTE Sie haben offensichtlich große Angst, ich könnte meine Absicht ändern.

SILVIA Wie reizend, daß Sie das so gut erkennen!

DORANTE Es ist unverblümt; adieu.

Geht ab.

SILVIA *beiseite.*

Wenn er abreist, liebe ich ihn nicht mehr, ich heirate ihn nie . . .

Sieht ihm nach.

Er bleibt aber stehen, er überlegt, er beobachtet, ob ich den Kopf nach ihm drehe, aber ich kann ihn doch nicht zurückrufen . . . Trotzdem wäre es merkwürdig, wenn er abreiste, nach allem, was ich unternommen habe . . . Ha, jetzt ist Schluß, er geht, ich habe doch nicht so viel Macht über ihn, wie ich dachte; mein Bruder ist ein Dummkopf, er hat sich so ungeschickt benommen, unbeteiligte Leute verderben immer alles. Jetzt stehe ich da! Was für ein Ende! Aber da erscheint er ja wieder, ich glaube, er kommt zurück, es war alles nicht so gemeint, ich liebe ihn noch . . . Ich will so tun, als ginge ich hinaus, damit er mich zurückhält; schließlich muß unsere Versöhnung ihn etwas kosten.

DORANTE *hält sie zurück.*

Bleiben Sie bitte, ich muß Ihnen noch etwas sagen.

SILVIA Mir, Monsieur?

DORANTE Ich möchte nicht abreisen, ohne Sie davon überzeugt zu haben, daß es nicht falsch ist, was ich tue.

SILVIA Oh, Monsieur, wieso ist es für Sie wichtig, sich vor mir zu rechtfertigen? Das lohnt nicht die Mühe, ich bin nur eine Zofe, und das lassen Sie mich deutlich genug spüren.

DORANTE Ich, Lisette! dürfen Sie sich beklagen, ausgerechnet Sie, die Sie mich meinen Entschluß fassen lassen, ohne mir auch nur ein Wort zu sagen?

SILVIA Hm, wenn ich wollte, ich würde Ihnen schon etwas darauf antworten.

DORANTE Dann antworten Sie doch, mir wäre nichts lieber, als wenn ich mich täuschte. Aber was rede ich! Mario liebt Sie.

SILVIA Das stimmt.

DORANTE Sie sind für seine Liebe empfänglich, ich habe es vorhin gemerkt, als Ihnen so sehr daran lag, daß ich Sie beide verließ; deshalb können Sie mich gar nicht lieben.

SILVIA Ich wäre für seine Liebe empfänglich! Wer hat Ihnen das gesagt? Ich könnte Sie nicht lieben! Was wissen Sie denn? Sie urteilen sehr rasch.

DORANTE Ach, Lisette, bei allem, was Ihnen auf der Welt teuer ist, ich beschwöre Sie, erklären Sie mir, woran ich bin.

SILVIA Einem Mann etwas erklären, der abreist!

DORANTE Ich reise nicht ab.

SILVIA Lassen Sie mich, und wenn Sie mich lieben, dringen Sie nicht weiter in mich. Sie fürchten meine Gleichgültigkeit und sind doch glücklich, wenn ich schweige. Was kümmern Sie meine Gefühle?

DORANTE Was sie mich kümmern, Lisette? Kannst du noch daran zweifeln, daß ich dich anbete?

SILVIA Nein, und Sie wiederholen es mir so oft, daß ich Ihnen glaube. Aber wozu überzeugen Sie mich davon? Was soll ich mit diesem Wissen anfangen, Monsieur? Ich will offen mit Ihnen reden. Sie lieben mich, aber diese Liebe ist von Ihnen nicht ernst gemeint; wieviele Möglichkeiten Sie haben, sich von ihr zu trennen! Der Abstand zwischen Ihnen und mir, tausend Dinge, die Sie auf Ihrem Weg finden werden, das Bemühen der anderen, Ihre Gefühle zu wecken, die Zerstreuungen eines Mannes von Ihrem Stand, all das wird Ihnen die Liebe nehmen, von der Sie mir so unbarmherzig erzählen; vielleicht lachen Sie schon darüber, wenn Sie hier abreisen, und Sie hätten recht damit. Aber ich, Monsieur, welche Rettung hätte ich vor ihrer Wirkung, wenn sie mich einmal erfaßt hat und ich sie, wie ich fürchte, nicht vergessen kann? Wer würde mich für Ihren Verlust entschädigen? Wen sollte mein Herz an Ihre Stelle setzen? Wissen Sie auch, daß, wenn ich Sie lieben würde, das Beste auf der Welt mich nicht mehr berühren könnte? Bedenken Sie also die Lage, in der ich mich befände, seien Sie so großmütig und verbergen Sie mir Ihre Liebe: ich selbst hätte größte Bedenken, Ihnen bei Ihrer augenblicklichen Verfassung zu sagen, daß ich Sie liebe. Das Geständnis meiner Gefühle könnte Ihre Vernunft gefährden, und daher verberge ich sie lieber.

DORANTE Ach, teure Lisette, was habe ich da gehört: deine Worte haben ein Feuer, das mich überwältigt, ich bete dich an, ich achte dich; es gibt keinen Rang, keine Geburt, kein Vermögen, die nicht vergehen vor einer Seele wie der deinen. Ich würde mich schämen, wenn ich meinen Hochmut gegen dich aufrecht erhielte, und mein Herz und meine Hand gehören dir.

SILVIA Im Grunde verdienten Sie, daß ich sie annehme, denn um Ihnen das Vergnügen zu verheimlichen, daß sie mir bereiten, muß man schon sehr großmütig sein, und glauben Sie etwa, das kann man lange durchhalten?

DORANTE Sie lieben mich also?

SILVIA Nein, nein; aber wenn Sie mich noch lange fragen, sind Sie selbst daran schuld.

DORANTE Ihre Drohungen können mich nicht erschrecken.

SILVIA Und Mario, haben Sie den vergessen?

DORANTE Nein, Lisette; Mario fürchte ich nicht mehr, den lieben Sie nicht, da können Sie mich nicht mehr täuschen, Ihr Herz ist aufrichtig, Sie sind für meine Gefühle empfänglich: der Taumel, der mich erfaßt hat, läßt mich nicht im Zweifel, ich bin dessen gewiß, und diese Gewißheit können Sie mir nicht mehr nehmen.

SILVIA Das will ich auch gar nicht versuchen, behalten Sie sie, wir werden sehen, was Sie damit anfangen.

DORANTE Willigen Sie nicht ein, die Meine zu werden?

SILVIA Wie, Sie wollen mich heiraten, trotz allem, was Sie sind, trotz des Zornes Ihres Vaters, trotz Ihres Vermögens?

DORANTE Mein Vater verzeiht mir, sobald er Sie gesehen hat, mein Vermögen reicht für uns beide, und Vorzüge sind durchaus so viel wert wie vornehme Geburt; reden wir nicht mehr darüber, denn ich werde meine Einstellung nie ändern.

SILVIA Er wird sie nie ändern! Wissen Sie auch, daß Sie mich entzücken, Dorante?

DORANTE Halten Sie also Ihre Liebe nicht mehr zurück und erwidern Sie die meine.

SILVIA Endlich bin ich am Ziel; Sie... Sie werden Ihre Einstellung nie ändern?

DORANTE Nein, liebste Lisette.

SILVIA Welch eine Liebe!

Letzte Szene

MONSIEUR ORGON · SILVIA · DORANTE
LISETTE · ARLEQUIN · MARIO

SILVIA Oh, Vater, Sie hatten gewünscht, daß ich Dorante angehöre: sehen Sie nun, wie Ihre Tochter Ihnen mit der allergrößten Freude gehorcht?

DORANTE Was höre ich! Sie sind ihr Vater, Monsieur?

SILVIA Ja, Dorante, wir hatten beide den gleichen Einfall, uns besser kennenzulernen. Nun brauche ich Ihnen nichts mehr zu erklären; Sie lieben mich, daran kann ich nicht zweifeln, und meine Gefühle müssen Sie nach dem Geschick beurteilen, mit dem ich versucht habe, Ihr Herz zu gewinnen.

M. ORGON Kennen Sie diesen Brief? Durch ihn habe ich Ihre Verkleidung erfahren, von der meine Tochter jedoch erst durch Sie gehört hat.

DORANTE Ich kann Ihnen mein Glück gar nicht ausdrücken, Madame; doch am meisten entzücken mich die Beweise, die ich Ihnen für meine Liebe gegeben habe.

MARIO Vergibt Dorante mir den Zorn, in den Bourguignon meinetwegen geraten ist?

DORANTE Er vergibt ihn nicht, er dankt Ihnen dafür.

ARLEQUIN *zu Lisette.*

Freuen Sie sich, Madame! Sie haben zwar Ihren Rang verloren, aber Sie sind nicht zu bedauern, denn Arlequin bleibt Ihnen.

LISETTE Ein schöner Trost! dabei gewinnst nur du allein.

ARLEQUIN Ich verliere nichts dabei; bevor ich wußte, wer du bist, war deine Mitgift mehr wert als du, jetzt ist es umgekehrt! Das verdient einen Luftsprung.

FALSCHE GESTÄNDNISSE

Les Fausses Confidences
1737

Personen

ARAMINTE
Tochter von Madame Argante

DORANTE
Neffe von Monsieur Remy

MONSIEUR REMY, Verwalter

MADAME ARGANTE

ARLEQUIN
Diener von Araminte

DUBOIS
Ehemaliger Diener von Dorante

MARTON
Zofe von Araminte

GRAF

EIN DIENER

BOTE EINES JUWELIERS

Das Stück spielt bei Madame Argante.

ERSTER AKT

Erste Szene

DORANTE · ARLEQUIN

ARLEQUIN Bitte nehmen Sie einen Augenblick in diesem Zimmer Platz, Monsieur; Mademoiselle Marton ist bei Madame und wird gleich kommen.
DORANTE Ich danke dir.
ARLEQUIN Wenn Sie wünschen, leiste ich Ihnen solange Gesellschaft, damit Sie sich nicht langweilen; wir können uns ja ein bißchen unterhalten.
DORANTE Danke, das ist nicht nötig; bemüh dich nicht.
ARLEQUIN Das macht keine Umstände, Monsieur: wir haben Anweisung von Madame, höflich zu sein, und Sie sind Zeuge, daß ich es bin.
DORANTE Gewiß, ja; aber ich wäre gern einen Augenblick allein.
ARLEQUIN Da bitte ich um Entschuldigung, Monsieur, das können Sie haben.

Zweite Szene

DORANTE · DUBOIS *kommt mit geheimnisvoller Miene herein*

DORANTE Ah, du bist es.
DUBOIS Ja, ich habe auf Sie gewartet.
DORANTE Ich dachte schon, ich würde den Diener nicht los, der mich hier eingeführt hat und der mir unbedingt mit

seiner Anwesenheit die Zeit vertreiben wollte. Sag, ist Monsieur Remy noch nicht da?

DUBOIS Nein, aber er müßte bald kommen.

Blickt nach allen Seiten.

Sieht uns auch niemand zusammen? Die Dienerschaft hier darf auf keinen Fall wissen, daß ich Sie kenne.

DORANTE Ich sehe niemanden.

DUBOIS Sie haben Monsieur Remy, Ihrem Onkel, wirklich nichts von unserm Plan gesagt?

DORANTE Kein Sterbenswort. Er stellt mich der Dame, von der ich ihm erzählt habe und deren Verwalter er zufällig ist, im besten Glauben der Welt als Sekretär vor. Er weiß nicht, daß du mich auf ihn gebracht hast: er hat gestern mit ihr gesprochen und mir gesagt, ich solle heute vormittag hierher kommen, er wolle mich ihr vorstellen und sei noch vor mir da, oder falls nicht, solle ich nach einer Mademoiselle Marton fragen. Das war alles, und ich werde mich hüten, ihm unsern Plan zu verraten oder irgend jemand anderem, ich finde ihn abenteuerlich, obwohl ich mitmache. Aber das soll nicht heißen, ich wüßte deinen guten Willen nicht zu schätzen, Dubois; du hast mir gedient, ich habe dich nicht behalten können, ja ich habe dir nicht einmal deinen Eifer angemessen lohnen können; trotzdem hast du den Entschluß gefaßt, mein Glück zu machen! Ich schulde dir wirklich sehr viel Dank.

DUBOIS Lassen wir das, Monsieur; kurz gesagt, ich mag Sie, Sie haben mir immer gefallen, Sie sind ein guter Mensch, ein Mann, den ich schätze; und wenn ich Geld hätte, dann stünde auch das zu Ihrer Verfügung.

DORANTE Wann werde ich deine Gefühle für mich belohnen können? Mein Vermögen würde dir auch gehören, bloß erwarte ich von unserm Unternehmen nichts anderes als die Schande, daß ich morgen weggejagt werde.

DUBOIS Dann kommen Sie wieder zurück.

DORANTE Diese Frau hat einen Rang in der Gesellschaft; sie hat als Witwe eines Mannes, der in der Finanzwelt einen hohen Posten innehatte, Verbindungen zu den besten Kreisen; und du glaubst, sie würde mich heiraten, wo ich nichts bin und kein Vermögen habe!

DUBOIS Kein Vermögen? Ihr gutes Aussehen ist eine Goldmine wert. Drehen Sie sich ein wenig, damit ich Sie noch einmal richtig ansehe; ach, Monsieur, Sie machen Witze, es gibt keinen vornehmeren Herrn als Sie in Paris: eine Figur, die alle Ämter und Würden ersetzt; unsere Sache ist sicher, absolut sicher; ich sehe Sie schon im Hausrock in Madames Zimmer.

DORANTE Ein Hirngespinst!

DUBOIS Ich bleibe dabei. Sie sind hier bereits in Ihrem Haus, und in der Remise stehen Ihre Kutschen.

DORANTE Sie hat mehr als fünfzigtausend Pfund Rente, Dubois.

DUBOIS Ha, Sie haben mindestens sechzig.

DORANTE Und du sagst, sie sei überaus vernünftig?

DUBOIS Um so besser für Sie, Monsieur, und schade für Madame. Wenn Sie ihr gefallen, dann wird sie so beschämt sein, sie wird so mit sich ringen, wird so schwach werden, daß sie sich nur durch eine Heirat retten kann; wir sprechen uns wieder. Sie haben sie gesehen und lieben sie?

DORANTE Ich liebe sie leidenschaftlich, und deshalb zittere ich.

DUBOIS Gleich verliere ich die Geduld mit Ihrer Angst! ein bißchen Selbstvertrauen, zum Teufel; Sie schaffen es, sage ich Ihnen. Ich übernehme das, ich will es, ich habe es mir in den Kopf gesetzt; alles ist besprochen, unsere Maßnahmen sind getroffen; ich kenne die Einstellung meiner Herrin, ich kenne Ihre Vorzüge und meine Talente, ich führe Sie, und man wird Sie lieben, so vernünftig man auch ist; man wird Sie heiraten, so stolz man auch ist, und man wird Sie reich machen, so bankrott Sie auch sind, hören Sie? Stolz, Vernunft und Reichtum, alles muß die Waffen strecken. Wenn die Liebe spricht, ist sie die Herrin, und sie wird sprechen. Adieu, ich gehe. Ich höre jemanden kommen, vielleicht ist es Monsieur Remy. Der erste Schritt ist getan, jetzt heißt es: vorwärts!

Er kehrt nach ein paar Schritten wieder um.

Übrigens, versuchen Sie, Marton ein bißchen zu bezirzen. Die Liebe und ich besorgen alles andere.

Dritte Szene

MONSIEUR REMY · DORANTE

M. REMY Guten Tag, Neffe. Ich freue mich, daß du pünktlich bist. Mademoiselle Marton wird gleich kommen, man hat ihr Bescheid gesagt. Kennst du sie?

DORANTE Nein, Onkel, wieso fragen Sie mich?

M. REMY Weil ich auf dem Weg hierher über etwas nachgedacht habe . . . Sie ist sehr hübsch.

DORANTE Das glaube ich.

M. REMY Und aus sehr guter Familie: ihr Vater war mein Vorgänger; er war mit deinem gut befreundet; nur verstand er nicht, mit Geld umzugehen; seine Tochter ist ohne Vermögen; die Dame hier wollte sie gern in ihren Diensten haben, sie schätzt sie und behandelt sie nicht als Zofe, sondern eher als ihre Freundin; sie hat schon sehr viel für sie getan und wird noch mehr tun; sie hat ihr sogar angeboten, sie zu verheiraten. Marton hat übrigens eine alte asthmatische Verwandte, die sie beerben wird, und die ist recht vermögend; ihr werdet beide zum gleichen Haus gehören; ich meine, du solltest sie heiraten: was meinst du dazu?

DORANTE Hm ... an sie habe ich nicht gedacht.

M. REMY Nun, dann rate ich dir, an sie zu denken; versuche ihr zu gefallen. Du besitzt nichts, lieber Neffe, ich meine nichts außer ein bißchen Hoffnung. Du bist mein Erbe; aber ich bin bei bester Gesundheit, und diesen Zustand lasse ich andauern, so lange es irgend geht; ganz abgesehen davon, daß ich heiraten könnte; zwar habe ich nicht die geringste Lust dazu, doch die kommt manchmal ganz plötzlich: es gibt so viele süße Fratzen, die sie in einem wecken. Und mit einer Frau hat man Kinder, das ist nun einmal so, und dann: ade schönes Erbe! Deshalb rate ich dir, lieber Neffe, triff deine Vorsichtsmaßnahmen und richte es so ein, daß du ohne mein Vermögen auskommst, welches ich dir heute vermache, aber morgen vielleicht wieder entziehe.

DORANTE Da haben Sie recht, Monsieur; und darum werde ich mich auch bemühen.

M. REMY Ich empfehle es dir. Da kommt Mademoiselle Marton, entferne dich ein wenig, damit ich sie fragen kann, wie sie dich findet.

Dorante entfernt sich ein paar Schritte.

Vierte Szene

MONSIEUR REMY · MARTON · DORANTE

MARTON Es tut mir leid, Monsieur, daß ich Sie habe warten lassen; aber ich hatte bei Madame zu tun.

M. REMY Das ist nicht schlimm, Mademoiselle, ich bin eben erst gekommen. Was halten sie von dem Burschen da?

Zeigt auf Dorante.

MARTON *lachend.*

Aus welchem Grund, Monsieur Remy, soll ich Ihnen das denn sagen?

M. REMY Weil er mein Neffe ist.

MARTON Nun, der Neffe kann sich sehen lassen, er macht der Familie keine Schande.

M. REMY Wirklich? ich habe ihn Madame als Sekretär vorgeschlagen und bin entzückt, daß er Ihnen gefällt: er hat Sie schon mehrmals bei mir gesehen, wenn Sie gekommen sind; erinnern Sie sich?

MARTON Nein, kein bißchen.

M. REMY Man achtet nicht auf alles. Wissen Sie, was er mir gesagt hat, als er Sie zum ersten Mal sah? Wer ist das hübsche Mädchen?

Marton lächelt.

Komm her, Neffe. Ihr Vater, Mademoiselle, und seiner hatten sich sehr gern; warum sollen sich die Kinder nicht auch gern haben? Da ist jemand, dem das sehr recht wäre; ein Herz, das sich sehen lassen kann.

DORANTE *verlegen.*

Ganz sicher, ja.

M. REMY Merken Sie, wie er Sie ansieht? da würden Sie keinen schlechten Kauf machen.

MARTON Davon bin ich überzeugt. Monsieur nimmt für sich ein; wir können ja mal sehen.

M. REMY Was denn, was denn! Können mal sehen? Ich gehe hier nicht weg, bevor das nicht gesehen ist.

MARTON *lachend.*

Ich wollte es nicht übereilen.

DORANTE Sie bringen Mademoiselle Marton in Verlegenheit, Monsieur.

MARTON *lachend.*

Sehe ich so widerspenstig aus?

M. REMY *vergnügt.*

Bravo, ich bin zufrieden, Sie sind einverstanden. So, liebe Kinder

Nimmt beider Hände.

ich verlobe euch inzwischen, ehe etwas Besseres kommt. Ich kann nicht bleiben, komme aber gleich zurück. Ich überlasse es Ihnen, Mademoiselle, Ihren Zukünftigen Madame vorzustellen. Adieu, liebe Nichte.

Ab.

MARTON *lachend.*

Adieu also, lieber Onkel.

Fünfte Szene

MARTON · DORANTE

MARTON Wahrhaftig, das alles gleicht einem Traum. Wie rasch Monsieur Remy die Dinge erledigt. Ihre Liebe erscheint mir sehr plötzlich, wird sie auch dauerhaft sein?

DORANTE Das eine so viel wie das andere, Mademoiselle.

MARTON Er hatte es so eilig. Doch ich höre Madame kommen. Bitte gehen Sie einen Augenblick auf die Terrasse, damit ich ihr alles erkläre, denn dank Monsieur Remys Maßnahmen sind Ihre Interessen jetzt fast auch meine.

DORANTE Gern, Mademoiselle.

MARTON *sieht ihm nach.*

Mich verwundert diese Zuneigung, die uns beide so plötzlich erfaßt.

Sechste Szene

ARAMINTE · MARTON

ARAMINTE Wer ist der Mann, Marton, der mich eben so charmant gegrüßt hat, als er auf die Terrasse ging? Will er zu dir?

MARTON Nein, Madame, zu Ihnen.

ARAMINTE *lebhaft.*

Dann soll man ihn doch hereinführen; warum geht er weg?

MARTON Weil er wünscht, daß ich vorher mit Ihnen spreche. Es ist der Neffe von Monsieur Remy, jener, den er Ihnen als Sekretär vorgeschlagen hat.

ARAMINTE Ach, er ist das! Er macht wirklich einen sehr guten Eindruck.

MARTON Er wird allgemein geschätzt, das weiß ich.

ARAMINTE Das glaube ich gern, er sieht ganz so aus, als verdiente er es. Aber weißt du, Marton, für einen Sekretär sieht er so gut aus, daß ich einige Bedenken habe, ihn zu nehmen; werden die Leute nicht darüber reden?

MARTON Was gibt es denn darüber zu reden? Darf man etwa nur häßliche Sekretäre haben?

ARAMINTE Du hast recht. Sag' ihm, er soll kommen. Es wäre nicht nötig gewesen, mich auf ihn vorzubereiten: wenn Monsieur Remy ihn mir schickt, genügt das; ich nehme ihn.

MARTON *als wolle sie sich entfernen.*

Sie können keine bessere Wahl treffen.

Kommt noch einmal zurück.

Haben Sie sich überlegt, welche Bedingungen Sie mit ihm vereinbaren? Monsieur Remy hat mich beauftragt, mit Ihnen darüber zu sprechen.

ARAMINTE Das ist nicht nötig. Deshalb wird es keinen

Streit geben. Wenn er ein redlicher Mensch ist, wird er allen Anlaß haben, zufrieden zu sein. Ruf ihn.

MARTON *zögert noch.*

Er bekommt doch die Zimmer, die auf den Garten hinaus gehen, nicht wahr?

ARAMINTE Ja, wie er will. Nun hol' ihn schon.

Marton ab.

Siebte Szene

DORANTE · ARAMINTE · MARTON

MARTON Monsieur Dorante, Madame erwartet Sie.

ARAMINTE Kommen Sie herein, Monsieur. Ich bin Monsieur Remy sehr dankbar, daß er an mich gedacht hat. Da er mir seinen eigenen Neffen schickt, zweifle ich nicht, daß er mir damit ein Geschenk macht. Ein Bekannter erzählte mir vorgestern von einem Sekretär, den er mir heute schicken will; aber ich werde Sie behalten.

DORANTE Ich hoffe, Madame, mein Eifer rechtfertigt die Bevorzugung, mit der Sie mich auszeichnen, und ich bitte Sie inständig, mir diese Gunst zu bewahren. Nichts wäre im Augenblick schlimmer für mich, als sie zu verlieren.

MARTON Madame redet nicht mit doppelter Zunge.

ARAMINTE Nein, Monsieur, das ist eine beschlossene Sache, alles andere weise ich ab. Sie sind sicher in Geschäften bewandert und haben darin Erfahrung?

DORANTE Ja, Madame; mein Vater war Anwalt, und ich könnte es auch sein.

ARAMINTE Das heißt, Sie sind aus sehr guter Familie und stehen über dem Posten, den Sie jetzt einnehmen?

DORANTE Ich sehe nicht, was an dem Posten für mich demütigend sein könnte, Madame; die Ehre, einer Dame wie Ihnen zu dienen, kann durch nichts übertroffen werden, und ich beneide niemanden um seine Stellung.

ARAMINTE Mein Verhalten wird Ihre Meinung nicht ändern. Sie werden hier jede Rücksichtnahme finden, die Sie verdienen; und wenn sich im Verlauf der Zeit eine Gelegenheit bietet, Ihnen einen Gefallen zu tun, so werde ich sie nicht versäumen.

MARTON Daran erkenne ich Madame.

ARAMINTE Weil es mich immer ärgert, redliche Leute ohne Vermögen zu sehen, während eine Unzahl von Leuten ohne Verdienste große Reichtümer besitzt. Das verletzt mich, vor allem bei Leuten seines Alters; denn Sie sind doch höchstens dreißig.

DORANTE Noch nicht ganz, Madame.

ARAMINTE Das Tröstliche für Sie ist, daß Sie noch Zeit haben, glücklich zu werden.

DORANTE Ich fange heute damit an, Madame.

ARAMINTE Man wird Ihnen die Räume zeigen, die ich für Sie vorgesehen habe; sollten sie Ihnen nicht gefallen, es gibt auch andere, Sie können wählen. Auch brauchen Sie jemanden zu Ihrer Bedienung, ich will mich gleich darum kümmern. Wen geben wir ihm, Marton?

MARTON Am besten Arlequin, Madame. Er steht dort an der Tür, ich rufe ihn. Arlequin, komm, Madame will mit dir reden.

Achte Szene

ARAMINTE · DORANTE · MARTON

ARLEQUIN · EIN DIENER

ARLEQUIN Da bin ich, Madame.

ARAMINTE Arlequin, du gehörst jetzt zu Monsieur, du wirst ihm dienen, ich überlasse dich ihm.

ARLEQUIN Wieso, Madame, Sie überlassen mich ihm? Ich gehöre zu Monsieur? Gehöre ich dann nicht mehr mir?

MARTON Dieser Einfaltspinsel!

ARAMINTE Ich meine, statt mir zu dienen, dienst du von nun an ihm.

ARLEQUIN *als weinte er.*

Ich weiß nicht, warum Madame mir meinen Abschied gibt; eine solche Behandlung habe ich nicht verdient; ich habe ihr immer gedient, daß es ein Vergnügen war.

ARAMINTE Ich gebe dir doch gar nicht deinen Abschied, ich bezahle dich dafür, daß du jetzt zu Monsieur gehörst.

ARLEQUIN Ich mache Madame darauf aufmerksam, daß das nicht gerecht ist: ich schenke meine Mühe nicht auf der einen Seite her und nehme das Geld von der andern. Sie müssen meine Dienste bekommen, weil ich Ihren Lohn bekomme; sonst würde ich stehlen, Madame.

ARAMINTE Ich gebe es auf, ihm das begreiflich zu machen.

MARTON Du bist ein dummer Kerl. Wenn ich dich irgendwo hinschicke, oder dir sage: mach das und das, gehorchst du dann nicht?

ARLEQUIN Immer.

MARTON Na also. Und jetzt ist es Monsieur, der es dir sagt, wie ich sonst, an Stelle von Madame, und auf ihre Anweisung hin.

ARLEQUIN Aha! das ist etwas anderes. Also Madame gibt

Monsieur Befehl, sich meine Dienste gefallen zu lassen, die ich ihm leiste auf Befehl von Madame.

MARTON So ist es.

ARLEQUIN Sie sehen selbst, daß das nach einer Erklärung verlangt hat.

EIN DIENER Ihre Händlerin ist da, Madame, mit den Stoffen.

ARAMINTE Ich will sie mir ansehen und komme sofort zurück, Monsieur, denn ich muß mit Ihnen etwas besprechen. Bitte warten Sie hier.

Neunte Szene

DORANTE · MARTON · ARLEQUIN

ARLEQUIN So, Monsieur, wir gehören jetzt also zueinander, und Sie haben den Vortritt. Ich bin der Diener, der dient, und Sie der Diener, der auf Befehl bedient wird.

MARTON Dieser blöde Kerl mit seinen Vergleichen! Los, verschwinde!

ARLEQUIN Einen Augenblick noch, mit Ihrer Erlaubnis. Monsieur, bezahlen Sie nichts? Hat man Ihnen Befehl erteilt, gratis bedient zu werden?

Dorante lacht.

MARTON Laß uns jetzt in Frieden. Madame bezahlt dich, genügt das nicht?

ARLEQUIN Zum Teufel, Monsieur, ich werde Sie also gar nichts kosten? Billiger kann man wirklich keinen Diener haben.

DORANTE Arlequin hat recht. Da hast du was im voraus.

ARLEQUIN Das nenne ich eine Herrentat. Der Rest bleibt Ihrer Großmut überlassen.

DORANTE Trink auf meine Gesundheit.

ARLEQUIN *im Abgehen.*

Wenn Trinken genügt, daß sie gut ist, dann garantiere ich Ihnen, so lange ich lebe, eine ganz ausgezeichnete.

Beiseite.

Ein netter Kamerad, den mir der Zufall da beschert hat!

Zehnte Szene

DORANTE · MARTON

Etwas später · MADAME ARGANTE

MARTON Sie haben allen Grund, sich über Madames Empfang zu freuen; sie scheint viel von Ihnen zu halten; um so besser, das ist nur gut für uns. Aber da kommt Madame Argante, ihre Mutter, und ich ahne schon, warum.

MME. ARGANTE *eine heftige, eingebildete Frau.*

Marton, meine Tochter hat mir gesagt, sie hätte einen neuen Sekretär, den ihr Verwalter ihr geschickt hat. Ich finde das sehr ärgerlich, denn es ist eine Unhöflichkeit dem Herrn Grafen gegenüber, der ihr bereits einen besorgt hat. Zumindest hätte sie warten sollen und sich beide ansehen. Wieso bevorzugt sie den? Was ist das für ein Mann?

MARTON Hier steht er, Madame.

MME. ARGANTE Oh! Monsieur! das hätte ich nicht vermutet; er ist sehr jung.

MARTON Mit dreißig ist man alt genug für einen Sekretär, Madame.

MME. ARGANTE Das kommt darauf an. Sind sie fest eingestellt, Monsieur?

DORANTE Ja, Madame.

MME. ARGANTE Und wo waren Sie vorher?

DORANTE Bei mir, Madame: ich war noch bei niemandem in Diensten.

MME. ARGANTE Bei niemandem in Diensten! Sie wollen also Ihre Lehre hier machen?

MARTON Keineswegs. Monsieur versteht etwas von Geschäften, er ist der Sohn eines außerordentlich geschickten Vaters.

MME. ARGANTE *leise zu Marton.*

Ich halte nicht viel von diesem Mann. Sieht so ein Sekretär aus? Er verhält sich auch nicht so . . .

MARTON *ebenfalls leise.*

Das Verhalten tut nichts zur Sache. Ich stehe für ihn ein, er ist genau der Mann, den wir brauchen.

MME. ARGANTE Vorausgesetzt, Monsieur unterstützt unsere Absichten, ist es mir schließlich egal, ob er es ist oder ein anderer.

DORANTE Darf man diese Absichten erfahren, Madame?

MME. ARGANTE Kennen Sie den Grafen Dorimont? Ein Mann mit einem edlen Namen; meine Tochter und er wollten einen Prozeß gegeneinander führen wegen eines ansehnlichen Grundstücks; es ging immerhin darum zu klären, wem es gehört; nun ist man auf den Gedanken gekommen, daß sie heiraten, damit der Prozeß verhindert wird. Meine Tochter ist die Witwe eines Mannes, der in der Gesellschaft sehr angesehen war, er hat ihr ein großes Vermögen hinterlassen. Doch als Gräfin Dorimont wird sie einen so hohen Rang einnehmen, sie wird mit so vornehmen Leuten auf gleichem Fuße verkehren, daß ich diese Ehe bald geschlossen sehen möchte, und das gebe ich zu, ich wäre entzückt, die Mutter einer Gräfin Dorimont zu sein, ja vielleicht sogar noch mehr, denn der Herr Graf hat die besten Aussichten auf ein Avancement.

DORANTE Haben beide Seiten schon ihre Einwilligung gegeben?

MME. ARGANTE Noch nicht in aller Form, aber doch

ungefähr. Meine Tochter ist nicht abgeneigt. Sie möchte nur, wie sie sagt, genau über den Stand der Angelegenheit unterrichtet sein und wissen, ob ihre Ansprüche nicht berechtigter sind als die des Herrn Grafen, damit dieser, wenn sie ihn heiratet, ihr gegenüber stärker verpflichtet ist. Aber ich habe manchmal Angst, das sei nur ein Vorwand. Meine Tochter hat einen Fehler: sie hat zu wenig Sinn für gesellschaftlichen Aufstieg. Der edle Name Dorimont und der Rang einer Gräfin reizen sie viel zu wenig; sie empfindet gar nicht die Nachteile, nur eine Bürgerliche zu sein, und trotz ihres Vermögens versinkt sie in diesem Zustand.

DORANTE *vorsichtig.*

Vielleicht wird sie nicht glücklicher, wenn sie ihn aufgibt.

MME. ARGANTE *heftig.*

Es geht überhaupt nicht um das, was Sie denken. Behalten Sie Ihre bürgerlichen Anmerkungen für sich und seien Sie uns nützlich, wenn Sie zu unsern Freunden zählen wollen.

MARTON Das war nur eine kleine moralische Betrachtung, die unserer Sache nicht schadet.

MME. ARGANTE Die Moral eines Subalternen, die mir mißfällt.

DORANTE Worum geht es, Madame?

MME. ARGANTE Darum, meiner Tochter, wenn Sie die Papiere gesehen haben, zu sagen, ihr Recht sei das schwächere; daß sie den Prozeß verliere, wenn sie einen anfängt.

DORANTE Wenn sie wirklich den Prozeß verlieren wird, dann sage ich ihr das auch, Madame.

MME. ARGANTE *leise zu Marton.*

Was für ein beschränkter Mensch!

Zu Dorante.

Sie haben mich nicht verstanden, Monsieur. Ich meine etwas anderes: Sie sind beauftragt, ihr das zu sagen, unabhängig davon, ob ihre Ansprüche begründet sind oder nicht.

DORANTE Aber Madame, es wäre doch unredlich, sie zu täuschen.

MME. ARGANTE Unredlich! Bin ich etwa unredlich? Was stellen Sie für Überlegungen an! Schließlich bin *ich* ihre Mutter, und ich befehle Ihnen, sie zu ihrem Besten zu täuschen, verstehen Sie mich? Ich bin es, ich, ich!

DORANTE Trotzdem wäre es von meiner Seite nicht anständig.

MME. ARGANTE *leise zu Marton.*

Ein Einfaltspinsel, man muß ihn entlassen. Adieu, geschäftiger Herr, der noch nie ein Geschäft zustande gebracht hat.

Elfte Szene

DORANTE · MARTON

DORANTE Diese Mutter gleicht ihrer Tochter nicht im geringsten.

MARTON Ja, da besteht ein Unterschied; es tut mir leid, daß ich keine Zeit hatte, Sie vor ihrer Heftigkeit zu warnen. Sie ist ganz versessen auf diese Heirat, wie Sie gemerkt haben. Im übrigen kann es Ihnen doch gleichgültig sein, was Sie der Tochter sagen, wenn die Mutter dafür einsteht. Sie brauchen sich nichts vorzuwerfen, scheint mir, das wäre keine Täuschung.

DORANTE Da muß ich leider widersprechen: schließlich bedeutet das, sie zu einer Entscheidung veranlassen, die sie sonst vielleicht nicht treffen würde. Da ich helfen soll, Madame zu dieser Ehe zu bewegen, sträubt sie sich also dagegen?

MARTON Aus Gleichgültigkeit.

DORANTE Glauben Sie mir, wir sagen besser die Wahrheit.

MARTON Oh, da gibt es einen gewissen Grund, dem Sie sich wohl beugen werden: der Herr Graf schenkt mir nämlich tausend Taler am Tag der Vertragsunterzeichnung; und dieses Geld kommt nach Monsieur Remys Plan Ihnen ebenso zu Gute wie mir, wie Sie sehen.

DORANTE Hören Sie, Mademoiselle Marton, Sie sind das reizendste Mädchen der Welt; aber diese tausend Taler verlocken Sie nur, weil Sie nicht nachdenken.

MARTON Im Gegenteil, gerade weil ich nachdenke, verlokken sie mich; je mehr ich an sie denke, desto schöner finde ich sie.

DORANTE Aber Sie lieben doch Ihre Herrin, und wenn sie mit diesem Mann nicht glücklich wird, machen Sie sich dann keine Vorwürfe, weil Sie für eine so elende Summe dazu beigetragen haben?

MARTON Mein Gott, Sie haben gut reden; im übrigen ist der Herr Graf ein sehr angenehmer Mann, ich kann dabei nichts finden. Da kommt Madame zurück, sie wollte mit Ihnen reden. Ich gehe. Denken Sie über das Sümmchen nach, Sie werden es ebenso zu schätzen wissen wie ich.

Geht ab.

DORANTE Jetzt tut es mir nicht mehr so leid, daß ich sie täusche.

Zwölfte Szene

ARAMINTE · DORANTE

ARAMINTE Sie haben inzwischen meine Mutter gesprochen?

DORANTE Ja, Madame, vor ein paar Minuten.

ARAMINTE Sie hat es mir gesagt; es wäre ihr lieber gewesen, ich hätte jemand anderen genommen als Sie.

DORANTE Den Eindruck hatte ich auch.

ARAMINTE Ja, aber machen Sie sich keine Gedanken, ich bin mit Ihnen zufrieden.

DORANTE Einen anderen Ehrgeiz habe ich nicht.

ARAMINTE Sprechen wir über das, was ich Ihnen sagen möchte; doch soll das ein Geheimnis zwischen uns bleiben.

DORANTE Eher würde ich mich selbst verraten.

ARAMINTE Ich zögere auch nicht, Ihnen mein Vertrauen zu schenken. Es geht um folgendes: ich soll den Grafen Dorimont heiraten, um einen großen Prozeß zu vermeiden, den wir sonst gegeneinander führen würden wegen eines Grundstücks, das ich besitze.

DORANTE Das weiß ich bereits, Madame, und ich hatte das Unglück, deshalb vorhin Ihre Mutter zu verärgern.

ARAMINTE Wieso?

DORANTE Weil man wünscht, daß ich Ihnen, wenn Sie für den Prozeß das Recht auf Ihrer Seite haben, das Gegenteil sage, damit Sie sich rascher zu dieser Heirat entschließen; und ich war damit nicht einverstanden.

ARAMINTE Wie leichtfertig meine Mutter ist! Ihre Zuverlässigkeit überrascht mich nicht, ich habe mit ihr gerechnet. Verhalten Sie sich bitte weiter so und ärgern Sie sich nicht über das, was meine Mutter Ihnen gesagt hat; ich billige es nicht; hat sie Ihnen Unangenehmes gesagt?

DORANTE Das ist unwichtig, Madame, es vermehrt nur meinen Eifer und meine Ergebenheit.

ARAMINTE Das ist auch der Grund, weshalb ich nicht will, daß man Sie kränkt, und ich werde es unterbinden. Was bedeutet das? Wenn es so weitergeht, werde ich zornig. Was denn! Will man Sie nicht in Ruhe lassen? Weil Sie sich anständig verhalten, will man Ihnen Schwierigkeiten machen? das wäre ja noch schöner!

DORANTE Ich bitte Sie, Madame, bei aller Dankbarkeit, die

ich Ihnen schulde, achten Sie nicht darauf. Ihre Güte verwirrt mich, und ich bin sehr glücklich über die Kränkung.

ARAMINTE Ihre Gefühle sind lobenswert. Doch kehren wir zu dem besagten Prozeß zurück: wenn ich den Grafen nicht heirate . . .

Dreizehnte Szene

DORANTE · ARAMINTE · DUBOIS

DUBOIS Der Frau Marquise geht es besser, Madame, *Tut, als sähe er mit Überraschung Dorante.* sie hat sich . . . sie hat sich sehr über Ihre Aufmerksamkeit gefreut.

Dorante tut, als drehe er den Kopf zur Seite, um sich vor Dubois zu verstecken.

ARAMINTE Das ist schön.

DUBOIS *der immer noch zu Dorante hinsieht.*
Madame, ich soll Ihnen außerdem noch etwas sehr Dringendes ausrichten.

ARAMINTE Worum geht es?

DUBOIS Man hat mir aufgetragen, es Ihnen nur unter vier Augen zu sagen.

ARAMINTE *zu Dorante.*
Ich bin noch nicht fertig mit dem, was ich Ihnen sagen wollte, lassen Sie mich bitte einen Augenblick mit ihm allein und kommen Sie dann zurück.

Vierzehnte Szene

ARAMINTE · DUBOIS

ARAMINTE Mir schien, du warst sehr erstaunt, als du Dorante gesehen hast, was soll das bedeuten? Warum hast du ihn so aufmerksam betrachtet?

DUBOIS Das bedeutet nichts, außer daß ich nicht mehr die Ehre haben werde, Madame zu dienen, und ich sie um meinen Abschied bitten muß.

ARAMINTE *überrascht.*

Wie, nur weil du Dorante hier gesehen hast?

DUBOIS Wissen Sie, mit wem Sie es da zu tun haben?

ARAMINTE Mit dem Neffen von Monsieur Remy, meinem Verwalter.

DUBOIS So so. Und wie hat er es so geschickt angestellt, daß Madame ihn kennt? daß er bis hierher gekommen ist?

ARAMINTE Monsieur Remy hat ihn mir als Sekretär geschickt.

DUBOIS Er, Ihr Sekretär! Und Monsieur Remy hat ihn geschickt! ach, der gute Mann, er weiß nicht, was er Ihnen da geschickt hat! das ist ein Dämon, dieser Bursche.

ARAMINTE Was soll das heißen? Bitte erkläre das. Kennst du ihn?

DUBOIS Und ob ich ihn kenne, Madame! und ob! Ja, wirklich; und er kennt mich auch. Haben Sie nicht gesehen, wie er sich abgewendet hat aus Angst, ich könnte ihn erkennen?

ARAMINTE Das ist wahr; und du überraschst mich. Sollte er etwa zu etwas Schlechtem fähig sein, von dem du weißt? Ist er vielleicht kein redlicher Mensch?

DUBOIS Er? Auf der ganzen Welt gibt es keinen anständigeren Menschen als ihn; ganz allein hat er vielleicht mehr Anstand im Leib als fünfzig angesehene Leute zusammen. Eine wunderbare Redlichkeit, vielleicht gibt es so etwas nur einmal.

ARAMINTE Was kann denn dann sein? Wieso erschreckst du mich so? Ich bin ganz verwirrt.

DUBOIS Sein Makel liegt hier.

Tippt sich an die Stirn.

Bei ihm sitzt das Übel im Kopf.

ARAMINTE Im Kopf?

DUBOIS Ja, er ist verrückt, und wie!

ARAMINTE Dorante? er kam mir sehr vernünftig vor. Und welche Beweise hast du für seine Verrücktheit?

DUBOIS Welche Beweise? Vor einem halben Jahr ist er verrückt geworden, seit einem halben Jahr faselt er von Liebe, ist er völlig aus dem Häuschen, wie ein Wahnsinniger; ich muß es am besten wissen, denn ich war sein Diener; und deshalb mußte ich ihn auch verlassen und muß auch jetzt wieder gehen; entfernen Sie ihn, so etwas gibt es kein zweites Mal.

ARAMINTE *leicht verärgert.*
Nun ja, er kann machen, was er will, aber ich werde ihn nicht behalten: was soll ich mit einem geistig Verwirrten anfangen, noch dazu, wenn er es, wie ich wette, aus einem Anlaß ist, der das gar nicht verdient; denn Männer haben manchmal Ansichten . . .

DUBOIS Oh, da muß ich widersprechen; was den Anlaß betrifft, gegen den ist nichts zu sagen. Teufel, seine Verrücktheit zeugt von sehr gutem Geschmack.

ARAMINTE Gleichviel, ich will ihn entlassen. Kennst du die Person?

DUBOIS Ich habe die Ehre, sie täglich zu sehen. Sie sind es, Madame.

ARAMINTE Ich, sagst du?

DUBOIS Er betet Sie an; seit einem halben Jahr siecht er nur noch dahin, er würde sein Leben opfern für das Glück, Sie einen Augenblick betrachten zu dürfen. Sicher haben Sie bemerkt, daß er ganz verzückt ist, wenn er mit Ihnen spricht.

ARAMINTE Tatsächlich, da war mir etwas eigenartig vorgekommen. Gerechter Himmel! der arme Junge, worauf ist er da verfallen!

DUBOIS Sie ahnen nicht, wie weit seine Verrücktheit geht; sie bringt ihn um, sie erwürgt ihn. Er sieht gut aus, Monsieur Dorante, keine schlechte Figur, er ist wohlerzogen und von guter Familie; aber er ist nicht reich; und Sie müssen wissen, er hätte genügend Frauen heiraten können, die das waren, und liebenswert noch dazu; sie haben ihm angeboten, sein Glück zu machen und hätten auch verdient, daß er ihres ebenso gemacht hätte: eine war darunter, die kann ihn nicht vergessen, sie verfolgt ihn noch heute; ich weiß es, denn ich habe sie getroffen.

ARAMINTE *beiläufig.*

In diesen Tagen?

DUBOIS Ja, Madame, in diesen Tagen, eine große, sehr aparte Brünette, vor der er jedoch flieht. Da ist nichts zu machen, Monsieur lehnt alle ab. Ich würde jede betrügen, hat er zu mir gesagt, ich kann sie nicht lieben, ich habe mein Herz verloren. So hat er manchmal geredet, mit Tränen in den Augen, denn er fühlt sehr wohl, daß das nicht richtig ist.

ARAMINTE Es ist sehr unangenehm; wo hat er mich denn gesehen, bevor er hier herkam, Dubois?

DUBOIS Ach, Madame, an einem Abend, als Sie aus der Oper kamen, da hat er den Verstand verloren. An einem Freitag, ich kann mich genau erinnern; ja, an einem Freitag; er sah Sie die Treppe herabkommen, wie er mir später erzählt hat, und folgte Ihnen bis zu Ihrer Kutsche; er hatte sich nach Ihrem Namen erkundigt, und ich fand ihn dort völlig verzückt, er rührte sich nicht mehr.

ARAMINTE Unglaublich!

DUBOIS Soviel ich auch rief: Monsieur!, keine Antwort, er war nicht mehr bei sich. Doch schließlich kam er wieder zu Bewußtsein, mit einem ganz verstörten Ausdruck; ich schob ihn in eine Kutsche, und wir fuhren nach Hause. Ich hatte gehofft, es ginge vorüber, denn ich liebte ihn sehr, er ist der beste Herr der Welt. Aber nichts da, es gab keine Rettung mehr: seinen gesunden Menschenverstand, seine Lustigkeit, seine freundliche Art, alles hatten Sie vertrieben; und vom nächsten Tag an tat er nichts anderes mehr als von Ihnen träumen, vor Liebe schmachten, während ich Sie von früh bis spät auf allen Ihren Wegen belauern mußte.

ARAMINTE Ich kann nur staunen ...

DUBOIS Ich befreundete mich sogar mit einem Ihrer Diener, der inzwischen entlassen ist, einem sehr zuverlässigen Burschen, der mich auf dem Laufenden hielt, während ich ihm den Wein spendierte. Heute geht's in die Komödie, sagte er mir, ich lief mit meiner Neuigkeit nach Hause, und ab vier Uhr stand mein guter Mann bereits am Eingang. Diesmal geht's zu Madame X oder Madame Y, und daraufhin verbrachten wir den ganzen Abend auf der Straße, nur um Madame, mit Verlaub, ins Haus gehen und wieder herauskommen zu sehen, er in einer Mietkutsche, ich hinten drauf, beide schlotternd und halb erfroren, denn es war ja Winter; ihm war das egal, aber ich fluchte manchmal, um mir Luft zu machen.

ARAMINTE Ist das möglich?

DUBOIS Ja, Madame. Am Ende verdroß mich dieses Leben; meine Gesundheit litt darunter, und seine auch. Ich machte ihm weis, sie seien auf dem Land, er glaubte es, und ich hatte ein bißchen Ruhe. Doch was geschah zwei Tage später? er begegnete Ihnen in den Tuilerien, wo er seinen Kummer über Ihre Abwesenheit spazierenführte. Wutentbrannt kam er zurück, er wollte mich schlagen, und dabei ist er doch so gut. Aber ich war damit nicht einverstanden und verließ ihn. Mein Glück hat mich dann zu Madame geführt, wo ich ihn nun wieder treffe, weil es ihm dank seiner Anstrengungen gelungen ist, Ihr Sekretär zu werden, ein Posten, den er bestimmt nicht gegen die Stellung eines Kaisers tauschen wird.

ARAMINTE Gibt es etwas Seltsameres? Ich habe es so satt, von Angestellten betrogen zu werden, daß ich mich über ihn gefreut habe, denn er ist redlich; nicht etwa, daß ich verärgert wäre, über so etwas bin ich erhaben.

DUBOIS Es wäre eine gute Tat, ihn wegzuschicken. Denn je mehr er Madame sieht, desto mehr richtet ihn das zu Grunde.

ARAMINTE Ich würde ihn gern wegschicken, wirklich. Aber das heilt ihn nicht. Außerdem weiß ich nicht, was ich Monsieur Remy sagen soll, der ihn mir empfohlen hat, und das bringt mich in Verlegenheit. Ich sehe nicht recht, wie ich mich auf anständige Weise von ihm befreien soll.

DUBOIS Mag sein, aber Sie werden einen Unheilbaren aus ihm machen, Madame.

ARAMINTE *heftig.*

Dann kann ich es nicht ändern. In meiner Lage kann ich auf einen Sekretär nicht verzichten; außerdem ist die Gefahr auch gar nicht so groß, wie du denkst: im Gegenteil, wenn es etwas gibt, was diesen Mann wieder zur Vernunft bringen kann, dann die Gewohnheit, mich oft zu sehen, öfter als bisher; damit erweist man ihm sogar einen Gefallen.

DUBOIS Eine sehr unwirksame Medizin. Im übrigen wird er kein Wort sagen; nie werden Sie etwas von seiner Liebe hören.

ARAMINTE Bist du ganz sicher?

DUBOIS Davor brauchen Sie keine Angst zu haben, lieber würde er sterben. Sie können sich seine Achtung, seine Verehrung, seine Ergebenheit nicht vorstellen. Glauben Sie etwa, er hoffe, von Ihnen wiedergeliebt zu werden? Keineswegs. Er sagt, auf der ganzen Welt gäbe es niemanden, der das verdiene; er möchte Sie nur sehen, Sie betrachten, Ihre Augen bewundern, Ihre Anmut, Ihre schöne Figur; das ist alles; tausendmal hat er es mir gesagt.

ARAMINTE *mit den Achseln zuckend.*

Das verdient wirklich Mitleid! Also gut, ich gedulde mich ein paar Tage, so lange, bis ich einen anderen habe; übrigens brauchst du nichts zu befürchten, ich bin zufrieden mit dir; ich werde deinen Eifer belohnen und möchte nicht, daß du gehst, hörst du, Dubois!

DUBOIS Madame, ich bin Ihnen ewig ergeben.

ARAMINTE Ich werde mich um dich kümmern; vor allem darf er nicht wissen, daß ich unterrichtet bin; bewahre das Geheimnis gut; und niemand, auch Marton nicht, darf erfahren, was du mir gesagt hast; das gehört zu den Dingen, die nie an den Tag kommen dürfen.

DUBOIS Ich habe bisher nur Madame davon erzählt.

ARAMINTE Da kommt er; geh jetzt.

Fünfzehnte Szene

DORANTE · ARAMINTE

ARAMINTE *einen Augenblick allein.*

In Wahrheit ist das ein Geständnis, auf das ich gern verzichtet hätte.

DORANTE Madame, ich folge Ihrem Befehl.

ARAMINTE Gut, Monsieur; wovon sprach ich? Ich habe es vergessen.

DORANTE Von einem Prozeß gegen den Grafen Dorimont.

ARAMINTE Richtig, ja; ich sagte Ihnen, daß ich ihn heiraten soll.

DORANTE Ja, Madame, und ich glaube, Sie wollten hinzufügen, daß Sie zu dieser Heirat keine Lust verspüren.

ARAMINTE Das stimmt. Ich wollte Sie damit beauftragen, die Sache zu prüfen, damit ich weiß, ob ich mit einem Prozeß auch kein Risiko eingehe; aber ich glaube, ich muß Sie von dieser Arbeit befreien, ich bin nicht sicher, ob ich Sie behalten kann.

DORANTE Aber Madame, Sie hatten mir gütigerweise eine feste Zusage gegeben.

ARAMINTE Ja, aber ich hatte nicht bedacht, daß ich dem Grafen versprochen hatte, einen von ihm vermittelten Sekretär zu nehmen; Sie müssen einsehen, daß es ihm gegenüber nicht höflich wäre, mein Wort zu brechen; zumindest muß ich mit dem sprechen, den er mir schickt.

DORANTE Ich habe kein Glück; nichts gelingt mir, und nun werde ich auch noch entlassen.

ARAMINTE Das habe ich nicht gesagt; darüber ist noch nichts entschieden.

DORANTE Bitte lassen Sie mich nicht in dieser Ungewißheit, Madame.

ARAMINTE Hm, nun... ja, ich will versuchen, Sie zu behalten; ich will es versuchen.

DORANTE Sie beauftragen mich also, Ihnen über die besagte Angelegenheit Bericht zu erstatten?

ARAMINTE Warten wir noch etwas; falls ich den Grafen heirate, wäre Ihre Mühe umsonst.

DORANTE Ich dachte, ich hätte Madame sagen hören, sie empfinde keine Zuneigung für ihn.

ARAMINTE Noch nicht.

DORANTE Außerdem verläuft Ihr jetziges Leben so ruhig und angenehm.

ARAMINTE *beiseite.*

Ich bringe es nicht übers Herz, ihn zu kränken. Also gut; prüfen Sie die Sache, prüfen Sie. Ich habe in meinem

Arbeitszimmer einige Unterlagen, ich will sie holen und Ihnen geben.

Im Weggehen.

Ich wage fast nicht, ihn anzusehen.

Sechzehnte Szene

DORANTE · DUBOIS *der mit geheimnisvollem Gesichtsausdruck wie zufällig hereinkommt*

DUBOIS Marton sucht Sie, um Ihnen Ihre Zimmer zu zeigen. Arlequin stillt seinen Durst. Ich habe gesagt, ich würde Ihnen Bescheid geben. Wie werden Sie behandelt?

DORANTE Sie ist so liebenswert! Ich bin entzückt! Wie hat sie aufgenommen, was du ihr erzählt hast?

DUBOIS *als wolle er schnell gehen.*

Der Entschluß reift in ihr, Sie aus Mitleid zu behalten: Madame hofft, Sie durch die Gewöhnung an den Umgang mit ihr zu heilen.

DORANTE *entzückt.*

Ernsthaft?

DUBOIS Sie kann sich nicht mehr entziehen; das hätten wir. Ich gehe wieder.

DORANTE Im Gegenteil, bleib; ich glaube, da kommt Marton. Sag' ihr, Madame erwarte mich, um mir bestimmte Papiere zu geben, und ich käme zu ihr, sobald das erledigt sei.

DUBOIS Dann gehen Sie, auf die Weise kann ich gleich ein Wörtchen mit Marton reden. Es ist gut, wenn ich den Argwohn, den wir brauchen, in alle Hirne pflanze.

Siebzehnte Szene

DUBOIS · MARTON

MARTON Wo ist denn Dorante? ich dachte, er wäre hier bei dir.

DUBOIS *kurz angebunden.*

Er sagt, Madame warte wegen irgendwelcher Papiere auf ihn, er käme gleich zurück. Außerdem, warum soll er sich überhaupt die Zimmer ansehen? Wenn er sie nicht will, ist er sehr anspruchsvoll: Teufel auch, ich würde ihm raten ...

MARTON Das geht dich gar nichts an: ich mache, was Madame befiehlt.

DUBOIS Madame ist gut und klug; aber passen Sie auf! finden Sie nicht, daß der kleine Galan ihr süße Augen macht?

MARTON Er macht die, die er hat.

DUBOIS Ich müßte mich sehr täuschen, wenn ich nicht irgendwo das Gesicht dieses Laffen das von Madame habe beobachten sehen.

MARTON Na und? ärgert es dich, wenn man sie schön findet?

DUBOIS Oh nein. Aber manchmal denke ich mir, er ist nur hierher gekommen, um sie aus der Nähe zu betrachten.

MARTON *lachend.*

Ha! ha! was für ein Gedanke! Geh, davon verstehst du nichts, wirklich nichts.

DUBOIS *lachend.*

Ha! ha! dann bin ich eben sehr dumm.

MARTON *geht lachend ab.*

Ha! ha! ein drolliger Kerl, mit seinen Beobachtungen!

DUBOIS *allein.*

Ich werde schon dafür sorgen, daß du bald mehr von ihnen hältst. Und jetzt: Feuer aus allen Rohren!

ZWEITER AKT

Erste Szene

ARAMINTE · DORANTE

DORANTE Nein, Madame, Sie riskieren nichts. Sie können mit aller Sicherheit prozessieren. Außerdem habe ich mehrere Leute befragt, die Sache steht ausgezeichnet; und wenn das der einzige Grund ist, den Herrn Grafen zu heiraten, so zwingt Sie nichts zu dieser Ehe.

ARAMINTE Ich würde ihn sehr kränken, und ich kann mich nur mit Mühe dazu entschließen.

DORANTE Es wäre nicht richtig, wenn Sie sich aus Angst vor einer Kränkung opfern würden.

ARAMINTE Aber haben Sie auch alles genau geprüft? Sie sagten mir heute vormittag, ich lebte ruhig und angenehm; hätten Sie es vielleicht lieber, ich lebte weiter so? Sind Sie nicht ein wenig voreingenommen gegen die Heirat, und infolgedessen gegen den Grafen?

DORANTE Mir sind ihre Interessen wichtiger als seine, Madame, und als die aller anderen, wer immer das auch sein mag.

ARAMINTE Dagegen kann ich nichts einwenden. In jedem Fall, wenn ich ihn heirate und er einen anderen hier an Ihre Stelle setzen will, dann bedeutet das keinen Schaden für Sie; ich verspreche Ihnen, einen noch besseren Posten für Sie zu finden.

DORANTE *traurig.*

Nein, Madame, wenn mich das Unglück trifft, diesen hier

zu verlieren, will ich nirgends mehr hin; und ganz sicher verliere ich ihn, das ahne ich schon.

ARAMINTE Ich glaube aber, ich werde prozessieren; nun ja, wir werden sehen.

DORANTE Ich möchte Ihnen noch etwas sagen, Madame. Ich habe eben erfahren, daß der Pförtner Ihres Schlosses gestorben ist: man könnte einem Ihrer Leute den Posten geben; ich habe an Dubois gedacht, den ich hier durch einen Diener ersetzen kann, für den ich einstehe.

ARAMINTE Nein, schicken Sie lieber Ihren Mann aufs Schloß und lassen Sie mir Dubois: er ist ein vertrauenswürdiger Bursche, der mir gut dient und den ich behalten will. Ach, übrigens hat er mir, glaube ich, gesagt, er sei eine Zeitlang bei Ihnen gewesen?

DORANTE *tut, als sei er verlegen.*
Das stimmt, Madame; er ist treu, aber nicht sehr zuverlässig. Außerdem reden diese Art Leute selten Gutes von ihrer früheren Herrschaft. Vielleicht schadet er mir in Ihren Augen?

ARAMINTE *gleichgültig.*
Er sagt sehr viel Gutes von Ihnen. Was will Monsieur Remy von mir?

Zweite Szene

ARAMINTE · DORANTE · MONSIEUR REMY

M. REMY Ihr sehr ergebener Diener, Madame. Ich möchte Ihnen für Ihre Güte danken, daß Sie meinen Neffen auf meine Empfehlung hin genommen haben.

ARAMINTE Ich habe keinen Augenblick gezögert, wie Sie sehen.

M. REMY Ich bin Ihnen sehr verbunden. Hatten Sie mir

nicht gesagt, man habe Ihnen noch einen anderen Sekretär empfohlen?

ARAMINTE Ja, Monsieur.

M. REMY Um so besser; denn ich wollte diesen hier für eine äußerst wichtige Angelegenheit von Ihnen zurückerbitten.

DORANTE *ablehnend.*
Wieso denn das, Monsieur?

M. REMY Geduld!

ARAMINTE Aber Monsieur Remy, das kommt etwas überraschend; Sie haben den Augenblick schlecht gewählt, denn ich habe den anderen bereits abgewiesen.

DORANTE Was mich betrifft, ich werde von Madame nie weggehen, es sei denn, sie entläßt mich.

M. REMY *gereizt.*
Du weißt nicht, was du sagst. Trotzdem gehst du weg, du wirst es sehen. Hören Sie, Madame, urteilen Sie selbst. Es geht um folgendes: da ist eine Dame, fünfunddreißig, die sehr hübsch sein soll, achtenswert und vornehm; sie gibt ihren Namen nicht preis; sie sagt, ich sei ihr Verwalter gewesen; sie hat mindestens fünfzehntausend Pfund Rente und wird es beweisen; sie hat meinen Neffen bei mir gesehen, hat mit ihm gesprochen, sie weiß, daß er ohne Vermögen ist und bietet ihm an, ihn umgehend zu heiraten. Und die Person, die in ihrem Auftrag zu mir gekommen ist, will gleich Antwort haben und dich sofort zu ihr führen. Ist das nicht eindeutig? Gibt es da noch etwas zu beraten? In zwei Stunden müssen wir bei mir zu Hause sein. Habe ich nicht Recht, Madame?

ARAMINTE *sehr kühl.*
Die Antwort liegt bei ihm.

M. REMY Nun? woran denkt er denn? Kommst du?

DORANTE Nein, Monsieur, ich bin dazu nicht entschlossen.

M. REMY Hm! Was? Hörst du nicht, was ich dir sage, daß sie fünfzehntausend Pfund Rente hat? Hörst du nicht?

DORANTE Doch, Monsieur; aber auch wenn sie zwanzigmal mehr hätte, ich heirate sie nicht; wir würden beide nicht glücklich: mein Herz ist vergeben, ich liebe eine andere.

M. REMY *spöttisch und seine Worte in die Länge ziehend.*

Mein Herz ist vergeben: wie ärgerlich! Ja, ja, das Herz ist etwas Wunderbares. Ich hätte nie so schöne Skrupel in diesem Herzen vermutet, dessen Wille es ist, daß man Sekretär im Hause anderer bleibt, während man sein eigenes verwalten könnte. Ist das dein letztes Wort, schmachtender Schäfer?

DORANTE Ich kann meinen Entschluß nicht ändern, Monsieur.

M. REMY Ein blödes Herz, Neffe; du bist ein Dummkopf, ein Narr, und ich halte die Frau, die du liebst, für eine dumme Gans, wenn sie nicht meiner Meinung ist; stimmt es nicht, Madame, und finden Sie nicht, daß er übergeschnappt ist?

ARAMINTE *sanft.*

Schimpfen Sie nicht mit ihm. Dem Anschein nach hat er unrecht, ich gebe es zu.

M. REMY *heftig.*

Wie, Madame! dem Anschein nach ...?

ARAMINTE Ich finde, man kann seine Einstellung entschuldigen. Aber trotzdem, Dorante, versuchen Sie, Ihre Neigung zu bekämpfen, wenn Sie können. Ich weiß, daß es schwer ist.

DORANTE Es ist unmöglich, Madame, meine Liebe ist mir teurer als mein Leben.

M. REMY *verwundert.*

Wer schöne Gefühle liebt, der kann jetzt zufrieden sein; so

etwas Komisches ist mir noch nie begegnet. Finden Sie das etwa vernünftig, Madame?

ARAMINTE Ich lasse Sie allein, sprechen Sie noch einmal mit ihm.

Beiseite.

Er rührt mich so, daß ich gehen muß.

Ab.

DORANTE *beiseite.*

Einen besseren Dienst konnte er mir gar nicht erweisen.

Dritte Szene

DORANTE · MONSIEUR REMY · MARTON

M. REMY *beobachtet seinen Neffen.*

Dorante, weißt du, daß es nicht einmal in Charenton einen Verrückten gibt wie dich?

Marton kommt herein.

Kommen Sie nur, Mademoiselle Marton.

MARTON Ich habe gerade erfahren, daß Sie hier sind.

M. REMY Jetzt sagen Sie einmal, was Sie darüber denken; was halten Sie von einem Mann, der kein Vermögen hat und es ablehnt, eine angesehene, hübsche Frau mit regelmäßig ausgezahlten fünfzehntausend Pfund Rente zu heiraten?

MARTON Die Frage ist leicht beantwortet. Dieser Mann hat den Verstand verloren.

M. REMY *zeigt auf Dorante.*

Da steht er, und als Entschuldigung beruft er sich auf sein Herz, das Sie ihm gestohlen hätten; doch da er Ihres offensichtlich noch nicht davongetragen hat und ich annehme, daß Sie Ihre fünf Sinne noch einigermaßen beisammen haben, denn schließlich kennen Sie ihn erst ganz kurze

Zeit, bitte ich Sie um Ihre Hilfe, damit wir ihn zur Vernunft bringen. Sicher sind Sie sehr hübsch, aber Sie werden ihm doch nicht eine solche Chance verderben; es gibt keine schönen Augen, für die sich dieser Preis lohnte.

MARTON Was? Sie reden von Dorante, Monsieur Remy? Meinetwegen lehnt er es ab, reich zu werden?

M. REMY Ganz richtig, und Sie sind viel zu großmütig, um das zu dulden.

MARTON *leidenschaftlich.*

Da täuschen Sie sich, Monsieur, ich liebe ihn selbst viel zu sehr, um ihn daran zu hindern, und ich bin entzückt: ach, Dorante, wie hoch ich Sie schätze! Ich hätte nicht gedacht, daß Sie mich so lieben.

M. REMY Alle Wetter! ich zeige Ihnen den Burschen mal kurz, und schon sind Sie verliebt! Ein Frauenherz ist doch etwas verdammt Merkwürdiges, wie schnell das Feuer fängt!

MARTON Braucht man denn so viel Vermögen, um glücklich zu sein? Madame, die sehr gütig zu mir ist, wird mit ihrer Großzügigkeit wieder etwas ausgleichen von dem, was er mir opfert. Wie dankbar ich Ihnen bin, Dorante.

DORANTE Oh nein, Mademoiselle, Sie brauchen mir für mein Verhalten keineswegs dankbar zu sein; ich folge allein meinen Gefühlen, und sehe nur mich bei der Sache. Sie schulden mir nichts; ich habe nicht Ihre Dankbarkeit im Sinn.

MARTON Ihr Zartgefühl entzückt mich! Was Sie mir sagen, ist so liebevoll.

M. REMY Du meine Güte! dann kenne ich mich nicht mehr aus, denn ich finde es reichlich banal.

Zu Marton.

Adieu, schönes Kind. Ich hätte Sie, auf Ehre, nicht für so

teuer eingeschätzt, wie Sie für ihn sind. Ich empfehle mich, Idiot, behalte du deine Liebe und ich mein Erbe.

Ab.

MARTON Er ist wütend, aber wir werden ihn wieder besänftigen.

DORANTE Ich hoffe es. Da kommt jemand.

MARTON Es ist der Graf, von dem ich Ihnen schon erzählt habe und der Madame heiraten soll.

DORANTE Dann gehe ich; er könnte von seinem Prozeß anfangen; Sie wissen, was ich Ihnen dazu gesagt habe, und es ist überflüssig, daß ich ihm begegne.

Vierte Szene

DER GRAF · MARTON

GRAF Guten Tag, Marton.

MARTON Sie sind zurückgekommen, Herr Graf?

GRAF Ja. Man hat mir gesagt, Araminte sei im Garten, und ich habe von ihrer Mutter etwas gehört, was mir Kummer bereitet: ich hatte einen Sekretär für sie ausgesucht, der heute bei ihr anfangen sollte, und nun hat sie einen anderen genommen, der ihrer Mutter mißfällt und von dem wir nichts zu erwarten haben.

MARTON Aber auch nichts zu befürchten, Monsieur. Keine Angst, er ist ein sehr höflicher Mann, und wenn Madame Argante mit ihm nicht zufrieden ist, liegt es ein wenig an ihr. Sie hat ihn heute morgen so schroff behandelt, so schlecht, daß es kein Wunder ist, wenn sie ihn nicht für sich gewonnen hat. Stellen Sie sich vor, sie hat mit ihm geschimpft, weil er gut aussieht.

GRAF Ist das nicht der junge Mann, der eben hinausgegangen ist?

MARTON Ganz recht.

GRAF Er sieht tatsächlich gut aus, und gar nicht nach dem, was er ist.

MARTON Entschuldigen Sie, Monsieur, er ist aus sehr guter Familie.

GRAF Gibt es keine Möglichkeit, das in Ordnung zu bringen? Araminte ist mir gewogen, glaube ich, aber sie entscheidet sich zu langsam; und damit sie es endlich tut, braucht man ihr doch nur zu sagen, daß der Ausgang unseres Streites für sie sehr unsicher ist. Sie wird die Unannehmlichkeiten eines Prozesses nicht auf sich nehmen wollen. Sprechen wir mit dem Sekretär; wenn es nur am Geld liegt, damit er unsere Interessen vertritt, daran will ich nicht sparen.

MARTON Oh, das ist kein Mensch, den man damit beeinflussen kann; er ist der uneigennützigste Bursche in ganz Frankreich.

GRAF Wie dumm; solche Leute sind zu nichts zu gebrauchen.

MARTON Überlassen Sie das Ganze mir.

Fünfte Szene

DER GRAF · ARLEQUIN · MARTON

ARLEQUIN Mademoiselle, da ist ein Mann, der nach einem andern fragt; wissen Sie, wer das ist?

MARTON *gereizt.*
Wer ist der andere? Zu wem will er?

ARLEQUIN Mein Gott, ich weiß es nicht; deshalb frage ich Sie doch.

MARTON Laß ihn herein.

ARLEQUIN *holt den Boten ins Zimmer.*
He, Bursche! Komm her und sag', was du willst.

Sechste Szene

DER GRAF · MARTON · EIN BOTE

MARTON Wen suchen Sie?

BOTE Ich suche einen gewissen Herrn, Mademoiselle, dem ich ein Porträt zurückgeben soll, mit einem Etui, das er bei uns hat anfertigen lassen. Er hatte uns gebeten, es nur ihm selbst zu geben, er würde es abholen; aber da mein Vater morgen eine kleine Reise antreten muß, hat er mich geschickt, um es zurückzubringen, und man hat mir gesagt, ich würde hier etwas über ihn erfahren. Ich kenne ihn vom Sehen, weiß aber seinen Namen nicht.

MARTON Sind Sie das nicht, Herr Graf?

GRAF Nein, ganz sicher nicht.

BOTE Monsieur war es nicht, Mademoiselle, es war jemand anderes.

MARTON Und bei wem, hatte man Ihnen gesagt, würden Sie ihn finden?

BOTE Bei einem Anwalt mit Namen Remy.

GRAF Ach, ist das nicht der Verwalter von Madame? zeigen Sie einmal das Etui.

BOTE Monsieur, das hat man mir verboten; ich habe den Auftrag, es nur demjenigen auszuhändigen, dem es gehört: das Porträt der Dame ist nämlich darin.

GRAF Das Porträt einer Dame? Was bedeutet das? Sollte es vielleicht das von Araminte sein? Ich will sofort wissen, was es damit auf sich hat.

Siebte Szene

MARTON · DER BOTE

MARTON Das hätten Sie nicht tun sollen, vor ihm von dem Porträt zu reden. Ich weiß, wen Sie suchen: den Neffen von Monsieur Remy, von dem Sie kommen.

BOTE Das glaube ich auch, Mademoiselle.

MARTON Ein stattlicher Mann, der Monsieur Dorante heißt.

BOTE Ich glaube, so heißt er, ja.

MARTON Er hat es mir gesagt, ich besitze sein Vertrauen. Haben Sie sich das Porträt angesehen?

BOTE Nein, ich habe nicht darauf geachtet, wen es darstellt.

MARTON Nun, es geht dabei um mich. Monsieur Dorante ist leider nicht da und wird auch so bald nicht zurückkommen. Sie können mir ruhig das Etui geben, Sie brauchen nichts zu befürchten; Sie tun ihm sogar einen Gefallen damit. Sie sehen, ich weiß Bescheid.

BOTE Es scheint so. Da ist es, Mademoiselle. Bitte sorgen Sie dafür, daß er es bekommt, sobald er zurück ist.

MARTON Oh, ganz sicher.

BOTE Er schuldet uns noch einen kleinen Rest dafür; ich will versuchen, nachher noch einmal vorbeizukommen, und wenn er inzwischen noch nicht da war, sind Sie vielleicht so freundlich und bezahlen ihn.

MARTON Aber natürlich. Nun gehen Sie.

Beiseite.

Da ist Dorante.

Zum Boten.

Rasch.

Achte Szene

MARTON · DORANTE

MARTON *froh, einen Augenblick allein.*
Das kann nur mein Porträt sein. Der reizende Mann! Monsieur Remy hatte also recht, als er sagte, er kenne mich schon eine Weile.

DORANTE Mademoiselle, haben Sie nicht einen jungen Mann hier gesehen? Arlequin glaubt, er suche mich.

MARTON *ihn zärtlich ansehend.*
Wie liebenswert Sie sind, Dorante! ich wäre sehr ungerecht, wenn ich Sie nicht liebte. Seien Sie ganz beruhigt, der junge Mann war da, ich habe mit ihm gesprochen, ich habe das Etui und behalte es.

DORANTE Ich wußte nicht...

MARTON Keine Geheimniskrämerei; ich behalte es, wie gesagt, und bin Ihnen nicht böse. Sie bekommen es zurück, wenn ich es mir angesehen habe. Gehen Sie, da kommt Madame mit ihrer Mutter und dem Herrn Grafen; vielleicht sprechen sie gerade darüber. Ich will sie beruhigen, lassen Sie mich mit ihnen allein.

DORANTE *geht lachend ab.*
Es hat alles geklappt, sie läßt sich herrlich hinters Licht führen.

Neunte Szene

ARAMINTE · DER GRAF · MADAME ARGANTE
MARTON

ARAMINTE Marton, was ist das für eine Geschichte mit einem Porträt, von dem der Graf mir erzählt, man hätte es jemandem hier gebracht, dessen Name nicht genannt wird, und von dem man glaubt, es sei meins? Erkläre mir das bitte.

MARTON *in Gedanken versunken.*

Das ist gar nichts, Madame; ich will Ihnen sagen, worum es geht: ich habe es herausgefunden, nachdem der Herr Graf gegangen ist; er hätte sich gar nicht aufzuregen brauchen. Es ist nichts, was Sie betrifft.

GRAF Wieso wissen Sie das, Mademoiselle? Sie haben das Porträt doch gar nicht gesehen.

MARTON Das macht nichts, es ist so gut als hätte ich es gesehen. Ich weiß, wen es darstellt; machen Sie sich darum keine Sorgen.

GRAF Sicher ist jedenfalls, daß es sich um ein Frauenporträt handelt, daß man die Person, die es hat anfertigen lassen und der man es zurückgeben wollte, in diesem Hause sucht und daß ich es nicht bin.

MARTON Einverstanden. Aber wenn ich Ihnen sage, daß Madame damit nichts zu tun hat, und Sie ebensowenig?

ARAMINTE Wenn du darüber Bescheid weißt, dann sag' uns doch, worum es geht, denn ich will es wissen. Man denkt sich hier Sachen, die mir nicht gefallen. Rede bitte.

MME. ARGANTE Ja, das hat so etwas Geheimnisvolles, was sehr unangenehm ist. Trotzdem brauchst du dich nicht zu ärgern, liebe Tochter. Graf Dorimont liebt dich, und ein wenig Eifersucht, selbst wenn sie unbegründet ist, steht einem Verehrer sehr gut an.

GRAF Ich bin nur auf den Unbekannten eifersüchtig, der sich das Vergnügen zu bereiten wagt, Madames Porträt zu besitzen.

ARAMINTE *heftig.*

Wie Sie meinen, Monsieur; doch ich habe verstanden, was Sie sagen wollen, und ich kann diese Einstellung nicht gut vertragen. Nun, Marton?

MARTON Nun, Madame, kein Grund für so viel Aufregung! es ist mein Porträt.

GRAF Ihr Porträt?

MARTON Ja, meines. Und warum nicht, bitte schön? was gibt es dagegen einzuwenden?

MME. ARGANTE Mir geht es wie dem Herrn Grafen; die Sache kommt mir seltsam vor.

MARTON Du meine Güte, Madame, ganz ohne Eitelkeit, es werden täglich welche gemalt, und von Zierpuppen, die sich mit mir nicht messen können.

ARAMINTE Und wer hat diese Ausgabe für dich gemacht?

MARTON Ein höchst liebenswerter Mann, der mich liebt, der Zartgefühl besitzt und eine edle Gesinnung, und der um mich wirbt; und wenn Sie seinen Namen wissen wollen, es ist Dorante.

ARAMINTE Mein Sekretär?

MARTON Genau dieser.

MME. ARGANTE Der freche Kerl mit seinem Anstand!

ARAMINTE *gereizt.*

Du täuschst uns; hat er denn, seit er hier ist, Zeit gehabt, dich malen zu lassen?

MARTON Er kennt mich ja nicht erst seit heute.

ARAMINTE *heftig.*

Gib her.

MARTON Ich habe das Etui noch nicht geöffnet, aber Sie werden mich darin sehen.

Araminte öffnet das Etui, alle sehen hinein.

GRAF Ich habe es doch gewußt! es ist Madame.

MARTON Madame! . . . Tatsächlich, da habe ich mich schön verrechnet!

Beiseite.

Dubois hatte heute morgen recht.

ARAMINTE *beiseite.*

Und ich sehe klar.

Zu Marton.

Aus welchem Grund hattest du gedacht, es sei dein Porträt?

MARTON Mein Gott, Madame, da hätte sich jede andere auch getäuscht. Monsieur Remy sagt mir, sein Neffe liebe mich, er wolle uns miteinander verheiraten. Dorante ist dabei und widerspricht nicht; er schlägt in meiner Anwesenheit eine sehr reiche Partie aus; der Onkel ist auf mich böse und sagt, ich sei schuld daran. Dann kommt ein Mann, der dieses Porträt bringt und den sucht, dem es gehört; ich frage ihn aus: an allem, was er antwortet, erkenne ich Dorante. Es ist ein kleines Frauenporträt, Dorante liebt mich so, daß er meinetwegen die reiche Heirat ablehnt: ich schließe also daraus, daß ich es bin, die er hat malen lassen. Hatte ich Unrecht? Trotzdem habe ich falsch geschlossen. Ich verzichte: so viel Ehre gebührt mir nicht. Ich glaube, ich erkenne das ganze Ausmaß meines Irrtums, und ich schweige.

ARAMINTE Oh, die Sache ist nicht schwer zu erraten. Sie spielen den Erzürnten, den Erstaunten, Graf. Es gab zwar einige Mißverständnisse bei den Maßnahmen, die Sie getroffen haben, aber Sie können mich nicht täuschen: Ihnen wollte man das Porträt bringen. Ein Mann, dessen Namen man nicht weiß, der hier gesucht wird, das sind Sie, Monsieur, das sind Sie.

MARTON *mit Nachdruck.*

Das glaube ich nicht.

MME. ARGANTE Doch, doch, das ist der Herr Graf. Weshalb wehren Sie sich dagegen? So wie Sie mit meiner Tochter stehen, ist das doch kein großes Verbrechen; auf, geben Sie es doch zu.

GRAF *kalt.*

Nein, Madame, ich bin es nicht, auf Ehre, ich kenne diesen Monsieur Remy gar nicht; wieso sollte man bei ihm gesagt haben, der junge Mann würde hier Näheres über mich erfahren? Das kann gar nicht sein.

MME. ARGANTE *nachdenklich.*

Auf diesen Umstand hatte ich nicht geachtet.

ARAMINTE Ach, was bedeutet ein Umstand mehr oder weniger? Ich bleibe dabei! Und wie auch immer, ich behalte das Etui, niemand bekommt es. Aber was ist das für ein Lärm? Sieh bitte nach, Marton.

Zehnte Szene

ARAMINTE · DER GRAF · MADAME ARGANTE
MARTON · DUBOIS · ARLEQUIN

ARLEQUIN *im Hereinkommen.*

Ein alberner Affe bist du.

MARTON Was habt ihr denn?

DUBOIS Wenn ich nur ein Wort sagen würde, flöge dein Herr aber sehr schnell hinaus.

ARLEQUIN Du? Wir machen uns aus dir und deiner lumpigen Sippschaft so viel!

DUBOIS Ich würde dich grün und blau schlagen, wenn ich nicht so großen Respekt vor Madame hätte.

ARLEQUIN Komm doch, komm, da ist sie, Madame.

ARAMINTE Was gibt es? Weshalb streitet ihr euch?

MME. ARGANTE Komm her, Dubois. Erzähle uns, was das für ein Wort ist, das du gegen Dorante sagen würdest; es wäre gut, es zu wissen.

ARLEQUIN Nun sag es doch.

ARAMINTE Halt den Mund; laß ihn reden.

DUBOIS Seit einer Stunde sagt er mir tausend Beleidigungen, Madame.

ARLEQUIN Ich schütze die Interessen meines Herrn, ich bekomme dafür meinen Lohn, und ich dulde es nicht, daß so ein Rüpel auch nur mit einem Wort meinen Herrn bedroht; ich verlange Gerechtigkeit von Madame.

MME. ARGANTE Ich wiederhole, wir wollen wissen, was Dubois mit diesem Wort meint; das ist das Wichtigste.

ARLEQUIN Wehe, wenn er nur eine einzige Silbe sagt.

DUBOIS Ich habe aus reinem Zorn gedroht, Madame; der Anlaß des Streites ist folgender: als ich die Zimmer für Monsieur Dorante hergerichtete habe, sah ich zufällig ein Bild, auf dem Sie, Madame, dargestellt sind, und ich dachte mir, man sollte es wegnehmen, weil es da nichts zu suchen hat, es gehört sich nicht, daß es dort bleibt; also wollte ich es abhängen; und da ist dieser Tölpel gekommen und wollte mich daran hindern; es hat wenig gefehlt, und wir hätten uns geprügelt.

ARLEQUIN Ohne Zweifel; was fällt dir auch ein, das Bild wegzunehmen, das so hübsch ist und das mein Herr noch kurz zuvor mit der größten Freude betrachtet hat? Denn ich habe ihn gesehen, wie er es mit ganzem Herzen angestarrt hat, und da will dieser ungeschliffne Kerl diesen rechtschaffenen Mann um etwas berauben, was seine ganze Wonne ist! Eine Gemeinheit! Nimm ihm sonstwas weg, wenn er zu viel Zeug im Zimmer hat, aber laß ihm das Bild, Grobian.

DUBOIS Und ich sage dir, ich lasse es ihm nicht, ich nehme es eigenhändig ab, du wirst es erleben, und zwar, weil Madame es so will!

ARAMINTE Ach, was interessiert mich das! Es ist wirklich überflüssig, einen solchen Lärm wegen eines alten Bildes zu machen, das jemand zufällig da hingehängt hat und das dort geblieben ist. Laß uns damit in Frieden. Es lohnt nicht, darüber zu reden.

MME. ARGANTE *spitz.*

Entschuldige, liebe Tochter, aber es gehört da nicht hin, und es muß weggenommen werden; dein Sekretär wird auf seine Betrachtungen verzichten müssen.

ARAMINTE *spöttisch lächelnd.*

Sie haben recht. Ich glaube nicht, daß er sie vermissen wird.

Zu Arlequin und Dubois.

Geht jetzt beide.

Elfte Szene

ARAMINTE · DER GRAF · MADAME ARGANTE MARTON

GRAF *spöttisch.*

Jedenfalls hat dieser Sekretär einen sehr guten Geschmack.

ARAMINTE *ironisch.*

Eine treffende Bemerkung. Es ist tatsächlich sehr merkwürdig, daß er seine Augen auf das Bild geworfen hat.

MME. ARGANTE Dieser Mensch hat mir von Anfang an mißfallen, Tochter. Du weißt, ich habe einen guten Blick und ich mag ihn nicht. Glaube mir, du hast die Drohung gehört, die Dubois im Hinblick auf ihn machte, ich komme noch einmal darauf zurück, er hat bestimmt etwas über ihn zu sagen. Frage ihn, wir wollen wissen, was es ist. Ich bin überzeugt, du wirst mit diesem Jüngelchen nicht zufrieden sein, wir sehen das alle; nur du allein achtest nicht darauf.

MARTON *beiläufig.*

Ich bin nicht mit ihm zufrieden.

ARAMINTE *mit ironischem Lachen.*

Was seht ihr eigentlich, was ich nicht sehe? Mir fehlt es offensichtlich an Scharfsinn; ich gestehe, ich begreife nichts mehr! Ich sehe wirklich keinen Grund, warum ich einen Mann entlassen soll, der mir von jemand Vertrauenswürdigem vermittelt worden ist, der aus guter Familie stammt und mir gut, vielleicht zu gut dient; das entgeht meinem Scharfsinn zum Beispiel nicht.

MME. ARGANTE Wie blind du bist!

ARAMINTE *lächelnd.*

Gar nicht so sehr; jeder hat seine klaren Augenblicke. Im übrigen bin ich einverstanden, Dubois anzuhören, der Rat ist gut, ich billige ihn. Marton, geh und sage ihm, ich wolle ihn sprechen. Falls er mir vernünftige Gründe nennt, diesen Sekretär zu entlassen, der sich erdreistet, ein Bild anzusehen, dann wird er nicht lange bei mir bleiben; andernfalls wird man die Freundlichkeit haben, es gutzuheißen, daß ich ihn behalte, und zwar so lange, bis ich nicht mehr zufrieden mit ihm bin, ich.

MME. ARGANTE *lebhaft.*

Oh, das wird bald der Fall sein; mehr sage ich nicht, bevor nicht stärkere Beweise kommen.

GRAF Was mich betrifft, Madame, so gestehe ich, daß ich befürchtet hatte, er würde mir schlecht bei Ihnen dienen, er würde Sie zu einem Prozeß gegen mich ermuntern, obwohl ich aus reiner Zuneigung erhofft hatte, er würde Sie davon abbringen. Aber wenn er es auch tut, ich erkläre hiermit, daß ich auf jede Art Prozeß gegen Sie verzichte, daß ich als Richter unserer Auseinandersetzung nur Sie selbst und Ihre Berater haben möchte, und daß ich lieber alles verlieren will, als um etwas streiten.

MME. ARGANTE *sehr bestimmt.*

Aber wieso soll es denn Streit geben? Die Heirat beendet alles, und Ihre ist so gut wie beschlossen.

GRAF Ich schweige über Dorante; ich werde mich lediglich demnächst erkundigen, was Sie über ihn denken und ob Sie ihn entlassen, wie ich annehme; es liegt bei Ihnen, den Sekretär zu nehmen, den ich Ihnen empfohlen hatte, und den ich noch einige Zeit zurückhalten werde.

MME. ARGANTE Ich mache es wie der Herr Graf, ich sage auch nichts mehr, du würdest nur behaupten, ich sehe Hirngespinste, und deine Dickköpfigkeit wird sich auch ohne unsere Hilfe bald geben. Ich zähle sehr auf Dubois; da kommt er schon, wir lassen dich mit ihm allein.

Zwölfte Szene

DUBOIS · ARAMINTE

DUBOIS Sie wollten mich sprechen, Madame?

ARAMINTE Komm her; du bist sehr unvorsichtig, Dubois, sehr unbedacht; ich habe eine so gute Meinung von dir, aber du hältst dich gar nicht an das, was ich dir sage. Ich hatte dir eingeschärft, über das Thema Dorante zu schweigen; du kennst die albernen Folgen, und du hattest es mir versprochen; warum hast du dich nur auf den Streit über dieses unselige Bild eingelassen, ausgerechnet mit einem Dummkopf, der solch entsetzliches Aufsehen macht und der hier Dinge sagt, die Gedanken erwecken können, von denen ich im Leben nicht möchte, daß sie jemand hat.

DUBOIS Mein Gott, Madame, ich hielt die Sache für ganz bedeutungslos, und außerdem habe ich das nur aus Achtung und Eifer getan.

ARAMINTE *heftig.*

Laß lieber deinen Eifer, es ist durchaus nicht der, den ich mir wünsche, und auch nicht der, den ich brauche; daß du den Mund hältst, das brauche ich, um aus meiner verworrenen Lage herauszukommen, in die du selbst mich gebracht hast; denn ohne dich wüßte ich gar nicht, daß dieser Mann mich liebt, und ich würde mich hüten, so genau hinzusehen.

DUBOIS Ich habe gemerkt, daß es falsch war.

ARAMINTE Meinetwegen mag es noch hingehen mit dem Streit; aber warum schreist du los: wenn ich nur ein Wort sage? Wie kannst du nur so ungeschickt sein!

DUBOIS Das kommt auch nur von meinem mißverstandenen Eifer.

ARAMINTE Also dann halte den Mund, hörst du, halte den Mund; ich wollte, ich könnte dich vergessen lassen, was du mir gesagt hast.

DUBOIS Oh, ich werde mich bessern.

ARAMINTE Jetzt zwingt mich deine Unbesonnenheit zu diesem Gespräch unter dem Vorwand, dich zu fragen, was du über ihn weißt. Meine Mutter und der Graf erwarten, daß du mir überraschende Dinge mitteilst, was soll ich ihnen nun sagen?

DUBOIS Nichts ist leichter zu reparieren als das. Sie sagen ihnen, Bekannte von ihm hätten mir erzählt, er sei für den Posten bei Ihnen unfähig; obwohl er bestimmt sehr intelligent sei, daran gäbe es keinen Zweifel.

ARAMINTE Sehr gut; aber da ist eine Schwierigkeit. Wenn er dazu unfähig ist, wird man mir sagen, ich solle ihn wegschicken, und dazu ist es noch nicht Zeit; ich habe inzwischen darüber nachgedacht: die Vorsicht verbietet es, und ich muß es geschickt anstellen, ich muß die maßlose Leidenschaft, von der du mir erzählt hast, sehr vorsichtig behandeln, sie würde bei einer Enttäuschung vielleicht offenkundig. Weiß ich, wozu ein Verzweifelter fähig ist? Nicht weil ich ihn brauche, halte ich mich zurück, sondern aus Rücksicht auf mich selbst.

Nimmt einen ruhigeren Ton an.

Es sei denn, es stimmt, was Marton sagt, dann brauche ich nichts mehr zu befürchten. Sie behauptet, er hätte sie schon bei Monsieur Remy gesehen, und der Verwalter hätte sogar in Dorantes Gegenwart von dessen Liebe zu ihr gesprochen und sie beide aufgefordert zu heiraten; es würde mich freuen.

DUBOIS Lächerlich! Dorante hat Marton weder von Nahem noch von Weitem gesehen; der Verwalter hat dieses Märchen Marton erzählt, weil er die beiden miteinander verheiraten wollte. Und ich, so hat Dorante mir erklärt, habe nicht gewagt, sie aufzuklären, denn dann wäre das Mädchen, das Ansehen bei ihrer Herrin genießt, gegen mich gewesen; deshalb hat sie später geglaubt, ich hätte die angebotenen fünfzehntausend Pfund Rente ihretwegen ausgeschlagen.

ARAMINTE *obenhin.*

Das hat er dir alles erzählt?

DUBOIS Ja, gerade eben, im Garten; er hätte sich beinahe mir zu Füßen geworfen, um mich zu beschwören, ich solle das Geheimnis seiner Leidenschaft bewahren und seinen früheren Zorn auf mich vergessen. Ich habe ihm versichert, ich würde schweigen, aber ich wolle nicht im gleichen Haus mit ihm bleiben, er müsse es verlassen; daraufhin hat er schreckliche Seufzer ausgestoßen und geweint, er war in einem jammervollen Zustand.

ARAMINTE Also gut; quäle ihn nicht weiter; du siehst, wie recht ich habe, daß man mit einem solchen Menschen vorsichtig umgehen muß, du siehst es. Ich hatte mir viel von dieser Heirat mit Marton versprochen; ich hatte gedacht, er würde mich vergessen, aber nein, keine Rede davon.

DUBOIS *als wolle er gehen.*

Ein reines Märchen! Hat Madame mir noch etwas zu sagen?

ARAMINTE Warte; was soll man nun machen? Wenn er mir durch sein Verhalten wenigstens Anlaß gäbe, mich über ihn zu beklagen; aber ihm entschlüpft kein Wort; ich weiß von seiner Liebe nur das, was du mir gesagt hast, und das gibt mir kein Recht, ihn wegzuschicken; ich würde zwar zornig, wenn er etwas sagte, aber dieser Zorn wäre begründet.

DUBOIS Ja, wirklich; Monsieur Dorante ist Madames gar nicht würdig. Hätte er ein größeres Vermögen, dann wäre die Sache ganz anders, denn gegen seine Herkunft ist nichts einzuwenden; so aber ist er nur reich an Vorzügen, und das ist zu wenig.

ARAMINTE *als sei sie traurig.*
Ja, wirklich, so sind die Sitten; ich weiß nicht, wie ich ihn behandeln soll; ich weiß es nicht; ich werde sehen.

DUBOIS Nun, Madame hat einen so guten Vorwand ... Das Porträt, das Marton für ihr eigenes gehalten hat, wie sie mir sagte ...

ARAMINTE Nein, dafür kann ich ihn nicht tadeln; das hat der Graf anfertigen lassen.

DUBOIS Keineswegs, es stammt von Dorante, das weiß ich von ihm selbst, und er arbeitete noch vor zwei Monaten daran, als ich ihn verließ.

ARAMINTE Geh jetzt, ich rede schon viel zu lange mit dir. Wenn man mich fragt, was du mir von ihm erzählt hast, sage ich, was wir besprochen haben. Da ist er, ich hätte Lust, ihm eine Falle zu stellen.

DUBOIS Ja, Madame, vielleicht erklärt er sich, und dann würde ich ihm sofort sagen: hinaus!

ARAMINTE Laß uns allein.

Dreizehnte Szene

DORANTE · ARAMINTE · DUBOIS

DUBOIS *im Hinausgehen, dicht vor Dorante, rasch.*
Ich kann ihn nicht informieren, doch ob er sich erklärt oder nicht, in jedem Fall nehmen die Dinge einen guten Verlauf.

DORANTE Ich möchte Sie um Ihren Schutz bitten, Madame. Ich bin traurig und besorgt: ich habe alles aufgegeben um der Ehre willen, Ihnen zu dienen, ich bin fester an Sie gebunden, als ich sagen kann, niemand könnte Ihnen treuer und uneigennütziger dienen; dennoch bin ich nicht sicher, ob ich bleiben darf. Jeder hier ist gegen mich, verfolgt mich und tut alles, damit ich entlassen werde. Ich bin ganz fassungslos darüber; ich muß fürchten, daß Sie dieser Feindschaft nachgeben und mich damit in die größte Verzweiflung stürzen.

ARAMINTE *sanft.*
Beruhigen Sie sich; Sie hängen nicht von denen ab, die gegen Sie sind; die haben Ihnen in meinen Augen noch nicht geschadet, und alle ihre kleinen Machenschaften werden zu nichts führen; die Herrin bin ich.

DORANTE *sehr beunruhigt.*
Ich habe nur Ihre Unterstützung, Madame.

ARAMINTE Die werden Sie behalten. Aber ich rate Ihnen etwas: zeigen Sie Ihre Aufregung nicht so sehr, Sie lassen die anderen sonst an Ihren Fähigkeiten zweifeln, und man hat den Eindruck, Sie müßten mir sehr dankbar sein, daß ich Sie behalte.

DORANTE Der Eindruck würde nicht täuschen, Madame; Ihre Güte erfüllt mich auch mit Dankbarkeit.

ARAMINTE Sehr gut, aber es ist nicht nötig, daß die andern das denken. Ich weiß Ihre Anhänglichkeit und Ihre Treue sehr zu schätzen; aber verbergen Sie einen Teil davon, vielleicht haben die andern deshalb etwas gegen Sie. Sie hatten ihre Aufforderung abgelehnt, mich bezüglich des Prozesses zu täuschen; tun Sie, was von Ihnen verlangt wird, gewinnen Sie damit die Sympathien wieder zurück, ich erlaube es Ihnen; meine Entscheidung wird die andern überzeugen, daß Sie ihnen gut gedient haben; denn nach reiflichem Überlegen bin ich entschlossen, den Grafen zu heiraten.

DORANTE *bewegt.*

Entschlossen, Madame!

ARAMINTE Ja, fest entschlossen. Der Graf wird glauben, Sie hätten dazu beigetragen; ich werde ihm das sogar bestätigen, und ich garantiere Ihnen, Sie bleiben; ich verspreche es Ihnen.

Beiseite.

Er wird ganz blaß.

DORANTE Welch ein Unterschied für mich, Madame!

ARAMINTE *ungezwungen.*

Durchaus nicht, machen Sie sich keine Sorgen, und schreiben Sie den Brief, den ich Ihnen diktieren werde; dort auf dem Tisch ist alles Nötige.

DORANTE Und an wen, Madame?

ARAMINTE An den Grafen. Er ist äußerst beunruhigt von hier weggegangen, und ich werde ihn höchst angenehm mit einem kleinen Brief überraschen, den Sie ihm in meinem Namen jetzt schreiben werden.

Dorante bleibt gedankenversunken stehen.

Nun, wollen Sie nicht das Schreibzeug holen? Worüber denken Sie nach?

DORANTE *immer noch gedankenversunken.*

Ja, Madame.

ARAMINTE *beiseite, während er zum Tisch geht.*

Er weiß gar nicht, was er macht; ob das so weitergeht?

DORANTE *beiseite, während er Papier sucht.*
Ach, Dubois hat mich getäuscht.

ARAMINTE *ihr Spiel fortsetzend.*
Sind Sie soweit?

DORANTE Madame, ich finde kein Papier.

ARAMINTE *geht selbst.*
Sie finden keins? Da liegt es vor Ihnen.

DORANTE Ach ja!

ARAMINTE Schreiben Sie: Kommen Sie eilends, Monsieur; Ihre Heirat ist sicher... Haben Sie geschrieben?

DORANTE Wie bitte, Madame?

ARAMINTE Hören Sie gar nicht zu? Ihre Heirat ist sicher. Madame wünscht, daß ich Ihnen dieses schreibe und erwartet Sie, um es Ihnen zu bestätigen.
Beiseite.
Er leidet, sagt aber kein Wort; wird er nicht reden? – Bitte glauben Sie nicht, die Entscheidung sei der Furcht vor den Folgen eines ungewissen Prozesses zu verdanken.

DORANTE Ich habe Ihnen versichert, daß Sie ihn gewinnen, Madame; ungewiß ist er keineswegs.

ARAMINTE Gleichviel, schreiben Sie weiter. Nein, Monsieur, ich habe den Auftrag, Ihnen zu versichern, daß allein die Gerechtigkeit, die Madame Ihren Vorzügen widerfahren läßt, sie zu diesem Schritt veranlaßt.

DORANTE *beiseite.*
Gerechter Himmel! ich bin verloren.
Laut.
Aber Madame, Sie hatten keinerlei Zuneigung für ihn empfunden.

ARAMINTE Bitte schreiben Sie weiter... sie zu diesem Schritt veranlaßt... Ich glaube, Ihre Hand zittert! Sie sehen ganz verändert aus. Was bedeutet das? Ist Ihnen schlecht?

DORANTE Ich fühle mich nicht wohl, Madame.

ARAMINTE Wie! So plötzlich? wie merkwürdig. Falten Sie bitte den Brief zusammen und adressieren Sie ihn an den Herrn Grafen Dorimont. Und sagen Sie Dubois, er solle ihn hinbringen.

Beiseite.

Mir schlägt das Herz!

Zu Dorante.

Aber das ist ja fürchterlich geschrieben! Die Adresse ist kaum lesbar.

Beiseite.

Doch habe ich ihn noch nicht überführt.

DORANTE *beiseite.*

Oder soll das vielleicht eine Probe sein? Dubois hat mich von nichts unterrichtet.

Vierzehnte Szene

ARAMINTE · DORANTE · MARTON

MARTON Ich freue mich, Madame, daß ich Monsieur hier finde; er wird Ihnen sofort bestätigen, was ich Ihnen sagen möchte. Sie haben mir bei verschiedenen Gelegenheiten angeboten, mich zu verheiraten, Madame; aber bis jetzt hatte ich noch keine Lust, von Ihrer Güte Gebrauch zu machen. Nun wirbt Monsieur um mich, er hat nur meinetwegen eine unendlich viel reichere Partie ausgeschlagen; zumindest hat er mich das glauben lassen, und nun ist es an der Zeit, daß er sich erklärt; aber da ich nur von Ihnen abhängig sein möchte, muß er mich auch von Ihnen bekommen, deshalb brauchen Sie nur mit Madame zu sprechen, Monsieur. Wenn diese ihre Einwilligung gibt, haben Sie keine Schwierigkeiten, sie auch von mir zu bekommen. *Ab.*

Fünfzehnte Szene

DORANTE · ARAMINTE

ARAMINTE *beiseite, bewegt.*
Närrin!
Laut.
Ich bin sehr erfreut über das, was ich eben erfahren habe. Sie haben eine sehr gute Wahl getroffen: Marton ist liebenswert und hat einen sehr guten Charakter.

DORANTE *niedergeschlagen.*
Leider, Madame, denke ich keineswegs an Marton.

ARAMINTE Sie denken nicht an Marton? Sie sagt, Sie liebten sie und seien ihr bereits früher begegnet.

DORANTE *traurig.*
Das ist ein Irrtum, den Monsieur Remy verursacht hat, ohne mich zu fragen; und ich habe nicht gewagt, ihn richtig zu stellen aus Angst, mir eine Feindin in Ihrer Nähe zu schaffen. Das gleiche gilt für die reiche Partie, von der sie glaubt, ich schlüge sie ihretwegen aus; ich habe an alledem gar keinen Anteil. Ich bin außerstande, jemandem mein Herz zu schenken: ich habe es für immer verloren, und es gibt kein noch so großes Vermögen, das mich verlocken könnte.

ARAMINTE Das ist nicht recht von Ihnen. Sie hätten Marton die Augen öffnen müssen.

DORANTE Dann hätte sie vielleicht verhindert, daß Sie mich empfangen; meine Gleichgültigkeit ihr gegenüber ist deutlich genug.

ARAMINTE Aber wieso liegt Ihnen in Ihrer Lage daran, gerade in mein Haus zu kommen, wieso ziehen Sie es einem andern vor?

DORANTE Es ist beglückender für mich, bei Ihnen zu sein, Madame.

ARAMINTE In alledem ist etwas unverständlich. Sehen Sie die von Ihnen geliebte Person oft?

DORANTE *immer noch niedergeschlagen.*

Nach meinem Empfinden nicht sehr oft, Madame, und selbst wenn ich sie jeden Augenblick sähe, glaubte ich, sie nicht häufig genug zu sehen.

ARAMINTE *beiseite.*

Er drückt sich so zartfühlend aus!

Laut.

Ist es ein junges Mädchen? War sie verheiratet?

DORANTE Sie ist Witwe, Madame.

ARAMINTE Und wollen Sie sie nicht heiraten? Sie erwidert Ihre Liebe gewiß.

DORANTE Ach, Madame, sie weiß nicht einmal, daß ich sie anbete. Verzeihen Sie das schwärmerische Wort, aber ich kann von ihr nur im Überschwang reden.

ARAMINTE Ich frage Sie nur, weil es mich so verblüfft. Diese Frau weiß nicht, daß Sie sie lieben, sagen Sie, und dabei opfern Sie ihr Ihre Zukunft? Das ist unglaublich. Wie haben Sie, bei so viel Liebe, schweigen können? Man versucht doch, geliebt zu werden, dünkt mich: das ist natürlich und verzeihlich.

DORANTE Der Himmel bewahre mich, daß ich mir die geringste Hoffnung zu machen wage! Ich und geliebt werden! nein, Madame. Ihr Stand ist weit über meinem. Meine Achtung verdammt mich zum Schweigen; aber ich werde wenigstens sterben, ohne ihr Mißfallen erregt zu haben.

ARAMINTE Ich kann mir keine Frau vorstellen, die es verdiente, Gegenstand einer solch erstaunlichen Leidenschaft zu sein, ich kann sie mir nicht vorstellen. Sie ist also über jeden Vergleich erhaben?

DORANTE Ersparen Sie mir ein Lob, Madame, ich würde

mich ganz verlieren, wenn ich sie beschreiben müßte. Es gibt nichts, was schöner oder liebenswerter wäre als sie! und niemals spricht sie mit mir oder sieht mich an, ohne daß meine Liebe nicht noch zunimmt.

ARAMINTE *senkt die Augen.*

Aber Ihr Verhalten ist gegen die Vernunft. Was beabsichtigen Sie mit dieser Liebe für eine Frau, die niemals erfahren wird, daß Sie sie lieben? Das ist seltsam. Was beabsichtigen Sie damit?

DORANTE Das Vergnügen, sie manchmal zu sehen, bei ihr zu sein, ist mein einziges Ziel.

ARAMINTE Bei ihr! Vergessen Sie ganz, daß Sie hier sind?

DORANTE Ich meine bei ihrem Bild, wenn ich sie nicht sehe.

ARAMINTE Ihrem Bild! Haben Sie es anfertigen lassen?

DORANTE Nein, Madame, aber ich habe zu meinem Vergnügen malen gelernt und habe es selbst gemalt. Ich hätte auf ihr Bild verzichtet, wenn ich es nur mit Hilfe eines anderen hätte haben können.

ARAMINTE *beseite.*

Ich muß ihn vollends in die Enge treiben.

Laut.

Zeigen Sie mir doch dieses Bild.

DORANTE Bitte erlassen Sie es mir, Madame; wenn meine Liebe auch hoffnungslos ist, so schulde ich der geliebten Person doch unverbrüchliches Schweigen.

ARAMINTE Durch Zufall ist mir eines in die Hände gefallen, es ist hier gefunden worden.

Zeigt das Etui.

Sehen Sie nach, ob es nicht das besagte Porträt ist.

DORANTE Das ist unmöglich.

ARAMINTE *öffnet das Etui.*

Ja, die Sache wäre äußerst merkwürdig: sehen Sie nach.

DORANTE Ach, Madame! glauben Sie mir, ich hätte lieber

tausendmal mein Leben verloren, als einzugestehen, was der Zufall Ihnen enthüllt. Wie kann ich das büßen?...

Wirft sich ihr zu Füßen.

ARAMINTE Dorante, ich bin nicht böse. Ihre Verwirrung erregt mein Mitleid. Werden Sie wieder vernünftig, ich verzeihe Ihnen.

MARTON *erscheint und läuft schnell weg.*

Oh!

Dorante steht rasch auf.

ARAMINTE Himmel, das war Marton! Sie hat Sie gesehen!

DORANTE *tut, als sei er erschrocken.*

Nein, Madame, nein, ich glaube nicht. Sie ist nicht hereingekommen.

ARAMINTE Sie hat Sie gesehen, sage ich Ihnen. Lassen Sie mich jetzt allein, gehen Sie, Sie sind mir unerträglich. Geben Sie den Brief wieder her.

Nachdem er weg ist.

Das habe ich davon, daß ich ihn behalten habe.

Sechzehnte Szene

ARAMINTE · DUBOIS

DUBOIS Hat sich Dorante erklärt, Madame? soll ich mit ihm reden?

ARAMINTE Nein, er hat mir nichts gesagt. Ich habe nicht das Geringste von dem bemerkt, was du mir erzählt hast; und jetzt soll davon keine Rede mehr sein; kümmere dich nicht mehr darum.

Geht ab.

DUBOIS Jetzt hat die Sache ihre Krise.

Siebzehnte Szene

DUBOIS · DORANTE

DORANTE Ah! Dubois!

DUBOIS Verschwinden Sie rasch.

DORANTE Ich weiß nicht, was ich aus meinem Gespräch mit ihr erhoffen darf.

DUBOIS Was denken Sie sich? Sie ist keine zehn Schritte entfernt; wollen Sie alles verderben?

DORANTE Du mußt mich aufklären ...

DUBOIS Gehen Sie in den Garten.

DORANTE Ich weiß nicht, ob ...

DUBOIS In den Garten, sage ich; ich komme gleich nach.

DORANTE Aber ...

DUBOIS Ich höre jetzt nicht mehr zu.

DORANTE Meine Angst ist größer denn je.

DRITTER AKT

Erste Szene

DORANTE · DUBOIS

DUBOIS Nein, wir dürfen keine Zeit verlieren. Ist der Brief fertig?

DORANTE Ja, hier ist er, und als Adresse habe ich geschrieben: Rue du Figuier.

DUBOIS Sind Sie auch sicher, daß Arlequin dieses Viertel nicht kennt?

DORANTE Er hat mir gesagt, nein.

DUBOIS Und haben Sie ihm eingeschärft, er solle sich an Marton oder an mich wenden wegen der nötigen Erklärungen?

DORANTE Aber sicher, und ich werde es ihm noch einmal sagen.

DUBOIS Dann geben Sie ihm den Brief, ich kümmere mich bei Marton um alles andere.

DORANTE Ich muß dir gestehen, ich zögere noch etwas. Haben wir es nicht zu eilig mit Araminte? Willst du ihr bei dem Aufruhr ihrer Empfindungen noch die Verlegenheit aufbürden, daß sie die Sache plötzlich offenkundig werden sieht?

DUBOIS Oh nein, kein Erbarmen. Wir müssen sie zur Strekke bringen, solange sie ihrer Sinne beraubt ist. Sie weiß nicht mehr, was sie tut. Merken Sie nicht, daß sie mich hinters Licht führt, daß sie mir weismachen will, Sie hätten ihr nichts gesagt? Oh, ich werde es ihr zeigen, mich aus meiner Stellung als Vertrauter zu verdrängen und Sie im geheimen lieben zu wollen.

DORANTE Ich habe bei diesem letzten Gespräch so gelitten! Wenn du doch gewußt hast, daß sie mich zu einem Geständnis zwingen wollte, warum hast du mich nicht durch irgendein Zeichen verständigt?

DUBOIS Das hätte was Hübsches gegeben! Meinen Sie, sie hätte nichts bemerkt? Außerdem hat Ihr Kummer nur um so echter gewirkt. Bereuen Sie seine Wirkung? Monsieur hat gelitten! Zum Teufel, ich denke, dieses Abenteuer verdient ein bißchen Unruhe.

DORANTE Weißt du auch, was passieren wird? Sie faßt einen Entschluß und schickt mich einfach weg.

DUBOIS Das wird sie schön bleiben lassen. Zu spät. Die Stunde der spontanen Entscheidungen ist vorbei. Sie muß uns heiraten.

DORANTE Sei vorsichtig: du siehst, daß ihre Mutter sie quält.

DUBOIS Es täte mir sehr leid, wenn sie sie in Ruhe ließe.

DORANTE Sie ist verwirrt, weil Marton mich zu ihren Füßen gesehen hat.

DUBOIS So so, sie ist verwirrt! Das ist noch nicht das letzte Mal, sie wird sich wundern! Im übrigen war ich es, der Marton ein zweites Mal geschickt hat, als ich den Verlauf des Gesprächs entdeckte.

DORANTE Araminte hat mir aber gesagt, ich sei ihr unerträglich.

DUBOIS Sie hat recht. Erwarten Sie etwa, daß Araminte einem Mann gegenüber gut gelaunt ist, den sie gegen ihren Willen lieben muß? Ist das angenehm? Sie bemächtigen sich ihres Besitzes, ihres Herzens, und die Frau soll sich nicht dagegen auflehnen? Rasch jetzt, keine Einwände mehr, lassen Sie sich führen.

DORANTE Vergiß nicht, daß ich sie liebe, und daß du mich,

wenn unser übereiltes Vorgehen keinen Erfolg hat, in Verzweiflung stürzt.

DUBOIS Oh, ich weiß, daß Sie sie lieben, eben deshalb höre ich nicht auf Sie. Sind Sie fähig, etwas zu beurteilen? Das glauben Sie doch selbst nicht; lassen Sie einen kaltblütigen Mann die Sache machen. Gehen Sie, um so mehr, da Marton dort kommt, gerade im richtigen Augenblick. Ich will ihr die Zeit vertreiben, bis Sie Arlequin geschickt haben.

Dorante ab.

Zweite Szene

DUBOIS · MARTON

MARTON *traurig.*
Ich habe dich gesucht.

DUBOIS Was steht zu Diensten, Mademoiselle?

MARTON Du hattest es mir ja gesagt, Dubois.

DUBOIS Was hatte ich gesagt? ich erinnere mich nicht mehr.

MARTON Daß dieser Sekretär es wagt, seine Augen auf Madame zu werfen.

DUBOIS Richtig, ja; Sie sprechen von dem Blick, den ich ihn auf Madame habe werfen sehen. Oh, den habe ich nicht vergessen. Dieser Blick hat nichts getaugt. Da war etwas drin, was nicht in Ordnung ist.

MARTON Oh, Dubois, dieser Mann muß hier verschwinden.

DUBOIS Bei Gott! so schnell es gewünscht wird; an mir soll es nicht fehlen. Ich habe Madame bereits gesagt, daß man mir versichert hat, er verstünde nichts von Geschäften.

MARTON Aber ist das alles, was du von ihm weißt? Ich rede im Auftrag von Madame Argante und dem Herrn Grafen mit dir, wir befürchten, du hast Madame nicht alles gesagt, oder sie verschweigt etwas. Verbirg uns nichts, du wirst es nicht bereuen.

DUBOIS Mein Gott, ich weiß nur von seiner Unfähigkeit, und davon habe ich Madame unterrichtet.

MARTON Verheimliche uns nichts.

DUBOIS Ich und etwas verheimlichen! Ich sollte ein Geheimnis bewahren! Da sind Sie an den Falschen geraten! Was Verschwiegenheit angeht, da könnte ich eine Frau sein. Entschuldigen Sie den Vergleich, das ist nur, um Sie zu beruhigen.

MARTON Sicher ist, daß er Madame liebt.

DUBOIS Daran gibt es keinen Zweifel. Ich habe ihr meine Gedanken darüber sogar gesagt.

MARTON Und was hat sie geantwortet?

DUBOIS Ich sei ein Dummkopf. Sie ist so voreingenommen ...

MARTON In einer Weise, daß ich es nicht zu sagen wage, Dubois.

DUBOIS Oh, Teufel, ich rieche Lunte, denn ich verstehe, was Sie meinen.

MARTON Du siehst aus, als wüßtest du mehr darüber als ich.

DUBOIS Durchaus nicht, ich schwöre es Ihnen. Aber mir fällt ein, er hat Arlequin vorhin gerufen, um ihm einen Brief zu geben: wenn wir den abfangen könnten, wüßten wir vielleicht mehr.

MARTON Einen Brief, aha. Wir wollen alles versuchen. Ich werde sofort mit Arlequin reden, falls er noch nicht weg ist.

DUBOIS Sie brauchen ihn nicht lange zu suchen. Ich glaube, da kommt er.

Dritte Szene

MARTON · DUBOIS · ARLEQUIN

ARLEQUIN *als er Dubois sieht.*

Ah, da bist du ja, Mißgeburt.

DUBOIS Seht ihn euch an: er ist eine so schöne Erscheinung, daß er sich über mich lustig machen kann.

MARTON Was willst du, Arlequin?

ARLEQUIN Wissen Sie vielleicht, Mademoiselle, wo die Rue du Figuier ist?

MARTON Ja.

ARLEQUIN Weil nämlich mein Kamerad, dem ich diene, mir aufgetragen hat, den Brief hier jemandem zu bringen, der da wohnt; und weil ich die Straße nicht kenne, hat er mir gesagt, ich soll Sie oder den Kerl da fragen; aber der verdient nicht, daß ich mit ihm rede, außer ich beschimpfe ihn. Lieber soll der Teufel alle Straßen holen, als daß ich eine mit Hilfe von so einem Flegel finde.

DUBOIS *leise zu Marton.*

Nehmen Sie den Brief.

Laut.

Nein, nein, Mademoiselle, erklären Sie es ihm nicht: er soll selber suchen.

ARLEQUIN Hältst du den Mund!

MARTON *gelassen.*

Lassen Sie ihn doch, Dubois. Willst du mir nicht den Brief geben? Dann lasse ich ihn hinbringen und bei der richtigen Adresse abgeben.

ARLEQUIN Oh, das ist aber fein! Sie sind ein nettes Mädchen, Mademoiselle.

DUBOIS *im Weggehen.*

Sie sind gut, dem Faulpelz auch noch die Arbeit abzunehmen.

ARLEQUIN Grobian! Geh, such dein Bild, da kannst du sehen, wie ich mich über dich lustig mache!

MARTON *allein mit Arlequin.*

Laß ihn. Gib deinen Brief.

ARLEQUIN Da, Mademoiselle; Sie tun mir einen sehr großen Gefallen. Wenn ich mal für Ihre gefällige Person laufen soll, dann verlassen Sie sich auf mich als Postillon.

MARTON Er wird zuverlässig ausgehändigt.

ARLEQUIN Ja, die Zuverlässigkeit empfehle ich wegen Monsieur Dorante, der jede Menge Treue verdient.

MARTON *beiseite.*

Schuft!

ARLEQUIN *im Weggehen.*

Ich bin ewig Ihr Diener.

MARTON Adieu.

ARLEQUIN *kommt zurück.*

Falls Sie ihn sehen, sagen Sie ihm nichts davon, daß ein anderer für mich rennt.

Vierte Szene

MADAME ARGANTE · DER GRAF
MARTON

MARTON *einen Augenblick allein.*

Kein Wort, bevor ich nicht weiß, was hier drin steht.

MME. ARGANTE Nun, Marton, was hast du von Dubois erfahren?

MARTON Nicht mehr, als was Sie bereits wissen, Madame, und das ist zu wenig.

MME. ARGANTE Dubois ist ein Schelm, der uns täuscht.

GRAF Seine Drohung bedeutet doch etwas.

MME. ARGANTE Wie dem auch sei, ich erwarte Monsieur

Remy, nach dem ich geschickt habe; und wenn er uns nicht von diesem Menschen befreit, wird meine Tochter erfahren, daß ihr Sekretär es wagt, sie zu lieben, das habe ich beschlossen. Wir haben dafür sehr begründete Vermutungen; und wenn es nur wegen des Anstands ist, sie muß ihn wegjagen. Andererseits habe ich den Sekretär kommen lassen, den der Herr Graf ihr empfohlen hat. Er ist im Haus, und ich werde ihn ihr gleich vorstellen.

MARTON Ich zweifle, daß Sie Erfolg haben, wenn wir nichts Neues erfahren: aber vielleicht halte ich hier seinen Abschied in den Händen ... Doch da ist Monsieur Remy, ich habe keine Zeit, Ihnen mehr zu sagen, ich werde mir erst einmal Klarheit verschaffen.

Will hinaus.

Fünfte Szene

MONSIEUR REMY · MADAME ARGANTE
DER GRAF · MARTON

M. REMY *zu Marton.*

Guten Tag, liebe Nichte, wenn Sie es nun mal sein sollen. Wissen Sie, was man hier von mir will?

MARTON *gereizt.*

Gehen Sie hinein, Monsieur, und suchen Sie sich Ihre Nichte woanders. Ich mag schlechte Witze nicht.

ab.

M. REMY Ein recht unhöfliches kleines Ding.

Zu Madame Argante.

Man hat mich in Ihrem Auftrag holen lassen, Madame; worum geht es?

MME. ARGANTE *schroff.*

Ach, Sie sind es, Herr Verwalter!

M. REMY Ja, Madame, ich kann Ihnen versichern, ich bin es.

MME. ARGANTE Und wieso sind Sie bitte auf die Idee verfallen, uns mit einem Sekretär Ihrer Wahl zu beglücken?

M. REMY Und wieso haben Sie bitte etwas dagegen einzuwenden, Madame?

MME. ARGANTE Weil wir auf Ihr Geschenk gut hätten verzichten können.

M. REMY Du meine Güte! Wenn es nicht nach Ihrem Geschmack ist, Madame, dann sind Sie sehr anspruchsvoll.

MME. ARGANTE Es ist angeblich Ihr Neffe?

M. REMY Ja, Madame.

MME. ARGANTE Nun, soll er Ihr Neffe sein, so viel er will, Sie täten uns einen großen Gefallen, ihn hier wegzuschaffen.

M. REMY Ihnen habe ich meinen Neffen ja nicht vermittelt.

MME. ARGANTE Nein, aber uns mißfällt er, mir und dem Herrn Grafen dort, der meine Tochter heiraten soll.

M. REMY *die Stimme hebend.*

Das ist mir neu. Doch da mein Neffe nicht bei Ihnen ist, Madame, scheint es mir nicht wesentlich, daß er Ihnen gefällt. Wir haben bei dem Handel nicht aufgenommen, daß er Ihre Billigung finden muß, daran hat niemand gedacht; und solange er Madame Araminte recht ist, kann jeder zufrieden sein. Pech für den, der es nicht ist. Was hat das zu bedeuten?

MME. ARGANTE Sie haben einen sehr anmaßenden Ton, lieber Monsieur Remy.

M. REMY Na, Ihre Freundlichkeiten sind nicht dazu angetan, ihn zu mildern, Madame Argante.

GRAF Sachte, Herr Verwalter, sachte; mir scheint, Sie haben Unrecht.

M. REMY Wie Sie meinen, Herr Graf, wie Sie meinen; aber das geht Sie nichts an. Sie wissen, daß ich nicht die Ehre habe, Sie zu kennen, und wir haben nichts miteinander zu schaffen, nicht das geringste.

GRAF Ob Sie mich kennen oder nicht, es ist gar nicht so unwesentlich wie Sie glauben, daß Ihr Neffe Madame gefällt. Schließlich ist sie in diesem Hause nicht fremd.

M. REMY Vollkommen fremd, was diese Angelegenheit betrifft, Monsieur; fremder kann man gar nicht sein. Darüber hinaus ist Dorante ein Mann von Ehre, für den ich mich verbürgt habe, für den ich mich immer verbürgen werde, und über den Madame hier in beleidigender Weise spricht.

MME. ARGANTE Ihr Dorante ist ein unverschämter Mensch.

M. REMY Lappalie! aus Ihrem Mund bedeutet dieses Wort gar nichts.

MME. ARGANTE Aus meinem Mund! Mit wem redet eigentlich dieser kleine Anwalt, Herr Graf? Werden Sie ihn nicht zum Schweigen bringen?

M. REMY Was? mich zum Schweigen bringen? mich, einen Anwalt! Wissen Sie, daß ich seit fünfzig Jahren rede, Madame Argante?

MME. ARGANTE Dann wissen Sie also seit fünfzig Jahren nicht, was Sie sagen.

Sechste Szene

ARAMINTE · MADAME ARGANTE · MONSIEUR REMY · DER GRAF

ARAMINTE Was gibt es denn? Man könnte meinen, Sie streiten sich?

M. REMY Es herrscht nicht gerade Frieden zwischen uns, Madame, und Sie kommen im richtigen Moment: es geht um Dorante; haben Sie Grund, sich über ihn zu beklagen?

ARAMINTE Soviel ich weiß, nicht.

M. REMY Haben Sie bemerkt, daß er es an Redlichkeit hat fehlen lassen?

ARAMINTE Er? nein, wirklich nicht. Ich kenne ihn nur als einen sehr achtenswerten Mann.

M. REMY Nach dem, was Madame sagt, muß er jedoch ein Spitzbube sein, von dem ich Sie befreien soll; man könne auf das Geschenk verzichten, das ich Ihnen gemacht habe, er sei ein unverschämter Mensch, der dem Herrn Grafen mißfällt, welcher in seiner Eigenschaft als zukünftiger Ehemann spricht; und weil ich Dorante verteidige, will man mir beweisen, daß ich dummes Zeug schwatze.

ARAMINTE *kalt.*

Da geht man sehr weit. Ich habe damit nichts zu tun, Monsieur, mir liegt es fern, Sie so schlecht zu behandeln. Und was Dorante betrifft, so ist die beste Rechtfertigung für ihn, daß ich ihn behalte. Aber ich bin gekommen, um etwas zu klären, Graf. Man hat mir gesagt, unten sei ein Sekretär, den Sie für mich mitgebracht hätten. Offensichtlich ist das ein Irrtum.

GRAF Madame, es stimmt, daß er mit mir zusammen gekommen ist; aber Madame Argante hatte . . .

MME. ARGANTE Einen Augenblick, ich werde antworten. Ja, Tochter, ich habe den Herrn Grafen gebeten, ihn kommen zu lassen, um den jetzigen zu ersetzen, den du hinauswerfen wirst: ich bin meiner Sache sicher. Übrigens habe ich deinen Verwalter reden lassen, aber er übertreibt.

M. REMY Alle Wetter!

MME. ARGANTE *heftig.*

Still! Sie haben genug geredet.

Zu Araminte.

Ich habe überhaupt nicht gesagt, sein Neffe sei ein Spitzbube. Vielleicht ist er einer, es würde mich jedenfalls nicht wundern.

M. REMY Eine schlechte Randbemerkung, mit Ihrer Erlaubnis, eine beleidigende Unterstellung, und völlig unangebracht.

MME. ARGANTE Ein redlicher Mensch, meinetwegen; zumindest hat man noch keinen Beweis fürs Gegenteil, und ich will einmal glauben, daß er es ist. Aber was seine Unverschämtheit angeht, und zwar seine große Unverschämtheit, von der habe ich gesprochen, und mit Recht! Du sagst, du willst ihn behalten: das wirst du nicht tun.

ARAMINTE *kalt.*

Er bleibt, ich versichere es Ihnen.

MME. ARGANTE Keineswegs; das kannst du nicht. Würdest du einen Sekretär behalten wollen, der dich liebt?

M. REMY Wen soll er denn sonst lieben? Sie vielleicht, mit der er gar nichts zu tun hat?

ARAMINTE Ja, wirklich, warum soll mein Sekretär mich denn hassen?

MME. ARGANTE Oh nein, keine Mißverständnisse. Wenn ich sage er liebt dich, dann meine ich, er ist in dich verliebt, verstehst du? er ist das, was man verliebt sein nennt, er schmachtet nach dir, du bist das geheime Ziel seiner Sehnsucht.

M. REMY *erstaunt.*

Dorante?

ARAMINTE *lachend.*

Das geheime Ziel seiner Sehnsucht! Oh ja, sehr geheim, finde ich. Ich hätte mich gar nicht für so gefährlich gehalten. Aber wenn Sie schon solche Geheimnisse erraten, warum erraten Sie dann nicht, daß es allen meinen Leuten wie ihm geht? Vielleicht lieben sie mich auch, wer weiß? Monsieur Remy, Sie, der Sie mich häufig sehen, ich errate, Sie lieben mich ebenfalls.

M. REMY Mein Gott, Madame, im Alter meines Neffen hätte

es mich genauso erwischt, wie es ihn angeblich erwischt hat.

MME. ARGANTE Das ist kein Anlaß für Scherze, Tochter. Es geht hier nicht um deinen Monsieur Remy; kümmern wir uns nicht um den Alten und behandeln wir die Angelegenheit etwas ernsthafter. Deine Leute lassen dich nicht malen, deine Leute stellen sich nicht hin und betrachten dein Porträt, deine Leute putzen sich nicht elegant heraus und ziehen hübsche Fratzen.

M. REMY *zu Araminte.*

Ihretwegen habe ich den Alten überhört, aber der Alte kann grob werden.

ARAMINTE Wirklich, liebe Mutter, Sie wären die erste, die sich über mich lustig machte, wenn das, was Sie behaupten, mich im geringsten beeindrucken würde; es wäre kindisch von mir, ihn wegen eines solchen Verdachtes wegzuschicken. Kann man mich nicht sehen, ohne mich zu lieben? Dann kann ich es nicht ändern, ich muß mich daran gewöhnen und damit abfinden. Sie sagen, er sei elegant herausgeputzt? Ich habe nicht darauf geachtet und werde ihm deshalb keinen Vorwurf machen. Und es wäre seltsam sich aufzuregen, weil er gut aussieht. Im übrigen geht es mir wie allen Leuten: ich habe hübsche Menschen gern.

Siebte Szene

ARAMINTE · MADAME ARGANTE · MONSIEUR REMY · DER GRAF · DORANTE

DORANTE Ich bitte um Verzeihung, Madame, wenn ich störe. Ich habe Anlaß zu der Vermutung, daß Ihnen meine Dienste nicht mehr angenehm sind, und unter diesen Umständen scheint es mir recht und billig, daß ich mein Schicksal erfahre.

MME. ARGANTE *ironisch.*
Sein Schicksal! Das Schicksal eines Sekretärs! oh wie schön!

M. REMY Und warum soll der kein Schicksal haben?

ARAMINTE *heftig zu ihrer Mutter.*
Sein Ärger geht mich an.
Zu Dorante.
Was sind das für Umstände, Monsieur, und weshalb beunruhigen Sie sich?

DORANTE Das wissen Sie, Madame. In diesem Haus ist jemand, den Sie haben kommen lassen, damit er meinen Platz einnimmt.

ARAMINTE Dieser jemand ist sehr schlecht beraten. Außerdem irren Sie sich: ich habe ihn nicht kommen lassen.

DORANTE Alles hat dazu beigetragen, mich zu täuschen, um so mehr, da Mademoiselle Marton mir eben versichert hat, ich sei in einer Stunde nicht mehr hier.

ARAMINTE Marton hat Ihnen ganz dummes Zeug erzählt.

MME. ARGANTE Die Zeitspanne ist noch viel zu lang: besser wäre es, er ginge sofort.

M. REMY *als spräche er zu sich selbst.*
Ich möchte wissen, wie das endet.

ARAMINTE Seien Sie ganz beruhigt, Dorante; selbst wenn ich mit Ihnen kein bißchen zufrieden wäre, Sie würden bleiben: dazu bin ich jetzt mir selbst gegenüber verpflichtet; ich fühle mich gekränkt von der Art, wie man mich behandelt, und ich werde diesem Sekretär sagen lassen, er solle gehen; diejenigen, die ihn hergebracht haben, ohne mich vorher zu fragen, sollen ihn wieder mitnehmen, und ich will kein Wort mehr darüber hören.

Achte Szene

ARAMINTE · MADAME ARGANTE · MONSIEUR REMY · DER GRAF · DORANTE · MARTON

MARTON *kalt.*
Übereilen Sie sich nicht mit dem Wegschicken, Madame; hier ist ein Empfehlungsschreiben für ihn, und es stammt von Monsieur Dorante.

ARAMINTE Wie bitte?

MARTON *gibt dem Grafen den Brief.*
Einen Augenblick, Madame, das verdient Aufmerksamkeit. Der Brief ist, wie gesagt, von Monsieur.

GRAF *liest laut.*
Ich beschwöre Sie, lieber Freund, morgen um neun Uhr früh zu Hause zu sein; ich habe Ihnen sehr viel zu erzählen; ich glaube, ich muß meinen Posten bei der besagten Dame aufgeben; meine unglückliche Leidenschaft für sie, von der ich nie genesen werde, kann ihr nicht länger mehr verborgen bleiben.

MME. ARGANTE Leidenschaft, hörst du, Tochter?

GRAF *liest.*
Ein verwünschter Goldschmied, den ich nicht erwartet hatte, kam hierher, um mir das Etui mit dem Porträt zu bringen, das ich von ihr angefertigt hatte.

MME. ARGANTE Das heißt, die Person kann malen.

GRAF *liest.*

Ich war abwesend, er hat es einem Hausmädchen überlassen.

MME. ARGANTE *zu Marton.*

Hausmädchen, das bist du.

GRAF *liest.*

Man hat vermutet, das Porträt gehöre mir; daher glaube ich, alles wird entdeckt, und zu der Verzweiflung, weggejagt zu werden und jene nicht mehr täglich sehen zu dürfen, die ich anbete . . .

MME. ARGANTE Die ich anbete! ah! die ich anbete!

GRAF *liest.*

Kommt noch die, von ihr verachtet zu werden.

MME. ARGANTE Ich glaube, das hat er richtig geahnt, Tochter.

GRAF *liest.*

Nicht etwa wegen meines geringen Vermögens, denn dieser Verachtung halte ich sie nicht fähig . . .

MME. ARGANTE Und warum nicht?

GRAF *liest.*

Sondern weil ich im Vergleich zu ihr so wenige Vorzüge habe, auch wenn mir viele redliche Leute ihre Achtung entgegenbringen.

MME. ARGANTE Und aus welchem Grund bringen sie ihm diese Achtung entgegen?

GRAF *liest.*

In diesem Fall habe ich in Paris nichts mehr verloren. Sie wollen sich in den nächsten Tagen einschiffen, und ich bin entschlossen, Ihnen zu folgen.

MME. ARGANTE Gute Fahrt, Herr Galan.

M. REMY Ein schöner Anlaß für eine Schiffsreise!

MME. ARGANTE Nun, glaubst du es jetzt, Tochter?

GRAF Einen deutlicheren Beweis kann es wohl nicht geben.

ARAMINTE *zu Dorante.*
Wie, ist der Brief nicht gefälscht? leugnen Sie ihn nicht?

DORANTE Madame...

ARAMINTE Gehen Sie bitte.

Dorante ab.

M. REMY Na und? er ist verliebt; schließlich verliebt man sich nicht erst seit heute in schöne Frauen, und dabei hat er sich nicht einmal in alle die verliebt, die das gern gehabt hätten. Diese Liebe kostet ihn fünfzehntausend Pfund Rente, abgesehen von den Meeren, die er befahren will; da steckt das Übel; denn schließlich und endlich: wäre er reich, dann wäre der eine von ihnen so viel wert wie der andere, dann könnte er auch sagen, daß er sie anbetet.

Ahmt Madame Argante nach.

Und das wäre gar nicht so lächerlich. Einigen Sie sich; ich empfehle mich, Madame.

Ab.

MARTON Soll der Sekretär heraufkommen, den der Herr Graf mitgebracht hat, Madame?

ARAMINTE Höre ich denn ewig nur von Sekretären reden? Geh, du stellst deine Fragen wirklich im falschen Moment.

Marton ab.

MME. ARGANTE Aber, liebe Tochter, sie hat recht. Der Herr Graf steht für ihn ein, du brauchst ihn nur zu nehmen.

ARAMINTE Aber ich will ihn nicht.

GRAF Vielleicht weil er von mir kommt, Madame?

ARAMINTE Es steht Ihnen frei, Ihre eigenen Schlüsse zu ziehen, Monsieur; aber ich will ihn nicht.

GRAF Sie äußern sich darüber mit einer Heftigkeit, die mich verwundert.

MME. ARGANTE Tatsächlich, ich erkenne dich nicht wieder. Was ärgert dich denn so?

ARAMINTE Alles; man hat es falsch angestellt; die Art des Verhaltens bei alledem ist so unangenehm, so beleidigend, daß mich alles abstößt.

MME. ARGANTE *erstaunt.*
Wir verstehen dich nicht.

GRAF Obwohl ich an dem Vorgefallenen nicht im geringsten beteiligt bin, merke ich nur allzu sehr, Madame, daß Ihr Unwille auch mich einbezieht, und ich würde es bedauern, ihn durch meine Gegenwart noch zu vergrößern.

MME. ARGANTE Nein, Herr Graf, ich folge Ihnen. Ich halte den Herrn Grafen zurück, Tochter; du kommst dann sicher zu uns ... Was stellst du dir nur vor, Araminte; man weiß nicht, was man davon halten soll.

Neunte Szene

ARAMINTE · DUBOIS

DUBOIS Endlich sind Sie, wie ich sehe, von ihm befreit, Madame. Jetzt kann aus ihm werden, was will, alle Welt war Zeuge seiner Verrücktheit, und nun haben Sie nichts mehr von seinem Kummer zu befürchten; er hält den Mund. Ich bin ihm eben begegnet, als er mehr tot als lebendig über die Galerie zu seinen Zimmern wankte. Sie hätten sich ausgeschüttet vor Lachen, wenn Sie ihn gesehen hätten; trotzdem tat er mir leid: er sah so aufgelöst aus, so blaß und traurig, daß ich richtig Angst bekam.

ARAMINTE *die in Gedanken versunken ihn bis dahin nicht angesehen hat, bestimmt.*
Dann soll man sich um ihn kümmern; ist ihm jemand gefolgt? warum hilfst du ihm nicht? wollt ihr den Mann umbringen?

DUBOIS Ich habe schon das Nötigste unternommen, Madame; ich habe Arlequin gerufen, der bei ihm bleibt, und im übrigen glaube ich nicht, daß etwas passiert; die Sache ist zu Ende. Ich bin nur gekommen, um Ihnen noch folgendes zu sagen: ich glaube, er möchte Sie noch einmal sprechen, und ich rate Madame, ihn nicht mehr zu sehen, es lohnt sich nicht.

ARAMINTE *kurz.*

Kümmere dich nicht darum, das ist meine Angelegenheit.

DUBOIS Kurzum, Sie sind ihn los, dank jenem Brief, der eben vorgelesen wurde und den Mademoiselle Marton auf meinen Rat hin Arlequin entlockt hat; ich hatte mir gleich gedacht, daß er Ihnen nützlich sein könnte, und es war eine glänzende Idee von mir, nicht wahr, Madame?

ARAMINTE *kalt.*

Wie! dir also verdanke ich die Szene eben?

DUBOIS *freimütig.*

Ja, Madame.

ARAMINTE Erbärmlicher Diener! Komm mir nicht wieder unter die Augen!

DUBOIS *als sei er erstaunt.*

Ach, Madame, ich habe es doch gut gemeint.

ARAMINTE Verschwinde, Unglücksseliger! du hättest mir gehorchen sollen: ich hatte dir gesagt, du solltest dich nicht mehr einmischen; du hast mir alle Unannehmlichkeiten verschafft, die ich vermeiden wollte. Du hast die ganzen Verdächtigungen über ihn verbreitet, und keineswegs aus Anhänglichkeit an mich hast du mir verraten, daß er mich liebt; nur allein aus dem Vergnügen, Böses zu stiften. Mir lag wenig daran, es zu wissen, ich hätte von dieser Liebe nie etwas erfahren, und ich bedauere ihn, daß er es mit dir zu tun hatte, und dabei war er dein Herr gewesen, hat dich geschätzt, dich gut behandelt, und noch vor ganz kurzem hat er dich auf Knien angefleht, sein Geheimnis zu wahren. Du bringst ihn um, und mich verrätst du auch. Du mußt wirklich zu allem fähig sein, ich will dich nie mehr sehen, keine Widerrede.

DUBOIS *lachend ab.*

Das ist ja vollkommen.

Zehnte Szene

ARAMINTE · MARTON

MARTON *traurig.*

Die Art, wie Sie mich vorhin weggeschickt haben, zeigt mir, daß ich Ihnen unangenehm bin, Madame, und ich glaube, ich tue Ihnen einen Gefallen, wenn ich um meine Entlassung bitte.

ARAMINTE *kalt.*

Dann geh!

MARTON Wollen Sie, daß ich heute noch gehe, Madame?

ARAMINTE Mach, was du willst.

MARTON Das ist alles sehr traurig für mich.

ARAMINTE Oh, bitte keine Erklärungen!

MARTON Ich bin ganz verzweifelt.

ARAMINTE *ungeduldig.*

Tut es Ihnen leid zu gehen? dann bleiben Sie, Mademoiselle, bleiben Sie, meinetwegen. Nur daß endlich Schluß ist.

MARTON Nach den Wohltaten, mit denen Sie mich überhäuft haben, was soll ich da jetzt bei Ihnen machen, wenn ich Ihr Vertrauen verloren habe?

ARAMINTE Was soll ich dir denn anvertrauen? Soll ich Geheimnisse erfinden, damit ich sie dir erzählen kann?

MARTON Aber es stimmt doch, daß Sie mich wegschicken, Madame, und woher kommt diese Ungnade?

ARAMINTE Sie existiert nur in deiner Phantasie. Du bittest mich um deine Entlassung, ich willige ein.

MARTON Ach, Madame, warum haben Sie mich dem Unglück ausgesetzt, Ihr Mißfallen zu erregen? Ich habe aus Dummheit den liebenswertesten Mann verfolgt, der Sie mehr liebt als je ein Mensch geliebt hat.

ARAMINTE *beiseite.*
Leider, ja!

MARTON Und dem ich nichts vorzuwerfen habe; denn er hat vorhin mit mir gesprochen. Ich war seine Feindin, aber bin es nicht mehr. Er hat mir alles gesagt. Er hatte mich noch nie gesehen: Monsieur Remy hat mich getäuscht und ich verzeihe Dorante.

ARAMINTE Um so besser.

MARTON Warum waren Sie so grausam und haben mich meiner Liebe zu einem Mann überlassen, der nicht für mich geschaffen ist, der Ihrer würdig ist und dem ich großen Kummer verursacht habe, was mir jetzt leid tut.

ARAMINTE *sanft.*
Du hast ihn also geliebt, Marton?

MARTON Lassen wir meine Gefühle beiseite. Geben Sie mir Ihre frühere Freundschaft zurück, und ich bin zufrieden.

ARAMINTE Ich gebe sie dir voll und ganz.

MARTON *ihr die Hand küssend.*
Jetzt bin ich getröstet.

ARAMINTE Nein, Marton, du bist es noch nicht. Du weinst; du rührst mich.

MARTON Achten Sie nicht darauf. Niemand ist mir so teuer wie Sie.

ARAMINTE Geh, ich werde dich all deinen Kummer vergessen lassen. Ich glaube, da kommt Arlequin.

Elfte Szene

ARAMINTE · MARTON · ARLEQUIN

ARAMINTE Was willst du?

ARLEQUIN *schluchzend.*

Das kann ich Ihnen kaum sagen, denn ich habe solche Angst, daß es mir schier die Sprache verschlägt, weil Mademoiselle Marton mich verraten hat. Oh, was für eine widerliche Gemeinheit!

MARTON Laß die Gemeinheit und sag uns, was du willst.

ARLEQUIN Ach, der unselige Brief. So ein Betrug.

ARAMINTE Nun sag endlich.

ARLEQUIN Monsieur Dorante bittet Sie auf den Knien, daß er kommen darf, um Ihnen Bericht zu erstatten über all den Papierkram, den er in Händen hatte, so lange er hier war. Er wartet an der Tür auf mich und weint dort.

MARTON Sag ihm, er soll kommen.

ARLEQUIN Wollen Sie das, Madame? denn ich traue ihr nicht. Wenn man mich einmal hereingelegt hat, vergesse ich das nie.

MARTON *traurig.*

Reden Sie mit ihm, Madame, ich lasse Sie allein.

ARLEQUIN *nachdem Marton gegangen ist.*

Sie antworten mir gar nicht, Madame?

ARAMINTE Er kann kommen.

Zwölfte Szene

DORANTE · ARAMINTE

ARAMINTE Kommen Sie näher, Dorante.

DORANTE Ich wage kaum, vor Ihnen zu erscheinen.

ARAMINTE *beiseite.*

Ich bin fast ebenso unsicher wie er.

Laut.

Warum wollen Sie mir über meine Papiere Bericht erstatten? Ich habe volles Vertrauen in Sie. In dieser Beziehung kann ich mich nicht über Sie beklagen.

DORANTE Madame ... ich möchte etwas anderes sagen ... ich bin so verwirrt, so aufgeregt, daß ich nicht sprechen kann.

ARAMINTE *beiseite, bewegt.*

Oh, wie ich das Ende von alledem fürchte!

DORANTE *bewegt.*

Vorhin ist ein Pächter von Ihnen gekommen, Madame.

ARAMINTE *bewegt.*

Ein Pächter von mir! ... das ist gut möglich.

DORANTE Ja, Madame ... er ist gekommen.

ARAMINTE *immer noch bewegt.*

Daran zweifle ich nicht.

DORANTE *bewegt.*

Und ich habe Ihnen Geld zu geben.

ARAMINTE So, Geld ... das hat Zeit.

DORANTE Wann es Ihnen recht ist, Madame.

ARAMINTE Ja ... mir ist es recht ... geben Sie es mir dann.

Beiseite.

Ich weiß gar nicht, was ich ihm antworte.

DORANTE Genügt es, wenn ich es Ihnen heute abend oder morgen bringe, Madame?

ARAMINTE Morgen, sagen Sie! Wie soll ich Sie bis dahin behalten, nach dem, was vorgefallen ist?

DORANTE *klagend.*

Vor der langen Zeit meines Lebens, die ich weit weg von Ihnen verbringen muß, hätte ich noch diesen einen einzigen kostbaren Tag.

ARAMINTE Es ist unmöglich, Dorante; wir müssen uns trennen. Es ist bekannt, daß Sie mich lieben, und man würde denken, ich billigte das.

DORANTE Ach, Madame, wie bin ich zu beklagen!

ARAMINTE Aber Dorante, jeder hat seinen Kummer.

DORANTE Ich habe alles verloren! Ich hatte ein Porträt und habe es nicht mehr.

ARAMINTE Warum trauern Sie ihm nach? Sie können doch malen.

DORANTE Ich kann es nicht missen, es war mir besonders teuer. Es hat in Ihren Händen gelegen, Madame.

ARAMINTE Sie sind sehr unvernünftig.

DORANTE Ich werde getrennt von Ihnen sein, Madame. Sie sind genügend gerächt. Vergrößern Sie nicht noch meinen Schmerz.

ARAMINTE Ihnen mein Porträt schenken! wissen Sie nicht, daß das so viel bedeutet wie ein Eingeständnis, daß ich Sie liebe?

DORANTE Daß Sie mich lieben, Madame! Was für ein Gedanke! wer könnte das vermuten?

ARAMINTE *lebhaft und ganz natürlich.*

Und dabei ist es so.

DORANTE *wirft sich ihr zu Füßen.*

Ich sterbe!

ARAMINTE Ich weiß nicht mehr aus noch ein. Zügeln Sie Ihre Freude, stehen Sie auf, Dorante.

DORANTE *erhebt sich, zärtlich.*

Ich verdiene sie nicht. Die Freude erstickt mich, aber ich verdiene sie nicht, Madame. Sie werden sie mir nehmen, gleichviel, Sie müssen es erfahren.

ARAMINTE *erstaunt.*

Wieso? was wollen Sie damit sagen?

DORANTE Bei alledem, was in Ihrem Haus vorgegangen ist, war nichts echt, außer meiner Leidenschaft, die unendlich ist, und dem Porträt, das ich gemalt habe. Alle Zwischenfälle, die sich ereignet haben, waren das Ergebnis der Taktik eines Dieners, der meine Liebe kennt, der mich bedauert und der mich durch einen Zauber dazu gebracht hat, in seinen listigen Plan einzuwilligen, den Zauber der Hoffnung, der Freude, Sie zu sehen; er wollte meinen Wert bei Ihnen geltend machen. Meine Achtung vor Ihnen, Madame, meine Liebe und mein Charakter erlauben mir nicht, Ihnen das zu verheimlichen. Lieber bedaure ich den Verlust Ihrer Zuneigung, als daß ich sie nur der List verdanke, die sie mir errungen hat. Ihr Haß ist mir lieber als die Reue, daß ich jene getäuscht habe, die ich anbete.

ARAMINTE *sieht in einige Augenblicke stumm an.*

Wenn ich das von einem andern als Ihnen erfahren hätte, würde ich Sie sicher hassen; doch Ihr eigenes Geständnis, und in einem solchen Augenblick, ändert alles. Diese Aufrichtigkeit entzückt mich, sie erscheint mir unfaßlich, Sie sind der achtbarste Mensch der Welt. Im Grunde, da Sie mich wirklich lieben, ist das, was Sie getan haben, um mein Herz zu gewinnen, durchaus nicht tadelnswert: einem Liebenden sind alle Mittel erlaubt, um Gefallen zu erwecken, und man soll ihm verzeihen, wenn er Erfolg hatte.

DORANTE Wie! die reizende Araminte hat die Güte, mich zu rechtfertigen!

ARAMINTE Da kommt der Graf mit meiner Mutter, sagen Sie nichts, lassen Sie mich reden.

Dreizehnte Szene

DORANTE · ARAMINTE · DER GRAF
MADAME ARGANTE · DUBOIS
ARLEQUIN

MME. ARGANTE *sieht Dorante.*

Der ist ja immer noch da!

ARAMINTE *kalt.*

Ja, Mutter.

Zum Grafen.

Graf, es war von einer Heirat zwischen uns die Rede, und daran ist nicht mehr zu denken: Sie verdienen, geliebt zu werden, aber mein Herz ist nicht in der Lage, Ihnen Gerechtigkeit widerfahren zu lassen; auch gehöre ich nicht einem Stand an, der Ihnen ebenbürtig ist.

MME. ARGANTE Was denn! was sollen diese Worte bedeuten?

GRAF Ich verstehe Sie, Madame, und ohne daß ich es Madame gesagt habe,

zeigt auf Madame Argante.

dachte ich bereits daran, mich zurückzuziehen; ich habe alles geahnt; Dorante ist nur in Ihr Haus gekommen, weil er Sie liebt; er hat Ihnen gefallen; Sie möchten sein Glück machen: das alles wollten Sie sagen.

ARAMINTE Ich habe nichts mehr hinzuzufügen.

MME. ARGANTE *außer sich.*

Das Glück dieses Mannes!

GRAF *traurig.*

Es bleibt nur noch unsere Auseinandersetzung, die wir

freundschaftlich regeln werden; ich habe gesagt, ich würde keinen Prozeß führen, und ich halte mein Wort.

ARAMINTE Sie sind sehr großmütig; schicken Sie mir bitte einen Bevollmächtigten, und wir werden alles regeln.

MME. ARGANTE Ha, ein schöner Sturz! dieser verdammte Sekretär! Von mir aus kann er dein Mann sein, so viel du willst, mein Schwiegersohn wird er nie.

ARAMINTE Lassen wir ihren Zorn verrauchen, gehen wir.

Sie gehen ab.

DUBOIS Uff! mein Stolz überwältigt mich; ich verdiente, diese Frau meine Schwiegertochter zu nennen.

ARLEQUIN Jetzt kann uns dein Bild gestohlen bleiben; das Original wird uns bald genügend Kopien liefern.

DIE KOLONIE

La Colonie
1750

Personen

ARTENIS, ADLIGE

MADAME SORBIN
Frau eines Handwerkers

MONSIEUR SORBIN
Ehemann von Madame Sorbin

TIMAGENOS
Adliger

LINA
Tochter von Madame Sorbin

PERSINEUS
junger Mann aus dem Volk, Verehrer von Lina

HERMOKRATES

Eine Gruppe von Frauen, adlig und aus dem Volk

Erste Szene

ARTENIS · MADAME SORBIN

ARTENIS Also, Madame Sorbin, oder besser Gefährtin, denn das sind Sie jetzt, nachdem die Frauen Ihres Standes Ihnen die gleiche Macht verliehen haben wie mir die adligen Frauen, reichen wir uns die Hände, vereinigen wir uns; lassen Sie uns beide eines Geistes sein.

MME. SORBIN *gibt ihr die Hand.*
Mit einem Wort: es gibt hier nur noch eine Frau und einen Gedanken.

ARTENIS Wir sind mit der größten Aufgabe betraut, die es je für unser Geschlecht gegeben hat, und die Umstände sind äußerst günstig, um unser Recht gegen die Männer durchzusetzen.

MME. SORBIN Oh, meine Herren, diesmal werden wir es euch zeigen.

ARTENIS Seit wir uns mit ihnen auf diese Insel gerettet haben, hat die Regierungsform unseres Heimatlandes aufgehört zu existieren.

MME. SORBIN Ja, wir brauchen eine ganz neue, und die Stunde dafür hat jetzt geschlagen; endlich können wir Gerechtigkeit haben und uns von der lächerlichen Abhängigkeit befreien, die man uns seit Beginn der Welt aufgezwungen hat: lieber sterben, als noch länger unsere Schmach erdulden.

ARTENIS Sehr gut; doch verspüren Sie auch wirklich den Mut, den die Bedeutung Ihrer Aufgabe erfordert?

MME. SORBIN Ach, mich kümmert das Leben jetzt keinen Deut; sparen wir die Worte, ich opfere mich, ich wage es. Madame Sorbin will einen Platz in der Geschichte und nicht in der Gesellschaft.

ARTENIS Ihr Name wird unsterblich, ich garantiere es Ihnen.

MME. SORBIN Noch in zwanzigtausend Jahren wird man von uns reden.

ARTENIS Und selbst wenn wir keinen Erfolg haben sollten, dann werden ihn unsere Enkelinnen haben.

MME. SORBIN Ich sage Ihnen, die Männer werden es nicht fassen können. Übrigens, weil Sie mich ermahnen: es gibt hier einen gewissen Monsieur Timagenos, der es auf Ihr Herz abgesehen hat; läuft er diesem Herzen immer noch hinterher? Oder hat er es schon? Das wäre eine unverzeihliche menschliche Schwäche, geben Sie acht.

ARTENIS Wer ist das überhaupt, Timagenos, Madame Sorbin? Seit unserem Vorhaben kenne ich ihn nicht mehr; bleiben Sie standhaft und denken Sie nur daran, mir nachzueifern.

MME. SORBIN Wer? Ich? das ist nicht schwer. Ich habe nur einen Ehemann, und was kostet es, den aufzugeben? da geht es nicht um eine Sache des Herzens.

ARTENIS Das ist wahr.

MME. SORBIN Sie wissen doch, daß die Männer sich gleich in den Zelten versammeln werden, um zwei von ihnen auszuwählen, die uns neue Gesetze geben sollen; man hat schon die Trommel geschlagen, um die Versammlung einzuberufen.

ARTENIS Und?

MME. SORBIN Und? dann muß die Trommel auch geschlagen werden, um unsern Frauen einzuschärfen, daß sie die Verordnungen dieser Herren mißachten sollen, und wir müssen sofort eine schöne Verfügung erlassen über die Trennung von den Männern, die noch gar nichts davon ahnen.

ARTENIS Das war auch meine Idee, bloß statt mit der Trommel wollte ich unsere Verfügung unter Trompetengeschmetter anschlagen lassen.

MME. SORBIN Oh ja, eine Trompete: das ist ausgezeichnet und paßt sehr gut.

ARTENIS Dort gehen Timagenos und Ihr Mann, ohne uns zu bemerken.

MME. SORBIN Ganz offensichtlich sind sie auf dem Weg zur Versammlung. Sollen wir sie rufen?

ARTENIS Gut, ja, wir wollen sie fragen, worum es geht.

Ruft Timagenos.

MME. SORBIN *ruft ebenfalls.*

He, Mann!

Zweite Szene

DIE VORIGEN · MONSIEUR SORBIN
TIMAGENOS

TIMAGENOS Oh Verzeihung, schöne Artenis, ich hatte Sie hier nicht vermutet.

M. SORBIN Was willst du, Frau? Wir haben es eilig.

MME. SORBIN Nun mal langsam; ich möchte gern ein Wort mit dir reden, Sorbin. Guten Tag erst mal; hast du mir nichts mitzuteilen, ganz zufällig vielleicht?

M. SORBIN Nein, was soll ich dir denn mitteilen, außer was für Wetter ist oder wie spät es ist?

ARTENIS Und Sie, Timagenos, was berichten Sie mir? Sprechen Sie untereinander von den Frauen?

TIMAGENOS Nein, Madame, was die betrifft, da weiß ich

gar nichts; von denen ist mit keinem Wort zwischen uns die Rede.

ARTENIS Mit keinem Wort, das ist wirklich gut.

MME. SORBIN Geduld, der Anschlag wird euch aufwecken.

M. SORBIN Was meinst du mit deinem Anschlag?

MME. SORBIN Ach, nichts; ich rede mit mir selbst.

ARTENIS Sagen Sie, Timagenos, wo gehen Sie beide hin, so in Gedanken versunken?

TIMAGENOS Zur Ratsversammlung, zu der man uns ruft. Ich fürchte, daß die Adligen und Standespersonen ebenso wie das Volk uns beide, diesen rechtschaffenen Mann und mich, dazu ernennen werden, die neuen Gesetze auszuarbeiten, und ich muß gestehen, mein Mangel an Erfahrung läßt mich davor zittern.

MME. SORBIN Wie, Mann, du willst Gesetze machen?

M. SORBIN Leider, ja; so wird es verkündet, und das macht mir große Sorgen.

MME. SORBIN Und warum? Wenn du auch ein bißchen grob und schwerfällig bist, du hast immer ein gutes Urteilsvermögen gehabt, und das kommt der Sache sehr zustatten; außerdem bin ich überzeugt, die Herren besitzen so viel Verstand, daß sie die Frauen um ihre Mithilfe bitten, was sich eigentlich von selbst versteht.

M. SORBIN Ach, halt' den Mund mit deinen Frauen, das ist ja zum Lachen!

MME. SORBIN Ich lache ganz und gar nicht.

M. SORBIN Bist du verrückt geworden?

MME. SORBIN Weiß Gott, Mann, du bist ein sehr unhöflicher Vertreter des Volkes; aber zum Glück wird sich das geben, wegen einer Verfügung; denn ich werde auch Gesetze machen.

M. SORBIN *lacht.*

Du! ha! ha! ha! ha!

TIMAGENOS *lacht.*
Ha! ha! ha! ha!

ARTENIS Was ist daran so komisch? Sie hat recht, sie wird Gesetze machen, und ich ebenfalls.

TIMAGENOS Sie, Madame?

M. SORBIN *lachend.*
Gesetze!

ARTENIS So ist es.

M. SORBIN *lachend.*
Na, um so besser, macht nur, amüsiert euch, spielt eine Posse; aber hebt uns euren Ulk für ein andermal auf, für jetzt ist er zu albern.

TIMAGENOS Wieso? Etwas Lustiges hat immer Saison.

ARTENIS Etwas Lustiges, Timagenos?

MME. SORBIN Unsern Ulk, Sorbin? Warte nur, wir werden es euch schon zeigen, was Ulk ist.

M. SORBIN Lassen wir die Schwätzerinnen, Seigneur Timagenos, wir müssen gehen. Adieu, Frau, und vielen Dank für deine Mithilfe.

ARTENIS Einen Augenblick, ich möchte gern noch ein paar Worte an den Herrn Vertreter des Adels richten.

TIMAGENOS Sprechen Sie, Madame.

ARTENIS Ich bitte um ein wenig Aufmerksamkeit; wir alle, groß oder klein, adlig, bürgerlich oder Leute des Volkes, waren gezwungen, unser Land zu verlassen, um dem Tod zu entfliehen oder der Versklavung durch den Feind, der uns besiegt hat.

M. SORBIN Das klingt nach einer feierlichen Rede, wir wollen sie auf später verschieben, jetzt fehlt uns die Zeit dafür.

MME. SORBIN Still, Grobian.

TIMAGENOS Hören wir doch zu.

ARTENIS Unsere Schiffe haben uns zu diesem unerforschten Land gebracht, und das Land ist gut.

M. SORBIN Unsere Frauen schwatzen hier zu viel.

MME. SORBIN *wütend.*
Schon wieder!

ARTENIS Es wurde beschlossen zu bleiben, und da wir ganz durcheinandergewürfelt hier angekommen sind und die Möglichkeiten für alle jetzt gleich sind, hat niemand das Recht zu bestimmen; alles ist noch ungeregelt, deshalb brauchen wir Anführer, einen oder mehrere, deshalb brauchen wir Gesetze.

TIMAGENOS Dafür wollen wir ja sorgen, Madame.

M. SORBIN Das alles wird es sehr bald geben, dazu werden wir erwartet.

ARTENIS Wer, wir? Wen verstehen Sie unter wir?

M. SORBIN Na, zum Teufel, uns, wen denn sonst?

ARTENIS Bitte nicht so schnell! diese Gesetze, wer wird sie denn machen, von wem kommen sie?

M. SORBIN Von uns.

MME. SORBIN Von Männern!

M. SORBIN Offensichtlich.

ARTENIS Diese Anführer, oder dieser eine Anführer, von wem wird er bestimmt?

MME. SORBIN *spöttisch.*
Von Männern.

M. SORBIN Na sicher.

ARTENIS Wer wird es sein?

MME. SORBIN Ein Mann.

M. SORBIN Was denn sonst?

ARTENIS Und immer wieder Männer, und niemals Frauen; was halten Sie davon, Timagenos? denn das gute Urteilsvermögen Ihres Gefährten geht nicht soweit zu verstehen, was ich meine.

TIMAGENOS Offengestanden, ich begreife auch nicht so recht, wo die Schwierigkeit liegt, Madame.

ARTENIS Das begreifen Sie nicht? Jetzt ist es genug, gehen Sie.

M. SORBIN *zu seiner Frau.*

Erklär' du uns das mal.

MME. SORBIN Das verstehst du nicht? Mach, daß du fortkommst.

TIMAGENOS Aber, Madame...

ARTENIS Aber, Monsieur, Sie erregen mein Mißfallen.

M. SORBIN *zu seiner Frau.*

Was meint sie nur?

MME. SORBIN Geh und führe dein Männergesicht woanders spazieren.

M. SORBIN Auf wen sind die nur so wütend?

MME. SORBIN Immer wieder Männer und nie Frauen, und dann verstehen sie uns nicht mal.

M. SORBIN Na und?

MME. SORBIN Na und? Hier hast du dein na und, Flegel.

TIMAGENOS Sie bereiten mir Kummer, Madame, wenn Sie mich gehen lassen ohne mir vorher zu erklären, was Sie gegen mich haben.

ARTENIS Gehen Sie, Monsieur, Sie erfahren es, wenn Sie aus Ihrer Ratsversammlung zurückkommen.

MME. SORBIN Die Trommel wird Ihnen das Übrige verkünden, oder der Anschlag beim Schmettern der Trompete.

M. SORBIN Pfeifen, Trompeten oder Posaunen, wie egal mir das ist; gehen wir, Monsieur Timagenos.

TIMAGENOS Ich bin so beunruhigt, daß ich zurückkomme, sobald ich nur kann, Madame.

Dritte Szene

MADAME SORBIN · ARTENIS

ARTENIS Das ist eine neue Beleidigung, uns nicht einmal zu verstehen.

MME. SORBIN Es ist deren altgewohnte Unverschämtheit, die sich vom Vater auf den Sohn vererbt und ihnen das Gehirn verstopft.

Vierte Szene

MADAME SORBIN · ARTENIS · LINA
PERSINEUS

PERSINEUS Ich bitte um Ihre Hilfe, verehrte zukünftige Schwiegermutter; Sie haben mir die hübsche Lina versprochen, und ich habe es sehr eilig, ihr Ehemann zu werden; ich liebe sie so, daß ich die Liebe ohne Hochzeit nicht mehr ertragen kann.

ARTENIS *zu Mme Sorbin.*

Entfernen Sie den jungen Mann, Madame Sorbin; die gegenwärtigen Umstände zwingen uns, mit seiner ganzen Gattung zu brechen.

MME. SORBIN Sie haben recht, der Umgang mit ihnen ist nicht mehr angebracht.

PERSINEUS Ich warte auf Antwort.

MME. SORBIN Was machst du hier, Persineus?

PERSINEUS Ach, ich wollte Sie freundlich stimmen; außerdem begleite ich meine unvergleichliche Lina.

MME. SORBIN Geh wieder.

LINA Er soll wieder gehn? He, wieso denn das, Mutter?

MME. SORBIN Ich will, daß er geht, es muß sein, die Lage erfordert es, es handelt sich um eine Staatsangelegenheit.

LINA Er kann uns ja in einiger Entfernung folgen.

PERSINEUS Ja, ich bin ganz zufrieden, wenn ich mich bescheiden im Hintergrund halten darf.

MME. SORBIN Nein, nichts da von bescheiden im Hintergrund halten, ich erlaube das nicht; geh jetzt und laß dich bis zum Friedensschluß nicht bei uns blicken.

LINA Adieu, Persineus, auf Wiedersehn; wir wollen meine Mutter nicht verärgern.

PERSINEUS Wer hat den Frieden denn gebrochen? Verfluchter Krieg, bis du zu Ende bist, will ich nach Herzenslust ganz für mich traurig sein.

Fünfte Szene

ARTENIS · MADAME SORBIN · LINA

LINA Warum quälen Sie ihn so, Mutter? Darf er mich nicht mehr lieben oder heiraten?

MME. SORBIN Nein, mein Kind, wir befinden uns in einer Lage, in der die Liebe nur noch etwas Dummes ist.

LINA Ach wie schade!

ARTENIS Und die Ehe, so wie sie bisher war, ist eine reine Sklaverei, die wir abschaffen, mein schönes Kind; wir müssen sie ein bißchen einweihen in unsere Sache, um sie zu trösten.

LINA Die Ehe abschaffen! Und was kommt an ihre Stelle?

MME. SORBIN Nichts.

LINA Das ist nicht viel.

ARTENIS Du weißt, Lina, daß die Frauen bis jetzt immer ihren Männern unterworfen waren.

LINA Ja, Madame, das ist eine Sitte, die die Liebe nicht verhindert.

MME. SORBIN Ich verbiete dir die Liebe.

LINA Wenn sie aber da ist, wie kann man sie dann beseitigen? Ich habe sie nicht eingefangen, sie hat mich eingefangen, und außerdem habe ich nichts gegen die Unterwerfung.

MME. SORBIN Wie bitte, Unterwerfung? du kleine Sklavenseele du, Herrgott nochmal! Unterwerfung, kann so etwas aus dem Mund einer Frau kommen? Ich will das gräßliche Wort nicht noch einmal von dir hören; wir revoltieren, damit du es weißt.

ARTENIS Erregen Sie sich nicht, sie war bei unsern Beratungen ja nicht dabei, weil sie noch zu jung ist; aber ich stehe für sie ein, sobald wir sie unterrichtet haben. Ich versichere Ihnen, sie wird begeistert sein, daß sie in ihrer jungen Ehe genauso bestimmen darf wie ihr Mann, und wenn er sagt: ich will, ihm sagen kann: und ich will nicht.

LINA *weinend.*

Das brauche ich doch gar nicht; Persineus und ich, wir wollen immer das Gleiche; das haben wir zwischen uns ausgemacht.

MME. SORBIN Sei vorsichtig mit deinem Persineus; wenn du keine erhabeneren Gefühle hast, schließe ich dich aus der edlen Schar der Frauen aus; bleib jetzt bei meiner Kameradin und mir, damit du deine Bedeutung zu erfassen lernst; und wisch' vor allem diese Tränen ab, die deiner Mutter nur Schande machen und unsern Wert herabsetzen.

ARTENIS Da kommen einige unserer Freundinnen, sie scheinen uns etwas mitteilen zu wollen.

Sechste Szene

ARTENIS · MADAME SORBIN · LINA · VIER FRAUEN

von denen zwei je ein gestreiftes Band in der Hand halten

EINE ABGEORDNETE Verehrte Gefährtinnen, das Geschlecht, das euch zu seinen Anführerinnen ernannt und zu seiner Verteidigung auserwählt hat, dieses Geschlecht hat in einer erneuten Beratung für angemessen befunden, euch Zeichen eurer Würde zu verleihen, und wir überbringen diese hier in seinem Namen. Gleichzeitig sind wir beauftragt, euch unbedingten Gehorsam zu schwören, nachdem ihr uns eure unverbrüchliche Treue in die Hand geschworen habt: zwei wesentliche Punkte, an die zunächst niemand gedacht hat.

ARTENIS Erlauchte Abgeordnete, wir würden den Prunk der Macht, mit dem wir geschmückt werden sollen, gern abschaffen. Unsere Tugenden könnten uns als Zierde genügen, das sind die Zeichen, an denen man uns erkennen soll.

MME. SORBIN Gleichviel, wir sind einverstanden; dann sind wir doppelt geziert.

ARTENIS Wir nehmen die Auszeichnung jedoch an, mit der man uns ehrt, und wir werden unsern Schwur ablegen; daß es noch nicht geschah, ist ein Versäumnis, welches man klugerweise sofort erkannt hat; ich beginne.

Sie legt ihre Hand in die einer Abgeordneten.

Ich schwöre, mein Leben für die Verteidigung der Rechte meines unterdrückten Geschlechts einzusetzen; ich weihe es seinem Ruhm und seiner Ehre; ich schwöre bei meiner Würde als Frau, bei dem unerbittlichen Stolz meines Herzens, der ein Geschenk des Himmels ist, da soll sich niemand täuschen; und schließlich bei der Aufsässigkeit, die ich stets in meiner Ehe gezeigt habe und die mich vor der Schande bewahrt hat, meinem verstorbenen griesgrämigen Mann zu gehorchen; ich habe gesprochen. Jetzt sind Sie dran, Madame Sorbin.

MME. SORBIN Komm näher, Tochter, und höre mir zu; du wirst für immer berühmt werden, allein weil du dieser denkwürdigen Handlung beigewohnt hast.

Sie legt ihre Hand in die einer Abgeordneten.

Hört meine Worte: Ihr werdet von gleich zu gleich mit den Männern umgehen; sie werden eure Kameraden sein und nicht eure Herren. Die Frau wird dem Mann überall ebenbürtig sein, oder ein schrecklicher Tod soll mich holen. Ich schwöre es mit dem gröbsten Fluch, den ich kenne, bei diesem harten Schädel, der niemals nachgeben wird und dessen Widerstand noch nie jemand gebrochen hat, dessen kann sich keiner rühmen, da dürft ihr euch erkundigen.

EINE ABGEORDNETE Hört jetzt, was alle Frauen, die wir vertreten, euch ihrerseits schwören: Eher erleben wir das Ende der Welt, oder die Rasse der Männer stirbt aus, als daß wir euren Befehlen nicht mehr gehorchen. Da kommt schon eine unserer Gefährtinnen, um euch anzuerkennen.

Siebte Szene

DIE ABGEORDNETEN · ARTENIS · MADAME SORBIN
LINA · EINE FRAU

DIE FRAU Ich eile, um unsern Herrscherinnen zu huldigen und mich unter ihre Gesetze zu stellen.

ARTENIS Umarmen wir uns, liebe Freundinnen; unser gegenseitiger Schwur hat uns große Pflichten auferlegt, und um euch anzuspornen, die euren zu erfüllen, will ich euch jetzt ein lebendiges Bild geben von der Erniedrigung, in der wir bisher gelebt haben; damit passen wir uns den Gepflogenheiten aller Parteiführer an.

MME. SORBIN Man nennt das seinen Leuten Mut machen vor der Schlacht.

ARTENIS Aber der Anstand will, daß wir sitzen, dann redet es sich besser.

MME. SORBIN Dort hinten sind Bänke, die brauchen nur geholt zu werden.

Zu Lina.

Auf, Mädchen, rasch.

LINA Da kommt Persineus, er ist stärker als ich, er kann mir helfen, wenn es Ihnen recht ist.

EINE DER FRAUEN Was! wir sollten einen Mann in Anspruch nehmen!

ARTENIS Warum nicht? Ich nehme es als gutes Vorzeichen, wenn dieser Mann uns dient.

MME. SORBIN Gut gesagt; unter den gegenwärtigen Umständen bringt uns das Glück.

Zu Lina.

Ruf' den Diener

LINA *ruft.*

Persineus! Persineus!

Achte Szene

DIE VORIGEN · PERSINEUS

PERSINEUS *kommt angerannt.*

Was gibt es, mein Schatz?

LINA Hilf mir bitte, die Bänke dort hierher zu rücken.

PERSINEUS Mit Freuden, aber du faßt sie nicht an, deine kleinen Hände sind viel zu zart, laß es mich machen.

Er rückt die Bänke heran, Artenis und Madame Sorbin setzen sich als erste nach ein paar Höflichkeitsbezeugungen; Persineus und Lina setzen sich beide ans gleiche Ende.

ARTENIS *zu Persineus.*

Ich bewundere die Freiheit, die Sie sich nehmen, junger Mann; entfernen Sie sich, wir brauchen Sie nicht mehr.

MME. SORBIN Du hast deinen Dienst geleistet, verschwinde.

LINA Er nimmt kaum Platz weg, Mutter, er hat nur die Hälfte von meinem.

MME. SORBIN Fort, sage ich.

PERSINEUS Das ist wirklich hart.

Neunte Szene

Die bereits genannten FRAUEN

ARTENIS *nachdem sie sich geräuspert und ausgespuckt hat.*

Wenn unsere Unterdrückung durch unsere Tyrannen auch schon uralt ist, so ist sie darum nicht vernünftiger geworden; warten wir nicht darauf, daß die Männer sich von allein bessern; obwohl die Unzulänglichkeiten ihrer Gesetze sie dafür bestraft, daß sie diese nach ihren Vorstellungen und ohne uns gemacht haben, bewegt nichts sie zu der Gerechtigkeit, die sie uns schulden, ja, sie merken nicht einmal, daß sie sie uns verweigern.

MME. SORBIN So ist es auf der Welt, man braucht sich nur umzusehen.

ARTENIS Was die Regelung der öffentlichen Angelegenheiten betrifft, so gilt es als beschlossene Sache, daß wir dafür keinen Verstand haben; das steht so fest, daß es ganz selbstverständlich ist und wir selbst nicht einmal dagegen protestieren.

EINE DER FRAUEN Wie könnte es auch anders sein? Von der Wiege an wird uns gepredigt: Ihr seid zu nichts fähig, mischt euch nirgends ein, ihr taugt nur dazu, sittsam zu sein. Das hat man unsern Müttern erzählt, und die haben es geglaubt und uns wieder eingetrichtert; die Ohren klingen mir noch von dem dummen Gerede; wir sind sanftmütig, die Trägheit kommt dazu, und schon behandelt man uns wie geduldige Schafe.

MME. SORBIN Oh, was mich betrifft, ich bin zwar nur eine Frau, aber seit ich denken kann, hat das Schaf das niemals gut gefunden.

ARTENIS Ich bin nur eine Frau, sagt Madame Sorbin, herrlich!

MME. SORBIN Das kommt noch von unsrer Schafshaltung.

ARTENIS Es scheint, wir haben ein lobenswertes Mißtrauen gegen unsere Erkenntnisse, da wir uns diese Art zu reden angewöhnt haben; ich glaube nicht, daß es Männer gibt, die so etwas von sich sagen, das übersteigt ihre Möglichkeiten; doch zurück zur Sache: Sie sind nur eine Frau, sagen Sie? Na, was wollen Sie denn Besseres sein?

MME. SORBIN Oh, daran halte ich mich, meine Damen, daran halte ich mich, wir sind die Besseren, und ich segne den Himmel, daß ich dazugehöre, er hat mich mit Ehren überhäuft, und ich sage ihm dafür meinen besten Dank.

EINE DER FRAUEN Wir wollen uns selbst ein bißchen von unserm Wert überzeugen, nicht etwa aus Hochmut, sondern aus Dankbarkeit.

LINA Ach, wenn Sie Persineus darüber reden hörten, der ist von unsern Vorzügen völlig überzeugt.

EINE DER FRAUEN Persineus hat hier nichts verloren, es ist ungehörig, ihn zu erwähnen.

MME. SORBIN Still, Tochter, hier hast du nur die Ohren aufzumachen und nicht den Mund; entschuldigen Sie, meine Damen; bitte reden Sie weiter, Kameradin.

ARTENIS Wir wollen untersuchen, was wir sind, und Sie unterbrechen mich, wenn ich zuviel sage; was ist das, eine Frau, allein wenn man sie ansieht? Sollte man nicht denken, die Götter hätten sie zum Gegenstand ihres heitersten Wohlgefallens gemacht?

EINE DER FRAUEN Je mehr ich darüber nachdenke, um so überzeugter bin ich davon.

EINE ANDERE Es ist unbestreitbar.

EINE ANDERE Ganz unbestreitbar.

EINE ANDERE Eine Tatsache.

ARTENIS Betrachtet sie, sie ist eine Augenweide.

EINE DER FRAUEN Sagen Sie ruhig, eine Wonne.

ARTENIS Lassen Sie mich bitte zu Ende sprechen.

EINE DER FRAUEN Unterbrechen wir sie nicht mehr.

EINE ANDERE Ja, hören wir zu.

EINE ANDERE Still, bitte.

EINE ANDERE Unsere Anführerin spricht.

EINE ANDERE Und spricht gut.

LINA Ich sage auch kein Wort.

MME. SORBIN Ist bald Ruhe? gleich verliere ich die Geduld.

ARTENIS Ich beginne noch einmal: Betrachtet sie, sie ist eine Augenweide; auf die verschiedensten Arten verkleidet, streiten sich Anmut und Schönheit darum, welche von beiden ihrem Gesicht und ihrer Figur mehr Reize verleiht. Wer kann die Zahl und die Vielfalt dieser Reize nennen? Man kann sie nur fühlen, unsere Worte vermögen nicht, sie zu beschreiben.

Alle Frauen richten sich auf.

Die Frau ist eine stolze Erscheinung, und dennoch entzückt ihr sanftes Aussehen.

Die Frauen nehmen einen sanften Gesichtsausdruck an.

EINE DER FRAUEN Genauso sind wir.

MME. SORBIN Pssst!

ARTENIS Es ist eine edle und doch zarte Schönheit; sie flößt Achtung ein und zugleich eine Liebe, die nicht zu schweigen vermag; sagt man, sie sei schön, sie sei liebenswert, so ist das nur der Anfang ihres Porträts, sagt man, ihre Schönheit überrasche, rühre, entzücke, so beschreibt das zwar andeutungsweise, was man davon sieht, doch ist es nur ein blasser Schimmer dessen, was man darüber denkt.

MME. SORBIN Und das Wundervolle daran ist, man lebt mit all den schönen Sachen, als wäre gar nichts; wirklich merkwürdig, aber ich wollte Sie nicht unterbrechen, still!

ARTENIS Kommen wir zu unserm Verstand und sehen wir, wie sehr er von unsern Tyrannen gefürchtet wird; das kann man allein an den Vorsichtsmaßnahmen erkennen, die sie getroffen haben, um ihn zu unterdrücken, um uns an seinem Gebrauch zu hindern; zum Spinnen verdammen die Herren uns, zur Führung ihres Haushalts, zu lauter armseligem Kleinkram.

EINE DER FRAUEN Wahrhaftig, das schreit nach Rache.

ARTENIS Oder aber wir sollen über unsern Putz plappern, sie bei ihren üppigen Soupers erfreuen, angenehme Leidenschaften in ihnen wecken; nur über Lappalien dürfen wir entscheiden und sollen selbst die allerunwichtigste Lappalie sein; das sind die Aufgaben, die sie uns auf dieser Erde lassen, uns, die wir ihnen erst Anstand und Sitte beigebracht haben, die wir ihre rohen Seelen erzogen haben, uns, ohne die auf dieser Welt nur Wilde herumliefen, die die Bezeichnung Mann gar nicht verdienten.

EINE DER FRAUEN Oh, die Undankbaren; auf, Kameradinnen, wir wollen ab sofort die Soupers abschaffen.

EINE ANDERE Und ihre Leidenschaften können sie sich sonstwo suchen.

MME. SORBIN Mit einem Wort, sie sollen selbst spinnen.

ARTENIS Immerhin werden wir als verführerische Wesen behandelt, als strahlende Sterne, man bemerkt an uns einen Teint von Lilien und Rosen, besingt uns in Versen, in denen bei unserm Anblick die beleidigte Sonne vor Scham erblaßt, und das ist nichts Geringes; und dann diese Ergüsse, der Taumel, die Verzweiflung, mit denen man uns ergötzt, wann immer wir es möchten.

MME. SORBIN Wie Naschwerk für Kinder, wahrhaftig.

EINE ANDERE FRAU Aber Naschwerk, von dem wir seit mehr als sechstausend Jahren leben.

ARTENIS Und was geschieht? daß wir aus Einfalt auf die kümmerliche Ehre versessen sind, ihnen zu gefallen und in aller Harmlosigkeit die Zeit damit verbringen, kokett zu sein, denn das sind wir, daran ist kein Zweifel.

EINE DER FRAUEN Ist das unser Fehler? Wir haben keine andere Wahl.

ARTENIS Ganz sicher nicht; doch es ist bewundernswert, wie unbesiegbar die Überlegenheit unserer Seele ist, wie ausdauernd, wie sie all dem, wovon ich spreche, widersteht, wie sie noch unsere Erniedrigung durchbricht; wir sind kokett, das ist richtig, aber selbst unsere Koketterie ist noch etwas Wunderbares.

EINE DER FRAUEN Oh, alles, was wir machen, ist vollkommen.

ARTENIS Wenn ich an all den Einfallsreichtum, den Scharfsinn, die Einfühlungsgabe denke, die jede von uns dabei mit Leichtigkeit aufbringt, und die wir einzig und allein nur da anwenden können, so ist das ungeheuer viel; da wird mehr an Geistesgröße aufgebracht als nötig wäre, um zwei Welten wie die unsere zu regieren; und so viele Gaben bleiben ungenutzt.

MME. SORBIN *wütend.*
Die Welt hat nichts davon, es ist zum Heulen.

ARTENIS So viele geistige Gaben verwirren nur die kleinen Gehirne, denn sie sind ihnen nicht gewachsen; das trägt uns dumme Komplimente ein, die die Lasterhaftigkeit der Männer und ihre Begierde, niemals aber ihren Verstand an uns verschwenden; ihr Verstand hat uns immer nur mit Beleidigungen bedacht.

MME. SORBIN Also kein Erbarmen; ich gelobe, häßlich zu sein, und als erstes werden wir verfügen, daß wir alle versuchen es zu sein.

Zu Artenis.

Nicht wahr, Kameradin?

ARTENIS Ich bin damit einverstanden.

EINE DER FRAUEN Häßlich sein? Ich finde, da fangt ihr die Sache falsch an.

EINE ANDERE FRAU Damit bin ich auch nie und nimmer einverstanden.

EINE ANDERE Wer könnte das auch sein? Wie! sich mit Fleiß häßlich machen, um sich an den Männern zu rächen? Im Gegenteil, wir wollen uns schöner machen, wenn das möglich ist, damit ihr Verlangen nach uns noch größer wird.

EINE ANDERE Ja, damit sie uns noch mehr zu Füßen liegen und seufzen und vor Kummer sterben, weil sie zurückgewiesen werden; das ist eine vernünftige Empörung, und was Sie sagen, Madame Sorbin, ist falsch, ganz und gar falsch.

MME. SORBIN Ta, ta, ta, ta, ich garantiere euch, wir machen uns nur schöner, um wieder in die alten Verhältnisse zurück zu fallen; unter zwanzig Anbetern, die uns zu Füßen liegen, ist oft nicht einer, den wir nicht aus der Not befreien, gewöhnlich werden sie alle gerettet; diese Todeskandidaten haben zu viel Erfolg bei uns, ich kenne doch unsere Art, und daher bleibt unsere Verfügung bestehen; wir machen uns häßlich; im übrigen wird das kein so großer Schaden sein, meine Damen, und ihr verliert dabei nicht mehr als ich.

EINE DER FRAUEN Oh, sachte, das sagen Sie so, Ihr Einsatz ist nicht hoch, Sie riskieren dabei nicht viel.

EINE ANDERE FRAU Das kann man verstehen, daß Sie Ihre Reize so billig hergeben.

EINE ANDERE Sie wird man nie mit einem strahlenden Stern vergleichen.

LINA Verdammt, Sie ganz gewiß auch nicht.

EINE ANDERE Hört doch den Grünschnabel an.

MME. SORBIN Jetzt fehlen mir die Worte; sagt einmal, ihr hochnäsigen Gänse, haltet ihr euch etwa für hübsch?

EINE ANDERE Na, wenn wir wie Sie aussähen, brauchten wir uns nicht häßlich zu machen.

EINE ANDERE Die Sorbin hat gut reden, das stimmt.

MME. SORBIN Wie bitte, die Sorbin? was soll das heißen?

LINA Die Sorbin, zu meiner Mutter!

MME. SORBIN Habt ihr schon mal was von der Anrede Madame gehört? Mir so die Achtung zu verweigern!

ARTENIS *zu der andern Frau.*

Sie täuschen sich, meine Liebe, ich finde den Plan von Madame Sorbin sehr klug.

EINE FRAU Das glaube ich gern; er kommt Ihnen ebenso zustatten wie ihr.

ARTENIS Was bedeutet das? Greift man etwa auch mich an?

MME. SORBIN Seht euch doch die Nachteulen an mit ihrem Schönheitswahn; ja, Madame Artenis und ich, die wir mehr sind als ihr, wir wollen es so und ordnen es so an: die Frauen sollen sich schlecht kleiden, ihre Hauben sollen schief sitzen und ihre Gesichter werden sie in der Sonne bräunen lassen.

ARTENIS Und um die Frauen hier zufrieden zu stellen, wird unsere Verfügung bei ihnen allein eine Ausnahme erlauben, sie dürfen sich schöner machen, falls sie das können.

MME. SORBIN Ah, das ist gut gesagt; ja, behaltet all euren Flitterkram, eure Schnürleibchen und Bänder, eure lächerlichen Affereien, eure Schuhchen und Pantöffelchen, die

die Füße zerquetschen, weil man sie niedlich machen will, trotz ihrer Größe, schmückt euch, behängt euch, es hat doch keine Folgen.

EINE FRAU Gerechter Himmel! wie vulgär sie ist! Da haben wir eine schöne Wahl getroffen.

ARTENIS Gehen Sie. Ihr Schwur bindet Sie, Sie müssen gehorchen; ich hebe die Sitzung auf.

EINE ANDERE Gehorchen? was für eine Anmaßung.

EINE ANDERE Wir brauchen uns nur zu beschweren, schreien wir doch.

ALLE FRAUEN Ja, schreien wir, wir lassen uns nicht bevormunden.

MME. SORBIN Ich muß gestehen, mir juckt die Hand.

ARTENIS Gehen Sie, sage ich Ihnen, oder ich lasse Sie einsperren.

EINE DER FRAUEN *im Weggehen zu den andern.*

Das ist eure Schuld, ich wollte weder die Handwerkersfrau, noch die Prinzessin; ich habe sie nicht gewollt, aber ihr habt ja nicht auf mich gehört.

Zehnte Szene

ARTENIS · MADAME SORBIN · LINA

LINA Ach, Mutter, um des lieben Friedens willen, lassen Sie uns unsere Pantöffelchen und Schnürleibchen.

MME. SORBIN Halt den Mund; einen Sack zieh' ich dir an, wenn du mir widersprichst.

ARTENIS Wir wollen uns mäßigen, diese Frauen sind närrisch; wir müssen die Verfügung abfassen, kommen Sie.

MME. SORBIN Ja, gehen wir;

Zu Lina.

und du wartest hier, bis die Männer aus ihrer Versammlung kommen, und laß es dir nicht einfallen, mit Persineus zu reden, falls er sich blicken läßt; versprichst du mir das?

LINA Aber ... ja, Mutter.

MME. SORBIN Und sag' uns Bescheid, sobald die Männer da sind, sofort, hörst du?

Elfte Szene

LINA *einen Augenblick allein* · PERSINEUS

LINA Was für Zustände! was für ein Wirrwarr! Wann werde ich nun heiraten dürfen? Ich weiß überhaupt nichts mehr.

PERSINEUS Lina, liebste Lina, erklär' mir doch mein Unglück, wieso verjagt mich deine Mutter? Ich zittere jetzt noch, ich kann nicht mehr, ich sterbe.

LINA Ach, der arme gute Junge, wenn ich ihm in seinem Schmerz doch etwas sagen könnte.

PERSINEUS Das kannst du doch, ich bin doch hier und nicht woanders.

LINA Aber man hat es mir verboten, ich darf ihn nicht einmal ansehen, ich bin sicher, man beobachtet mich.

PERSINEUS Was, ich soll auf deine Augen verzichten?

LINA Im Grunde kann er doch mit mir reden, es hat mir niemand befohlen, ihn daran zu hindern.

PERSINEUS Lina, meine Lina, warum hältst du mich meilenweit von dir entfernt? Wenn du kein Mitgefühl mit mir hast, werde ich nicht mehr lange leben; jetzt brauche ich einen Blick von dir, um wieder Mut schöpfen zu können.

LINA Immerhin, wenn unter den gegebenen Umständen ein einziger Blick meinen Persineus retten könnte, dann soll meine Mutter sagen, was sie will, ich darf ihn nicht sterben lassen.

Sie sieht ihn an.

PERSINEUS Ach, die gute Medizin! ich fühle, wie sie mich wieder zum Leben erweckt; noch einmal, Liebchen, noch ein Blick, um mich vollends wiederherzustellen.

LINA Und wenn ein Blick nicht genügen sollte, müßte ich ihm zwei schenken oder drei, so viele eben wie er braucht.

Sie sieht ihn an.

PERSINEUS Ach, jetzt geht es mir schon besser; nun sag' mir noch den Rest, aber komm doch ein bißchen näher und rede nicht in meiner Abwesenheit.

LINA Persineus weiß nicht, daß wir revoltieren.

PERSINEUS Gegen mich?

LINA Und daß es an den Staatsgeschäften liegt, weil die gegen uns sind.

PERSINEUS Worein die sich auch alles mischen.

LINA Und daß die Frauen beschlossen haben, die Welt zu regieren und Gesetze zu erlassen.

PERSINEUS Ich hindere sie nicht daran.

LINA Er weiß nicht, daß uns nachher auferlegt wird, mit den Männern zu brechen.

PERSINEUS Aber doch nicht mit den jungen Burschen?

LINA Daß uns befohlen wird, häßlich zu sein und mißgeformt, damit sie keine Freude daran haben, uns zu sehen, und das Ganze durch einen Anschlag beim Schmettern der Trompete.

PERSINEUS Ich weiß aber, daß alle Trompeten und alle Anschläge der Welt dich nicht daran hindern können, hübsch zu sein.

LINA Aber ich werde weder Pantöffelchen mehr haben, noch Schnürleibchen, meine Haube soll schief sitzen, und vielleicht muß ich als Kleid einen Sack anziehen; nun weißt du, wie ich dann aussehe.

PERSINEUS Immer gleich hübsch, mein Herz.

LINA Aber da kommen die Männer, ich laufe rasch, um

meiner Mutter Bescheid zu sagen. Ach Persineus! Persineus!

Sie läuft weg.

PERSINEUS Warte doch, so warte doch; verdammte Gesetze; ich werde den Herren mein Leid klagen.

Zwölfte Szene

MONSIEUR SORBIN · HERMOKRATES · TIMAGENOS
Ein weiterer MANN · PERSINEUS

HERMOKRATES Nein, Seigneur Timagenos, besser konnten wir gar nicht wählen; das Volk hat bei Monsieur Sorbin nicht gezögert, und die andern Mitbürger waren einstimmig für Sie, wir sind in guten Händen.

PERSINEUS Entschuldigen Sie meine Zudringlichkeit: ich bitte um Ihre Hilfe, Monsieur Sorbin; die Staatsgeschäfte drehen mir den Hals um, ich bin vernichtet; Sie denken, Sie hätten bald einen Schwiegersohn, aber da täuschen Sie sich; Madame Sorbin hat mir ganz kalt den Abschied gegeben bis zum Frieden; Ihnen gibt man auch den Abschied, sie wollen niemanden mehr von unsrer Art, jedes Männergesicht ist verbannt; sie werden sich von uns beim Schmettern der Trompete trennen, und ich bitte Sie um Ihren Beistand gegen den Tumult.

M. SORBIN Was willst du damit sagen, mein Sohn? Was soll das heißen, ein Tumult?

PERSINEUS Es ist ein Aufstand, ein Bündnis, ein Getöse, ein Gegacker gegen die Regierung des Königreichs; Sie werden erfahren, daß die Frauen sich zusammengerottet haben, um häßlich zu sein, sie wollen ihre Pantoffeln ablegen, es heißt sogar, sie würden andere Kleider anziehen, Säcke tragen und ihre Hauben schief aufsetzen, um uns nicht zu gefallen; ich habe sie ein großes Gespräch vorbereiten sehen, ich habe selbst die Bänke herangeholt zu ihrer Bequemlichkeit; ich wollte mich auch setzen, aber sie haben mich wie einen Lumpen davongejagt; die Welt wird zugrunde gehen, und alles nur wegen der Gesetze, die die braven Damen mit Ihnen gemeinsam machen wollen, und ich rate Ihnen, den Damen die Hälfte davon zu überlassen, wie es nur recht und billig ist.

TIMAGENOS Ist das möglich, was er da sagt?

PERSINEUS Gesetze, was ist das schon? Eine Lappalie im Vergleich zur Liebe einer Frau!

HERMOKRATES Verschwinden Sie, junger Mann!

PERSINEUS Haben denn alle hier den Koller? Wo immer ich auftauche, heißt es: verschwinde; ich begreife überhaupt nichts mehr.

M. SORBIN Das also hatten die Frauen vorhin gemeint?

TIMAGENOS Sie hören es doch.

HERMOKRATES Zum Glück ist die Sache eher komisch als gefährlich.

EIN ANDERER MANN Ganz sicher.

M. SORBIN Meine Frau ist starrköpfig, und ich wette, sie hat alle andern aufgewiegelt; aber warten Sie hier auf mich; ich will sehen, was es gibt und werde der Verrücktheit rasch ein Ende machen; wenn ich im Ton des Herrn und Meisters rede, halten die gleich den Mund; bleiben Sie bitte hier, meine Herren.

Ab.

TIMAGENOS Ich bin überrascht, daß Artenis dabei mitmacht.

Dreizehnte Szene

TIMAGENOS · HERMOKRATES · *Der andere* MANN
PERSINEUS · ARTENIS · MADAME SORBIN · *Eine* FRAU
mit einer Trommel und LINA, *die ein Plakat trägt*

ARTENIS Meine Herren, würden Sie bitte unsere Frage beantworten: Sie wollen Verordnungen für die Republik erlassen; werden wir dabei zusammenarbeiten? Welche Aufgaben haben Sie dabei für uns vorgesehen?

HERMOKRATES Keine, wie immer.

EIN ANDERER MANN Das heißt, ihr sollt heiraten, wenn ihr dazu alt genug seid, ihr sollt als Frauen euren Männern gehorchen und über euren Hausstand wachen; das ist euer Schicksal, davon können wir euch nicht befreien.

MME. SORBIN Ist das euer letztes Wort? Rührt die Trommel;

zu Lina.

und du schlägst die Verfügung dort an den Baum.

Trommelwirbel. Lina hängt das Plakat auf.

HERMOKRATES Was soll der schlechte Scherz? Reden Sie doch einmal mit ihnen, Seigneur Timagenos, fragen Sie, worum es geht.

TIMAGENOS Wollen Sie uns die Sache bitte erklären, Madame?

MME. SORBIN Lesen Sie den Anschlag, da steht die Erklärung.

ARTENIS Er teilt Ihnen mit, daß wir bei allem beteiligt sein wollen, wir wollen bei allem mitbestimmen und alle Ämter mit Ihnen gemeinsam ausüben, das der Finanzen, der Gerichtsbarkeit und der Verteidigung.

HERMOKRATES Der Verteidigung, Madame?

ARTENIS Ja, der Verteidigung, Monsieur. Nehmen Sie bitte zur Kenntnis, daß wir bisher nur infolge unserer Erziehung feige waren.

MME. SORBIN Zum Teufel, gebt uns Waffen, und wir sind gefährlicher als ihr; ich will, daß wir in einem Monat mit der Pistole wie mit einem Fächer umgehen; vor ein paar Tagen habe ich auf einen Papageien geschossen, so wahr ich hier stehe.

ARTENIS Es ist alles Gewohnheit.

MME. SORBIN Genauso wie eine Gerichtssitzung abhalten oder Präsidentin sein, Ratsherrin, Verwalterin, Majorin oder Advokatin.

EIN MANN Frauen als Advokaten?

MME. SORBIN Ach, vielleicht weil wir auf den Mund gefallen wären, oder?

ARTENIS Sie werden doch nicht unser Redetalent bestreiten?

HERMOKRATES Das ist unmöglich, der Ernst der Verwaltung und die Würde der Gerichtsbarkeit werden sich nie mit einem Barett über einer Frauenhaube vertragen.

ARTENIS Was ist das schon, ein Barett, meine Herren? Wieso gilt es mehr als jede andere Kopfbedeckung? Im übrigen erkennen wir es ebensowenig an wie Ihre Gesetze; bis jetzt ist das Ihre Rechtsprechung und nicht unsere; eine Rechtsprechung, die von unseren schönen Augen bestimmt wird, falls wir uns die Mühe machen und sie spielen lassen, und wenn wir erst an der Abfassung der Gesetze beteiligt sind, werden wir sehen, was wir mit dieser Rechtsprechung machen, ebenso wie mit dem Barett, das auch zur Zipfelmütze werden kann, wenn man uns ärgert; weder der Witwe noch der Waise ginge es darum schlechter.

EIN MANN Und das wäre noch nicht alles, was ihr uns aufsetzt . . .

MME. SORBIN Hach, wie witzig; aber da ist nichts zu machen, lest unsern Anschlag, eure Verabschiedung steht unten auf dem Blatt.

HERMOKRATES Bitte, Seigneur Timagenos, geben Sie Anweisung und befreien Sie uns von diesem Geschnatter.

TIMAGENOS Madame...

ARTENIS Monsieur, ich habe nur noch ein Wort zu sagen, nutzen Sie die Gelegenheit: es gibt keine Nation, die sich nicht über die Fehler ihrer Regierung beschwerte; doch woher kommen diese Fehler? Daher, daß überall auf der Welt unser Geist bei der Abfassung der Gesetze fehlt, daß die Männer nichts mit der Hälfte des menschlichen Geistes anfangen, über die wir verfügen, daß sie sich immer nur auf ihre Hälfte berufen, die die weitaus schwächere ist.

MME. SORBIN Ja, weil es am Stoff fehlt, ist das Hemd zu kurz.

ARTENIS Die Ehe, die zwischen den Männern und uns geschlossen wird, sollte auch zwischen ihrem Denken und unserm geschlossen werden. So hatten es die Götter gewollt, doch ist es nicht befolgt worden, und das ist der Grund für die unvollkommenen Gesetze; das Opfer davon ist die ganze Welt, und wir dienen ihr, indem wir uns widersetzen. Ich habe gesprochen; es ist nutzlos, mir zu antworten, entscheiden Sie sich, wir geben Ihnen noch eine Stunde Zeit, danach ist die Trennung unwiderruflich, falls Sie nicht nachgeben; folgen Sie mir, Madame Sorbin, wir gehen.

MME. SORBIN *im Weggehen.*

Unsere Geisteshälfte grüßt eure.

Vierzehnte Szene

MONSIEUR SORBIN *kommt zurück, als die beiden Frauen hinausgehen* · DIE VORIGEN · PERSINEUS

M. SORBIN *hält Mme Sorbin zurück.*
Ah, da bist du endlich, ich habe dich überall gesucht.

ARTENIS Machen Sie Schluß mit ihm; ich komme gleich zurück und hole Sie.

M. SORBIN *zu Mme Sorbin.*
Wahrhaftig, ich bin entzückt, dich zu sehen, Madame Sorbin, und dein Verhalten ist wirklich reizend.

MME. SORBIN So, macht es dir Freude, Monsieur Sorbin? Um so besser, ich bin erst noch bei der Einleitung.

M. SORBIN Du hast dem Jungen da gesagt, ihr wolltet mit Leuten seiner Art nicht mehr verkehren; erkläre uns doch ein bißchen, wen du darunter verstehst.

MME. SORBIN Nun, alles, was dir ähnelt, Monsieur Sorbin.

M. SORBIN Was sagst du da, Madame Nachthaube?

MME. SORBIN Was ich denke und wie es ist, Monsieur Zipfelmütze.

TIMAGENOS Sachte, Madame Sorbin; gehört es sich für eine so vernünftige Frau wie Sie, die Achtung, die sie ihrem Mann schuldet, in dieser Weise zu verletzen?

MME. SORBIN Jetzt kommt der auch noch mit seinem Männergeschwätz. Eben weil ich vernünftig bin, spielt sich das so ab. Sie sagen, ich schulde ihm etwas, aber er schuldet es mir genauso; zahlt er es mir, dann zahle ich es ihm auch; deshalb beschwere ich mich ja.

PERSINEUS Dann zahlen Sie es ihr doch, Monsieur Sorbin, zahlen Sie, wir wollen alle zahlen.

M. SORBIN Ein unverschämtes Weib!

HERMOKRATES Sie sehen wohl selbst, daß Ihr Unternehmen nicht durchführbar ist.

MME. SORBIN Glauben Sie etwa, uns fehlte der Mut dazu? Da irren Sie sich, unsere Maßnahmen sind getroffen, alles ist beschlossen, unsere Bündel sind geschnürt.

TIMAGENOS Und wohin gehen Sie?

MME. SORBIN Immer geradeaus.

TIMAGENOS Und wovon wollen Sie leben?

MME. SORBIN Von Früchten, Kräutern, Wurzeln, Muscheln, von nichts, wenn es sein muß; wir fischen, wir jagen, wir werden zu Wilden, doch unser Leben wird ehrenvoll und ruhmreich enden und nicht in der lächerlichen Abhängigkeit, in der man Wesen wie uns gern halten möchte, Wesen mit solchen Gaben.

PERSINEUS Denen meine ganze Bewunderung gilt.

HERMOKRATES Das artet ja in Raserei aus.

Zu Monsieur Sorbin.

So antworten Sie ihr doch.

M. SORBIN Was soll es, sie sind vom Wahnsinn befallen; aber versuchen wir, die Sache vernünftig zu regeln; weißt du, Frau, wozu ich alles fähig bin?

MME. SORBIN Ach, der arme Mann, der hat es gerade nötig; was für ein Geschwätz!

M. SORBIN Geschwätz! Mit wem redest du eigentlich? Bin ich nicht der gewählte Vertreter des Volkes? Bin ich nicht dein Ehemann, dein Herr, das Oberhaupt der Familie?

MME. SORBIN Bin ich nicht, bin ich nicht ... Glaubst du etwa, du kannst mich einschüchtern mit der Aufzählung deiner Ämter, die ich besser kenne als du? Man könnte meinen, er hält sich für einen Gott. Du bist der Vertreter der Männer, und ich die Vertreterin der Frauen; du bist mein Mann und ich bin deine Frau; du bist der Herr und ich die Herrin; und was das Oberhaupt der Familie betrifft, da wollen wir mal vorsichtig sein, da gibt es nämlich zwei, du bist das eine, und ich das andere, mithin stehen wir uns gleich.

PERSINEUS Sie redet Gold, wahrhaftig.

M. SORBIN Aber der Respekt einer Frau...

MME. SORBIN Aber der Respekt, das ist etwas ganz Dummes; kommen wir zum Ende, Monsieur Sorbin, gewählter Vertreter des Volkes, Ehemann, Herr und Oberhaupt der Familie; das ist alles schön und gut; aber höre mich zum letzten Mal an; die Welt ist ein Pachthof, die Götter da oben sind die Herren, und ihr Männer wart immer, solange es Leben gibt, ganz allein die Pächter, aber das ist nicht gerecht; gebt uns unsern Teil von dem Pachthof, bestimmt ihr und bestimmen wir; gehorcht ihr und gehorchen wir; teilen wir Gewinn und Verlust; seien wir gemeinsam Herren und Knechte; mach das, Frau, mach das, Mann, so muß es heißen, das ist die Form, in die die Gesetze gebracht werden müssen, wir wollen es und verlangen es, wir bestehen darauf. Wollt ihr es nicht? in dem Fall erkläre ich dir, daß deine Frau, die dich liebt und die du lieben solltest, die deine Gefährtin ist, deine Freundin und nicht deine Dienerin, es sei denn, du wärest ihr Diener, ich erkläre dir also, daß du sie los bist, daß sie dich verläßt, daß sie das Band der Ehe zerreißt und dir den Hausschlüssel zurückgibt; ich habe für mich gesprochen; meine Tochter, die dort steht, soll für sich sprechen. He, Lina, komm her, ich habe meine Pflicht getan, tu du jetzt deine, sag du deine Meinung zu der Sache.

Fünfzehnte Szene

DIE VORIGEN · LINA

LINA Liebe Mutter, meine Meinung ist...

TIMAGENOS Das arme Kind ist ganz eingeschüchtert durch das, was Sie von ihm verlangen.

MME. SORBIN Sie sagen selbst den Grund, eben weil sie noch ein Kind ist; nur Mut, Tochter, sprich laut und deutlich.

LINA Liebe Mutter, meine Meinung ist, wie Sie gesagt haben, daß wir zum gleichen Teil Frauen sind und bestimmen wie die Herren; daß wir genau wie sie an der Herstellung der Gesetze arbeiten wollen und dann soll gelost werden um zu wissen, wer von uns König oder Königin wird; sonst aber soll jeder nach seiner Seite gehen, wir nach rechts, die Männer nach links, so gut jeder kann. Ist das alles, Mutter?

MME. SORBIN Hast du nicht die Sache mit dem Liebhaber vergessen?

LINA Das ist am schwersten zu behalten; Ihrer Meinung nach ist die Liebe nur noch etwas Dummes.

MME. SORBIN Hier geht es nicht um meine Meinung, sondern um deine.

LINA Ach, wenn es nach meiner ginge, würde ich meinen Liebsten und seine Liebe mit uns nehmen.

PERSINEUS Was für ein gutes Herz, wie sie mich liebt.

LINA Ja, aber man hat mir befohlen, dir den Abschied zu geben, obwohl ich weder sein Ende noch seinen Zweck sehe.

PERSINEUS Barmherzigkeit!

M. SORBIN Der Himmel steh' uns bei; sag' doch offen, Frau, ist das eine Art zu leben?

MME. SORBIN Komm, Lina, mach deinen letzten Knicks vor Monsieur Sorbin, von nun an kennen wir ihn nicht mehr; und gehen wir, ohne uns noch einmal umzudrehen.

Beide ab.

Sechszehnte Szene

DIE VORIGEN

PERSINEUS Ein Abschied, der mir den Tod bringt; ich sterbe noch, bevor es Abendessen gibt.

HERMOKRATES Mir scheint, Sie sind nahe am Weinen, Monsieur Sorbin?

M. SORBIN Ich bin schon weiter, Seigneur Hermokrates, ich halte mich nicht mehr zurück.

PERSINEUS Wenn Sie schöne große Tränen sehen wollen, hier sind sie.

M. SORBIN Ich liebe diese übergeschnappten Weiber mehr als ich dachte; man müßte sie prügeln, aber das ist nicht meine Art.

TIMAGENOS Ich begreife Ihren Kummer.

PERSINEUS Wer liebt denn nicht das schöne Geschlecht?

HERMOKRATES Lassen Sie uns in Frieden, junger Mann.

PERSINEUS Sie, Seigneur Hermokrates, Sie sind von uns allen am hartnäckigsten; denn Monsieur Sorbin ist so ein guter Kerl und ich bin so traurig, daß es eine Wonne ist; und da ist Seigneur Timagenos, der das einsieht; niemand ist hier ein Wolf, nur Sie haben die Zähne gezeigt, und ohne Sie würden wir uns jetzt den Pachthof teilen.

HERMOKRATES Einen Augenblick, meine Herren; da Ihnen diese gewaltsame Entscheidung offensichtlich mißfällt, werden wir uns mit den Frauen einigen; ich habe eine Idee, wollen Sie sich mir anvertrauen?

TIMAGENOS Einverstanden, unternehmen Sie etwas, wir geben Ihnen die Vollmacht dazu.

M. SORBIN Und auch mein Amt, wenn es mir erlaubt wird.

HERMOKRATES Lauf, Persineus, ruf sie zurück, beeil dich, sie sind noch nicht weit.

PERSINEUS Alle Wetter, ich laufe wie der Wind, ich springe wie ein Bock.

HERMOKRATES Und hole mir bitte noch einen kleinen Tisch und etwas zum Schreiben.

PERSINEUS Ganz sofort.

TIMAGENOS Wünschen Sie, daß wir gehen?

HERMOKRATES Ja; aber ich möchte Sie beide bitten, da wir mit den Wilden dieser Insel im Krieg liegen, in ein paar Minuten zurückzukommen und zu verkünden, man sehe sie in großer Zahl von ihren Bergen herunterkommen um uns anzugreifen; das ist alles. Doch vielleicht können auch ein paar Männer Waffen mitbringen, die Sie den Frauen für den Kampf anbieten.

Persineus kommt mit einem Tisch und Tinte, Papier und einer Feder zurück.

PERSINEUS *stellt den Tisch hin.*

Die Schönen kommen gleich nach, und hier ist alles zum Schreiben, Herr Notar; versuchen Sie, uns den Frieden aufs Papier zu setzen.

TIMAGENOS Gehen wir.

Siebzehnte Szene

HERMOKRATES · ARTENIS · MADAME SORBIN

HERMOKRATES *zu Artenis.*

Sie haben gesiegt, Madame, Sie haben einen Widerstand überwunden, der das glückliche Zusammenleben mit Ihnen verhindert hätte; im übrigen wäre er nicht so anhaltend gewesen, wenn alle Frauen hier der edlen Artenis glichen; ihr Verstand, ihre Höflichkeit, ihre Anmut und ihre hohe Geburt hätten uns rasch zum Nachgeben bewogen; doch offen gesagt, der Charakter Madame Sorbins, die sich mit Ihnen die Aufgabe teilen wird, Gesetze zu machen, der hat uns zögern lassen; wir halten sie durchaus auf ihre Weise für eine verdienstvolle Frau, aber ihre niedere Herkunft, die sich in ihrer bäurischen Art zeigt...

MME. SORBIN Verdammt, die niedere Person mit ihrer niederen Herkunft...

HERMOKRATES Das ist ja nicht meine Ansicht, ich wiederhole nur, was die Männer gesagt haben; sie behaupten sogar, daß die höfliche, gebildete Artenis sicher große Mühe hätte, mit Ihnen auszukommen.

ARTENIS *leise zu Hermokrates.*
Ich rate Ihnen, sie nicht zu ärgern.

HERMOKRATES Was mich betrifft, ich werfe Ihnen nichts vor; ich begnüge mich damit, Ihnen im Namen der Herren mitzuteilen, daß Sie an allen Ämtern beteiligt werden, und ich habe den Auftrag, in Ihrer Gegenwart die Urkunde darüber auszustellen. Doch bevor ich beginne, überlegen Sie sich bitte, ob Sie noch besondere Forderungen haben.

ARTENIS Mir geht es nur noch um einen Punkt.

MME. SORBIN Mir ebenso; da ist nämlich einer, der mir mißfällt und den ich streiche, und zwar den Adelsstand, den verabschiede ich, um die niedere Herkunft zu beseitigen; mit den Albernheiten ist jetzt Schluß.

ARTENIS Wie, Madame Sorbin, Sie wollen den Adel abschaffen?

HERMOKRATES Mir gefällt die Abschaffung sehr gut.

ARTENIS Sie gefällt Ihnen, Hermokrates?

HERMOKRATES Verzeihung, Madame, ich habe zwei bescheidene Gründe dafür: ich bin bürgerlich und Philosoph.

MME. SORBIN Ihre beiden Gründe werden anerkannt; ich befehle kraft meiner Machtbefugnis, daß die beiden Personen Artenis und Sorbin vollkommen gleich sind und daß es keinen Unterschied mehr gibt, ob man nun Hermokrates,

Larifari oder Timagenos heißt; wieso sollen Namen Ehre und Ruhm einbringen?

HERMOKRATES Sie redet tatsächlich wie Sokrates; geben Sie nach, Madame, ich schreibe jetzt.

ARTENIS Nie im Leben willige ich ein; ich bin mit einem Vorzug auf die Welt gekommen, den ich behalte, damit Sie es wissen, Sie Handwerkersfrau.

MME. SORBIN Aber Kameradin, Sie sind viel zu klug, um sich so albern anzustellen.

ARTENIS Verteidigen Sie sich lieber gegen den Vorwurf, bäurisch zu sein.

MME. SORBIN Halten Sie den Mund; man glaubt ja, Sie seien ein kleines Kind, das nach seiner Klapper schreit.

HERMOKRATES Ruhe, meine Damen, wir wollen diesen Punkt beiseite lassen und später darauf zurückkommen.

MME. SORBIN Jetzt nennen Sie Ihren, gewälte Vertreterin des Adels, Prinzessin.

ARTENIS Er ist etwas vernünftiger als der von der Sorbin, er betrifft die Liebe und die Ehe; jede Art von Untreue ist für eine Frau entehrend; ich wünsche, daß der Mann ebenso behandelt wird.

MME. SORBIN Nein, das taugt nichts, ich verhindere das.

ARTENIS Was ich sage, taugt nichts!

MME. SORBIN Überhaupt nichts, weniger als nichts.

HERMOKRATES Darin bin ich nicht Ihrer Meinung, Madame Sorbin; ich finde die Sache recht und billig, auch wenn ich ein Mann bin.

MME. SORBIN Aber ich will es nicht; der Mann hat nicht unsere Stärke, ich habe Mitleid mit seiner Schwäche; die Welt läßt ihm die volle Freiheit, wenn es um Treue geht, und ich lasse sie ihm ebenfalls, anders geht es nicht; und was uns Frauen betrifft, so haben wir noch gar nicht genug an Schwierigkeiten, ich verordne noch eine Dosis, je mehr wir zu überwinden haben, um so bewundernswerter sind wir, um so besser erkennt man die Größe unserer Tugend.

ARTENIS Eine verrückte Person.

MME. SORBIN Verdammt, ich rede als Frau von niederem Stand. Denn wir kleinen Frauen, wir wechseln weder den Liebhaber, noch den Ehemann, während das bei den Damen anders ist, die setzen sich über jede Ordnung hinweg und machen es wie die Männer; aber meine Verfügung legt ihnen die Zügel an.

HERMOKRATES Was antworten Sie darauf, Madame, und was soll ich schreiben?

ARTENIS Wie kann man mit diesem Marktweib zu einer Einigung kommen?

Achtzehnte Szene

DIE VORIGEN · TIMAGENOS · MONSIEUR SORBIN
und ein paar MÄNNER *mit Waffen*

TIMAGENOS *zu Artenis.*
Madame, wir haben soeben eine riesige Menge Wilde entdeckt, die in die Ebene herunterkommen, um uns anzugreifen; die Männer sind bereits versammelt; beeilen Sie sich Ihrerseits, die Frauen zu versammeln; und befehligen Sie uns heute gemeinsam mit Madame Sorbin, um das Soldatenhandwerk zu üben; hier haben wir Ihnen Waffen mitgebracht.

MME. SORBIN Ich ernenne Sie zum Anführer des Unternehmens; und die Männer sollen noch Hauptleute sein, bis wir das Handwerk beherrschen.

M. SORBIN Aber kämpft doch wenigstens mit.

ARTENIS Die Grobheit dieser Frau verdirbt mir alles, und ich verzichte auf einen Plan, der mit ihr zusammen undurchführbar ist.

MME. SORBIN Ihr dummer Hochmut söhnt mich wieder mit euch aus. Komm, Mann, ich verzeihe dir; geh und schlag dich, ich kümmere mich um den Haushalt.

TIMAGENOS Ich freue mich, daß der Streit beendet ist. Machen Sie sich keine Sorgen, meine Damen; bringen Sie sich vor dem Kampf in Sicherheit, wir werden bei den Sitten und Gebräuchen, die wir festlegen, Ihre Rechte wahren.

NACHWORT

»In meinem Buch soll man von allem etwas finden«, hatte Marivaux 1727 den »Philosophischen Vagabunden« erklären lassen, eine seiner vielen in der Ich-Form sprechenden Figuren. »Ich möchte, daß die ernsthaften Leute, die fröhlichen, die traurigen, auch die verrückten, kurz, daß alle mich zitieren, und ihr werdet sehen, daß sie mich zitieren. Mit einem Wort, ich möchte ein Mensch sein und kein Autor und das geben, was mein Geist hervorbringt, nicht aber das, was ich ihn hervorbringen lasse.« Und wenig später: »Ich schreibe so, als redete ich mit euch, mehr Aufwand treibe ich nicht und werde ihn auch nie treiben.«

Es ist leicht zu begreifen, daß Marivaux mit der neuen Konzeption, seinen Schriften »keine besondere Form« zu geben (»Ich pfeife auf Regeln«) und den denkenden, fühlenden Menschen unmittelbar sprechen zu lassen (»Marianne ist kein Autor, sondern eine Frau, die denkt. Stellen Sie sich vor, daß sie nicht schreibt, sondern spricht.«), bei seinen in engem Regeldenken befangenen Zeitgenossen auf wenig Verständnis stieß. Doch nicht nur seine Schreibweise, auch seine Inhalte fanden bei den tonangebenden Literaten – besonders bei Voltaire, der ihm »einen weniger gesuchten Stil und edlere Themen« wünschte – keine Zustimmung. »Da der Schriftsteller für den Geist schreibt«, erklärte Desfontaines, einer von Marivaux' heftigsten Kritikern, in einem Artikel über »Das Leben der Marianne«, »darf er nur das Schöne, Große, Edle, Hübsche, Reizvolle in der Natur darstellen.« Daß Marivaux in dem Roman den Streit eines Kutschers und einer

Wäscherin darstellte – und mit welch psychologischer, sprachlicher Treffsicherheit! – fand man schlicht »eines wohlerzogenen Menschen unwürdig« und »ekelhaft in einem Werk«.

Böswilligkeit oder Nachlässigkeit – interessant ist folgendes: Wohl wissend, daß ein derart trivialer Streit Entrüstung bei den Vertretern des »Schönen, Großen, Edlen« hervorrufen würde, hatte Marivaux dem Text ein kurzes Vorwort vorangestellt, in dem er schrieb: »Es gibt Leute, die es für unter ihrer Würde halten, einen Blick auf das zu werfen, was die allgemeine Meinung als niedrig betrachtet. Doch jene, die etwas philosophischer veranlagt sind, die etwas weniger auf die Unterschiede hereinfallen, die der Hochmut in die Dinge dieser Welt gebracht hat, jene Leute wird es nicht verdrießen, in einem Kutscher den Mann zu sehen und in einer Wäscherin die Frau.« Doch dieses Vorwort fehlt in den bekannten Werkausgaben, bis hin zu der als zuverlässig gerühmten Pléiade-Ausgabe von 1949. Vielleicht weil es so ganz und gar nicht in das Bild eines nur die Liebesprobleme geistreicher Marquisen und Grafen darstellenden Autors paßte? Erst Frédéric Deloffre, der zuverlässigste Herausgeber von Marivaux' Werken, hat es 1963 in seine Ausgabe des Romans aufgenommen.

Das Unverständnis, dem Marivaux begegnete, hatte zur Folge, daß nur ein kleiner Teil seines Werkes bekannt wurde – die beiden realistisch-psychologischen Romane »Das Leben der Marianne« und »Der Bauer als Emporkömmling« sowie einige Komödien – und die literarische Öffentlichkeit sich infolgedessen ein Bild von Autor und Werk machte, das der tatsächlichen Bedeutung in keiner Weise entsprach.

Abgesehen von einem umfangreichen Jugendwerk – Erzählungen und burleske Abenteuerromane, Parodien auf antike Epen – und sechsunddreißig Komödien hat Marivaux ein reiches publizististisches Werk hinterlassen: lange Zeit veröffentlichte er Artikel und Essays in dem bekannten Wochenblatt »Mercure de France«, gab aber auch selbst nacheinander drei Zeitschriften heraus, als alleiniger Redakteur und Autor: »Le Spectateur français« (1721–24), »Der philosophische Vagabund« (1727) sowie »Die Schriften des Philosophen« (1734). Diese drei Zeitschriften, in der deutschen Ausgabe unter dem Titel »Betrachtende Prosa« zusammengefaßt, kann man als Schlüssel zu Werk und Autor betrachten, insbesondere aber zu seinen Komödien. Sie enthalten eine Fülle philosophischer und moralischer – im Sinne der französischen Moralisten, die Nietzsche als »Menschenprüfer« bezeichnete – Betrachtungen, Erzählungen, Lebensgeschichten, fiktiver Briefe. Hier beobachtet und analysiert Marivaux, den eine deutsche Zeitgenossin den »Anatom des menschlichen Herzens« genannt hatte, mit subtiler Schärfe menschliche Verhaltensweisen und Empfindungen, die sich kaum von den unsrigen unterscheiden.

Was Marivaux in der »Betrachtenden Prosa« beschreibend darstellt, setzt er in seinen Komödien ins unmittelbare Agieren, Reagieren seiner Figuren um. Ihre Lebendigkeit, ihr temperamentvolles Spiel läßt den Zuschauer vergessen, daß sie im Grunde Demonstrationsobjekte psychischer Vorgänge sind.

Marivaux hatte im Jahre 1721 durch die berüchtigte Law-Affäre – ein Börsenschwindel, der ganz Frankreich in eine schwere Finanz- und Wirtschaftskrise gestürzt hatte – sein gesamtes Vermögen verloren. Seitdem war er gezwungen, vom Schreiben zu leben. Wahrscheinlich verdanken wir diesem Umstand seine vielen Komödien, denn bis dahin hatte er fast nur Prosa geschrieben. Doch wohlhabend wurde er nicht durch sie. Als er im Februar 1763 nach langer Krankheit starb, hinterließ er so wenig, daß es sich für seine Hausgenossin (war sie seine Lebensgefährtin? niemand weiß es), Mademoiselle Angélique de la Chapelle Saint-Jean, nicht einmal lohnte, das Erbe anzutreten.

Es wird immer wieder übersehen, wie sehr sich diese persönliche, aber auch allgemeine finanzielle Unsicherheit in Marivaux' Komödien widerspiegelt. Es geht darin nicht nur um Liebe, wie immer wieder behauptet wird, sondern in gleichem Maße um Geld und Besitz. Die unausgesprochene, doch latent bestehende Frage an den Partner: würdest du mich auch lieben, wenn meine soziale Stellung, meine finanzielle Lage weniger gut wäre? wird im »Bauer als Erbe« etwa eindeutig negativ beantwortet. Da ziehen sich die vornehme Witwe und der Chevalier, die Sohn und Tochter des durch eine Erbschaft reich gewordenen Bauern heiraten wollen, sehr rasch zurück, als sie erfahren, daß der Vermögensverwalter mit dem Geld im Ausland verschwunden ist. Auch die Gefühle der Gräfin in der »Falschen Zofe« sind interessengelenkt, das heißt unbewußt von dem Gedanken an das Reugeld von zehntausend Talern bestimmt, das sie bei einer Trennung von Lelio zahlen müßte.

Marivaux schrieb den größten Teil seiner Komödien für zwei Theater: neun Komödien für die seit 1680 bestehende Comédie Française und einundzwanzig für die Comédie Italienne. Deren Truppe hatte 1697 auf Betreiben der bigotten Madame de Maintenon Paris verlassen müssen, war aber 1716 zurückgekehrt und bildete nun mit ihrem noch von der Commedia dell'arte beeinflußten leichten, sehr mimischen und gestenreichen Spiel einen starken Gegensatz zu dem etwas schwerfälligen, pathetischen Stil der Comédie Française. Natürlich zog die Comédie Italienne auch ein ganz anderes Publikum an, das weniger kritisch war, doch aufgeschlossener. Es ist deshalb nicht verwunderlich, daß der Autor seine Stücke lieber dieser Truppe gab. Hier fanden seine sozialen Ideen – man denke etwa an die »Verführbarkeit auf beiden

Seiten« – und seine für die damalige Zeit neue, häufig Entrüstung hervorrufende Sprache eine wesentlich bessere Aufnahme als bei dem Publikum der die Tradition wahrenden Comédie Française.

Star der Truppe war Zanetta Benozzi, genannt Silvia, eine äußerst begabte Schauspielerin, die Casanova in seinen Memoiren als »das Idol ganz Frankreichs« bezeichnet hatte, ohne die, wie er behauptete, Marivaux' Komödien »nicht an die Nachwelt gelangt wären«. Für sie schrieb Marivaux seine schönsten Frauenrollen. Aber auch Thomasso Vincentini, genannt Thomassin, der Arlequin der Truppe, war als ebenso guter Akrobat wie Tänzer und Schauspieler beim Publikum sehr beliebt. Man kann im übrigen in Marivaux' Komödien das Älterwerden besonders dieses Schauspielers beobachten: mit zunehmenden Jahren wird die Rolle des Arlequin immer mehr zurückgenommen. Obwohl Marivaux nicht Schauspieler war und Theaterleiter wie Molière, hatte er doch »seine« Truppe, für deren Darsteller er seine Rollen schrieb.

*

Mehrmals ist bereits auf Marivaux' Sprache hingewiesen worden, die bereits zu seinen Lebzeiten mit einem eigenen Begriff – der dann im Laufe der Zeit mehrfach seine Bedeutung veränderte – bezeichnet worden war: Marivaudage. Allerdings hat er eher Verwirrung gestiftet, als zur Klärung gedient. Erst Frédéric Deloffre fand eine angemessene Definition: »Eingestehen, was man nicht einmal sich selbst eingestehen will, ausdrücken, was bis dahin niemandem auszudrükken gelang, das sind die beiden Grundaspekte der Marivaudage.«

Marivaux selbst hat in seinem Prosawerk immer wieder seinen Stil erklärt, ihn verteidigt. Im Vorwort zur Komödie

»Die voreiligen Schwüre« schreibt er: »Man ist an den Stil von Autoren gewöhnt, denn jeder Autor hat den ihm eigenen: man schreibt fast nie, wie man spricht, das Abfassen eines Textes gibt dem Geist eine andere Wendung. Überall ist eine Neigung zu überlegten und durchdachten Vorstellungen, deren Eintönigkeit man nicht merkt, weil man sich daran gewöhnt hat. Gibt jedoch ein Autor diesen Stil einmal auf und führt die Sprechweise der Menschen in ein Werk ein, besonders in eine Komödie, dann ist es gewiß, daß er zunächst Aufsehen erregt, und wenn er gefällt, gefällt er außerordentlich, um so mehr, da er für neu gehalten wird. Doch wenn er das öfter tut, wird er mit der Sprechweise der Menschen keinen Erfolg mehr haben, denn nicht als diese hat sie Aufsehen erregt, sondern nur als seine eigene, und man ist der Meinung, daß er sich wiederholt... Ich habe versucht, die Sprache der Konversation zu erfassen und die Wendungen der vertrauten und vielfältigen Gedanken, die in sie einfließen, doch schmeichle ich mir nicht, das erreicht zu haben. Ich füge nur noch hinzu, daß unter geistreichen Leuten die Gespräche lebhafter sind, als man glaubt, und daß alles, was ein Autor tun könnte, um sie nachzuahmen, niemals ihrem Feuer und ihrer subtilen Natürlichkeit nahekommt.«

Der Autor ist sehr bescheiden, denn in Wahrheit ist es ihm wie selten einem Schriftsteller gelungen, die Sprechweise seiner Figuren – in der Prosa ebenso wie in den Komödien – mit all ihrer Unsicherheit, ihren Wiederholungen und Übertreibungen, mit ihrer Verlogenheit und Aggressivität bis hin zum je nach psychischer Verfassung wechselnden Satzrhythmus wiederzugeben. Tatsächlich ist in Marivaux' Komödien der eigentliche Handlungsträger die Sprache. Durch Reden entstehen Konflikte, werden Gefühle verschleiert, verdrängt oder auch bewußt gemacht. Häufig hört der andere nur, was er hören will, und nicht das, was der Sprechende meint (Die

Gräfin in der »Falschen Zofe«: »Sie sollten darauf achten, was man Ihnen sagt.«), oder er überhört es aus bestimmten Gründen (Silvias Vorwurf im »Spiel von Liebe und Zufall«: »Sie hören mir also gar nicht zu, Vater!«). Marivaux ist ein Meister der Psychologie der Sprache. Häufig ist nicht das, was seine Figuren sagen, das Wesentliche, sondern die Art, wie sie es sagen, in welchem Zusammenhang, welcher Situation, mit welchem Ausdruck. Nur wenn man auf diese feinen Warnzeichen achtet, erfährt man, was wirklich gemeint ist. In den »Schriften des Philosophen« nennt der Autor das »die Sprache neben der Sprache«: »... Ihre Aufrichtigkeit (die der Menschen) liegt nicht in ihren Worten, sondern in den Wendungen ihrer Reden, in der Art ihres Sprechens, in ihrem Ton, ihren Gesten und auch in ihren Blicken ... All das bildet eine Sprache neben der anderen, die man verstehen muß.« Wie sehr Gesagtes und Gemeintes voneinander abweichen können, sehen wir etwa in den »Falschen Geständnissen«: Dubois baut sein ganzes Intrigenspiel darauf auf, Wahrheiten so vorzubringen, daß sie nicht geglaubt werden, Unwahrheiten so, daß man sie für Wahrheiten hält, und Doppeldeutigkeiten verkündet er stets so, daß sie im beabsichtigten Sinn begriffen werden. Und so gewinnt er sein raffiniertes Spiel, ohne daß man ihn einer wirklichen Lüge überführen könnte.

Dubois setzt seine Mittel bewußt ein. Ein meisterhaftes Beispiel dafür, wie Gesagtes und Gemeintes jedoch voneinander abweichen können, ohne daß sich der Sprechende dessen bewußt wird, ist der Anfang der 12. Szene im III. Akt zwischen Araminte und Dorante. Kein noch so überzeugend dargestellter Gefühlsausbruch könnte uns besser den Aufruhr im Herzen der Liebenden erfassen lassen als ihre zerstreut darhingeredeten, mechanisch formulierten Worte.

Sprache als eigentlicher Handlungsträger: das bedeutet

gleichzeitig, daß die Konflikte in Marivaux' Komödien nach innen verlegt sind. Zum ersten Mal in der Komödienliteratur sind es keine Zwänge von außen – in einer Liebesbeziehung die Intrigen des Nebenbuhlers etwa oder das Heiratsverbot eines tyrannischen Vaters –, sondern allein die Schwierigkeiten der Personen mit ihrem eigenen Ich und dem des anderen. Es sind Probleme psychologischer Natur, die das Geschehen bestimmen. Auch damit stieß der Autor auf Unverständnis. Man warf ihm vor, die meisten seiner Komödien ähnelten einander mehr oder weniger. Dazu bemerkte er: »Zwar spielt sich ... alles im Herzen ab, doch hat dieses Herz viele Arten von Gefühlen, und die Darstellung des einen bedeutet noch nicht die Darstellung des anderen.«

Bei Augustinus heißt es in den »Bekenntnissen«: »Ein großer Abgrund ist der Mensch ... seine Haare sind leichter zu zählen als seine Empfindungen und die Regungen seines Herzens.« Diese unzählbaren Regungen des Herzens, dieses verworrene Geflecht von Empfindungen, hat Marivaux in seinen Komödienfiguren auf die Bühne gebracht, um sie dem Zuschauer bewußt zu machen.

Äußerer Anlaß sie aufzudecken, gewissermaßen der »Auslöser«, ist für ihn der »Überfall der Liebe«, so ein Komödientitel. Zu Beginn seines ersten Romans, »Die Abenteuer des*** oder die überraschenden Folgen der Sympathie« hatte er geschrieben: »Von allen Leidenschaften, die den Menschen handeln lassen, ist die Liebe stets die stärkste und allgemeinste gewesen ... Mächtiger als die andern, hat sie allein deren gesamte Wirkungen.«

Dieser »Überfall der Liebe« bewirkt, daß die Figuren, die bisher unbewußt, unreflektiert, gelebt hatten, sich plötzlich ihres Ichs bewußt werden und damit ihre Unbefangenheit verlieren. Ihr Selbstverständnis ist erschüttert, ihre Ratio hilft ihnen nicht mehr, der Kampf des Unbewußten gegen das

Bewußte beginnt. Sie sind überrascht über das, was sie geschehen fühlen, begreifen es nicht: »Ach, ich weiß nicht, wie mir ist; ich muß Atem schöpfen; wieso seufze ich? Meine Tränen fließen; ich fühle mich von tiefster Traurigkeit erfaßt und weiß nicht, weshalb.« (»Ein zweiter Überfall der Liebe.«) Sie wehren sich dagegen: »Ist es zu begreifen, was mit mir geschieht? Welch ein Abenteuer, o Himmel! Muß mein Verstand dabei zu Grunde gehen?« (»Triumph der Liebe«). Die meisten der Figuren, besonders die Frauen, empfinden die Liebe zunächst als ein Abenteuer, das sie aus ihrer Selbstsicherheit reißt, sie haben Angst davor, daß ihr Ich Opfer eines anderen Ichs werden könnte. Marivaux' Theater ist zu recht als ein »Theater des Mißtrauens« bezeichnet worden. Immer wieder prüft man sich gegenseitig, tastet einander mißtrauisch ab, kommt sich vorsichtig einen Schritt entgegen, stets bereit, bei der kleinsten Verletzung des Selbstgefühls sofort zurückzuweichen, damit vor allem die Eigenliebe keinen Schaden erleide.

*

Die hier veröffentlichte Auswahl von vier Komödien – eine in Anbetracht der zahlreichen wenig bekannten Komödien Marivaux' sehr schwer zu treffende Auswahl – verfolgt die Absicht, einige unterschiedliche Aspekte zu verdeutlichen.

Die Gaunerkomödie »Die falsche Zofe«, die im Original den Untertitel trägt »oder der bestrafte Betrüger«, wurde von den Comédien Italiens 1724 uraufgeführt, gehört also zu den frühen Komödien. Im Gegensatz zu anderen, in denen »Die Prüfung«, ebenfalls ein Komödientitel, des in Aussicht stehenden Partners das eigentliche Thema ist, führt hier die Prüfung zu einem negativen Ergebnis, ja es gibt überhaupt kein Happy-end. Im Gegenteil: am Ende des ebenso subtilen wie dreisten Entlarvungsspiels sind gleich zwei Heiratsprojekte gescheitert.

Für Marivaux diente die damals in Komödien häufig benutzte Travestierung – meist die Verkleidung der Frau in einen Mann – zu weit mehr als zu billiger Verwechslungskomik. In dem kleinen Jugendroman »Die Kutsche im Schlamm« hatte er einen uralten Magier, der sich ebenso in Frauen wie in Männer verwandeln kann, erklären lassen: »Ich habe die freie Wahl zwischen den Körpern.« Als ein solcher Magier verfügt Marivaux über seine Figuren, läßt Frauen zu Männern werden und als solche in ihren Geschlechtsgenossinnen Liebe wecken. Doch ist in der »Falschen Zofe«, ähnlich wie im »Triumph der Liebe«, die Rolle des Verehrers, die eine Frau gegenüber einer anderen spielt, nicht die einzige Identität, in die sie schlüpft – reizvolle Aufgabe für eine begabte Schauspielerin. Gleichzeitig ist sie dem Diener gegenüber das begehrenswerte junge Mädchen gleichen Standes, dem jungen Liebhaber gegenüber zunächst der leichtfertige Freund und schließlich die berechnende Komplizin. Nur die eigene Identität wird – außer in zwei sehr kurzen Szenen (I. Akt 3 und 8) – nicht dargestellt. Bereits im Personenverzeichnis bekommt »die Dame aus Paris«, wie sie der »Mercure de France« in einem Aufführungsbericht genannt hat, das Etikett ihrer folgenreichsten Identitätsveränderung: Chevalier.

Zu erklären ist, daß im 17. und 18. Jahrhundert ein Chevalier der Jüngste einer adligen Familie war und daher als Erbe auf ein Pflichtteil beschränkt, welches unter dem zwölften Teil des Gesamterbes lag. Eine Summe, die kaum zum Lebensunterhalt reichte, geschweige denn dazu, den Verpflichtungen seines Namens nachzukommen. Daher erscheint der »Chevalier« in so vielen Komödien dieser Zeit als der Held zweifelhafter Abenteuer, der er auch in der Wirklichkeit häufig war.

Trivelins Bemerkung zu Beginn des Stückes über die »Alten« und die »Modernen« bezieht sich auf den Streit zwischen »les Anciens«, jenen, die den Wert der klassischen Literatur rühmten, und den eine Erneuerung der literarischen Konzeption befürwortenden »Modernes«, ein Streit, der zu jener Zeit aufs Heftigste zwischen den Literaten tobte. Marivaux hatte für die »Modernes« Partei ergriffen, was allein die Titel seiner beiden Jugendwerke »Le Télémaque travesti« und »L'Iliade travesti« andeuten, und sich damit viel Ärger zugezogen. Übrigens braucht man den kundigen Leser sicher nicht darauf hinzuweisen, daß er den gerissenen Trivelin später in Beaumarchais' »Figaro« wiederfindet. Dessen berühmter Monolog im »Tollen Tag« konnte ganz unbemerkt aus Trivelins witziger Selbstdarstellung hervorgehen. So wenig hatte man die »Falsche Zofe« zur Kenntnis genommen.

Der häufig dreiste, bei Lelio sogar zynische Ton der Komödie sollte uns nicht die Kritik überhören lassen, die Marivaux auch hier an den Verhaltensweisen der Gesellschaft übt, besonders am Verhalten der Männer gegenüber den Frauen. Zehn Jahre später (1734) veröffentlichte er in den »Schriften des Philosophen« einen Text »Über die verheirateten Frauen«, in dem er die von Lelio gerühmten Praktiken noch einmal aufs Korn nimmt und mit einer für seine Zeit ungewöhnlichen Schärfe geißelt.

*

Die Liebeskomödie »Das Spiel von Liebe und Zufall«, 1730 von den Comédiens Italiens zum ersten Mal aufgeführt, ist Marivaux' bekanntestes und meistgespieltes Stück. Sicher hat ihr Rollenschema zwei Herren, zwei Diener, und die genaue Umkehrung davon das Seine dazu beigetragen, daß mancher Regisseur mit der Komödie die Vorstellung von Geometrie,

Ballett oder Schachspiel assoziiert und sie entsprechend inszeniert. Das ist bis zu einem gewissen Grade berechtigt, doch erfaßt eine solche Konzeption nur die an der Oberfläche liegende Bedeutungsschicht des Werkes.

Auch in dieser Komödie geht es um eine aus Angst vor der Ehe und Mißtrauen gegen den von den Vätern vorgeschlagenen Partner entstandene Prüfung. Für Silvia bedeutet die Verkleidung eine Befreiung vom gesellschaftlichen Zwang, die einzige Möglichkeit, sie selbst zu sein. Doch gelingt ihr das Zofenspiel nur sehr ungenügend. Man muß so verliebt sein wie Dorante – der im übrigen auch alles andere als ein begabter Schauspieler ist –, um auf die »falsche Zofe« hereinzufallen. Und während Arlequin das Rollenspiel benutzt, um seinem Ärger über früher erlittenes Unrecht Luft zu machen, ist Lisette die einzige der vier Spielenden, die ihrer neuen Rolle gewachsen ist.

Vor allem aber geht es in der Komödie um Eigenliebe, Selbstliebe, um all das, was diese uns an Listen, Verdrängungen, Selbstverteidigungen erfinden läßt. Die Erkenntnis, einen Diener zu lieben, das heißt einen Menschen, der in den Augen der Umwelt einen Makel hat, ist hart für ein junges, im Glauben an die Normen der Gesellschaft erzogenes Mädchen. Darum wehrt sich Silvias Eigenliebe mit allen ihr zur Verfügung stehenden Mitteln dagegen. Ihre plötzlich herrisch-aggressive Sprache – es ist bezeichnend, daß Silvia ausgerechnet den anderen ihre »unbegreifliche Sprache« vorwirft – verrät, wie sehr sie den sicheren Boden unter den Füßen verloren hat. Ihr Aufschrei am Ende der 12. Szene (II. Akt): »Es ist Dorante!« kommt aus tiefster, erlöster Seele. Sie weiß es am besten: »Das kam zur rechten Zeit!« Nur die Umstände haben sie davor bewahrt, den Diener auch »ohne Hochzeit« zu heiraten, dessen ist sich die luzide Silvia durchaus bewußt.

Will die gemarterte Eigenliebe einer koketten, kühlen Frau

nun ihre Rache haben? Oder will eine romantische Silvia nur Dorante dazu bringen, seine sozialen Vorurteile zu überwinden? Jedenfalls spielt sie das Spiel weiter. Doch daß in dem »Kampf zwischen Liebe und Vernunft« die Liebe siegt und die Vernunft dennoch nicht zu leiden braucht, verdanken die beiden Verliebten wohl allein den Zugeständnissen, die ihr Autor dem Geschmack seines Theaterpublikums machte, in seiner Prosa gibt es andere Lesarten.

Welche Anforderungen Marivaux' Texte an die Genauigkeit einer Interpretation stellen, soll ein Beispiel veranschaulichen: als Monsieur Orgon seiner Tochter den Vorschlag unterbreitet, Dorante zu heiraten, sagt er zu ihr: »Gefällt Dorante dir nicht ...«, aber: »*solltest* du ihm nicht gefallen ...« Eine kleine, doch aufschlußreiche Nuance. Im Französischen ist ihre grammatische Form noch unauffälliger: »Si Dorante ne te convient point ... si tu ne lui convenais pas ...« Eine geringfügige Veränderung in der Wiederholung eines Satzes, und doch drückt sich darin der ganze Stolz eines Vaters aus: seine Tochter kann gar nicht mißfallen!

*

Die bürgerliche Komödie »Falsche Geständnisse«, 1737 von den Comédiens Italiens uraufgeführt, ist Marivaux' letzte Komödie in drei Akten. Wie ihre Darsteller, sind auch die Protagonisten älter geworden – Dorante ist fast dreißig, Araminte wenige Jahre älter, der Graf sicher bedeutend älter, wahrscheinlich fast so alt wie Madame Argante und Monsieur Remy –, Arlequins Rolle ist zu einer Nebenrolle geschrumpft. Die Figuren haben eine soziale Realität bekommen – Dorante ist der Sohn eines Anwalts, hat Jura studiert, Araminte die Witwe eines reichen Finanziers, Marton die Tochter eines verschwenderischen Verwalters –, präzise Orte werden angegeben, ein Straßenname fällt. Die Komik ist realistischer geworden, derber, sie ist nicht mehr die eines witzigen Arlequins, sondern entsteht aus den ungewollt doppelsinnigen Bemerkungen eines polternden Sanguinikers oder der Wut einer alten Frau, die ihre Chance, Schwiegermutter eines Grafen zu werden, entschwinden sieht. Marivaux' Gesellschaftskritik ist direkter, offenkundiger. Wenn Dorante im letzten Akt (7. Sz.) sein Schicksal erfahren möchte und Madame Argante ironisch feststellt: »Das Schicksal eines Sekretärs! wie schön!«, so antwortet Monsieur Remy, deutlich genug: »Und warum soll der kein Schicksal haben?«

Dubois' raffiniertes Intrigenspiel ist nötig, weil sich in jener Zeit infolge der herrschenden Gesellschaftsnormen Araminte, die junge, reiche, gesellschaftliches Ansehen genießende Witwe und Dorante, der mittellose junge Mann, der als Trumpfkarte nur seine eigenen Vorzüge vorweisen kann, niemals hätten begegnen können. Dubois macht also etwas möglich, was ohne ihn unmöglich gewesen wäre. Doch anders als Flaminia in der »Verführbarkeit auf beiden Seiten«, die man als die weibliche Gegenfigur betrachten kann, hat dieser »meneur du jeu«, dieser »Drahtzieher«, keinen deutlich erkennbaren Vorteil von seinem Spiel, ihm genügt der Triumph, Menschen nach seinem Willen handeln lassen zu können. Ein Triumph, den auch der Chevalier in der »Falschen Zofe« voll auskostet (III.6), wenn er die Gräfin dazu bringt, ihm die Worte gefügig nachzusprechen, die er von ihr hören will. Chevalier: »Sprechen Sie mir nach: Chevalier, ich bete Sie an.« Gräfin: »Chevalier, ich bete Sie an. Er bringt mich dahin, alles zu machen, was er will.« Die Tatsache, daß es sich um Komödien handelt, sollte nicht über den Abgrund hinwegtäuschen, der sich hier auftut.

Dubois treibt sein riskantes Spiel mit fast erschreckender

Hartnäckigkeit – auch wenn Dorantes Mut bereits gesunken ist –, so lange, bis Araminte »zur Strecke gebracht« ist (achevée), ein Ausdruck, der nicht von ungefähr dem Vokabular der Jagd entnommen ist. Doch ist Dubois nicht der einzige, gegen den sich die junge Witwe wehren muß. Ebenso existentiell wie der »Kampf zwischen Liebe und Vernunft« ist für sie der Kampf um ihre Unabhängigkeit von einer autoritären, nur an den sozialen Aufstieg denkenden Mutter. Lange bevor sich die moderne Psychologie der Analyse eines solchen gewaltsamen Abnabelungsprozesses widmete, hat Marivaux ihn auf die Bühne gebracht. Araminte ist zunächst trotz einer ersten Ehe noch immer die brave Tochter (»Meine Mutter und der Graf erwarten ... was soll ich ihnen sagen?«), doch wird sie sich mit zunehmender Irritation durch Dorante-Dubois dieser Tatsache immer bewußter. Ihr Satz: »Die Herrin bin ich« ist weniger eine Beruhigung für Dorante, als ein Appell an sich selbst, ihre äußere Unabhängigkeit auch innerlich zu vollziehen. Der Umstand, daß sie verdrängend von »den andern« redet, statt offen »meine Mutter und der Graf« zu sagen, zeigt deutlich, welche Schwierigkeiten sie noch immer damit hat. Dorante ist unversehens nicht nur zum »Objekt ihrer Liebe« geworden, sondern zum Objekt, an dem sich zeigen wird, ob ihre Emanzipation von der Mutter gelungen ist. Ihn gegen den Willen dieser Mutter als Sekretär zu behalten, bedeutet das definitive Ende ihrer Abhängigkeit. Und als sie das in aller Deutlichkeit erkannt hat (III.7: »Selbst wenn ich kein bißchen zufrieden wäre, Sie würden bleiben: dazu bin ich jetzt mir selbst gegenüber verpflichtet«), steht der Erkenntnis ihrer Liebe nichts mehr im Weg.

*

Der im Jahre 1750 für eine Amateurtruppe geschriebene Einakter »Die Kolonie« ist das dritte von Marivaux' utopischen Inselstücken. Vorausgegangen waren »Die Sklaveninsel« (1725) und »Die Insel der Vernunft« (1727). Der große Zeitabstand, mit dem dieses dritte Stück folgte, erscheint in einem anderen Licht, wenn man bedenkt, daß der Autor bereits 1729 eine Komödie in drei Akten, »Die neue Kolonie oder die Frauenliga«, geschrieben hatte, die von den Comédiens Italiens zwar aufgeführt, doch sofort wieder von Marivaux zurückgezogen worden war. Grund dafür war wohl nicht allein der eklatante Mißerfolg, sondern ein Pamphlet, in dem man sich heftig über die Komödie lustig gemacht hatte. Da er sie auch nicht hatte drucken lassen, ist von ihr nicht mehr übrig geblieben als eine Inhaltsangabe im »Mercure de France«. Ungewiß bleibt, ob das Thema damals mißfallen hatte oder die Art, in der es behandelt worden war.

Obwohl die erste Fassung, ebenso wie die zweite, von Aristophanes' »Lysistrata« und der »Weibervolksversammlung« beeinflußt war, hatte Marivaux sie in der Gegenwart angesiedelt und als Ort der Handlung vermutlich an die französischen Kolonien am Mississippi gedacht. Es ist anzunehmen, daß die für die neue Fassung vorgenommenen Veränderungen besonders im Hinblick auf die Möglichkeiten einer Laienspieltruppe geschahen. Bezeichnend für die bereits angedeutete Nachlässigkeit, mit der Marivaux' Werke veröffentlicht wurden, ist die Tatsache, daß die Komödie überhaupt erst in den Ausgaben nach 1878 enthalten ist.

Heute, in der Zeit der Frauenemanzipation, ist diese Komödie natürlich von besonderer Aktualität. Es ist ein Irrtum, auf Grund des Schlusses in dem Stück eine gewisse Frauenfeindlichkeit erkennen zu wollen, wie es einige Interpreten getan haben. Marivaux hat in seinen Prosaschriften wie wenige Autoren immer wieder die Rechte der Frauen verteidigt, und die Fülle seiner intelligenten, sensiblen Frauenrollen weisen ihn genügend als verständnisvollen Kenner der weiblichen Psyche aus – warum sollte er plötzlich gegen sie Partei ergreifen? Wenn die Frauen am Ende der Komödie wieder zu ihrem Haushalt zurückkehren, so haben sie immerhin erreicht, daß sich im Denken der Männer einiges verändert hat und daß diese in Zukunft bei ihren Entscheidungen mehr Rücksicht auf die Belange der Frauen nehmen werden. Daß sie nicht alles erreicht haben, was sie geplant hatten, liegt an der Unfähigkeit der beiden Anführerinnen, ihre aus dem Standesunterschied entstehenden Zwistigkeiten nicht zu Gunsten der gemeinsamen Sache überwinden zu können. Marivaux stellt ganz bewußt den Klassenunterschied gegen den Unterschied der Geschlechter. Die Geschichte hat gezeigt, wie recht er damit hatte darzustellen, daß Artenis sich trotz ihrer frauenemanzipatorischen Reden zuerst als Adlige fühlt und dann erst als Frau. Daß er ihr die ebenso standesbewußte, in ihrer Offenheit herzerfrischende Handwerkersfrau Sorbin gegenüberstellt, beweist erneut das Vertrauen, das Marivaux in die – damals noch ungebrochene – Kraft des Volkes hatte.

*

Marivaux verfaßte seine Komödien mit einer analytischen Scharfsicht, die ihresgleichen sucht. Daß er es auf so leichte, amüsante Weise tat, macht seine literarische Bedeutung aus. Im Mai 1922 hatte Sigmund Freud an Arthur Schnitzler geschrieben: »So habe ich den Eindruck gewonnen, daß Sie durch Intuition – eigentlich aber in Folge feiner Selbstwahrnehmung – alles das wissen, was ich in mühseliger Arbeit an anderen Menschen aufgedeckt habe. Ja ich glaube, im Grunde Ihres Wesens sind Sie ein psychologischer Tiefenforscher, so ehrlich unparteiisch und unerschrocken wie nur je einer war.« Doch zweihundert Jahre früher, zu Marivaux' Zeiten, gab es noch keinen Psychoanalytiker, der ihm ähnliches hätte schreiben können.

Frühjahr 1984 *Gerda Scheffel*

LEBENSDATEN UND WERKE

4. 2. 1688	Geburt in Paris als Sohn eines Beamten
1698	Der Vater wird Kontrolleur (und zwei Jahre später Direktor) der Münze in Riom (Auvergne).
1710	Marivaux schreibt sich an der Juristischen Fakultät in Paris ein.
	Le Père prudent et équitable (Komödie in Versen)
1712	*Pharsamon ou Les nouvelles Folies romanesques* (Roman)
1713–1714	*Les Effets surprenants de la Sympathie* (Roman)
	La Voiture embourbée (Roman)
	Le Bilboquet (Satire)
	Le Télémaque travesti (Roman)
1716	*L'Iliade travesti* (Burleske in Versen)
1717	Heirat mit Colombe Bologne
1717–1719	Verschiedene Veröffentlichungen im »Mercure de France«
1719	Geburt einer Tochter, Colombe-Prospère
	Marivaux bewirbt sich nach dem Tod seines Vaters erfolglos um dessen Posten.
	La Mort d'Annibal, einzige Tragödie
	L'Amour et la Vérité (Komödie)
	Arlequin poli par l'Amour (Komödie)
1720	Marivaux verliert durch die Law-Affäre sein gesamtes Vermögen.
1721–1724	(Mit Unterbrechungen) *Le Spectateur français*
1721	Marivaux wird zur juristischen Prüfung zugelassen.

1722 *La Surprise de l'Amour* (Komödie)
1723 *La Double Inconstance* (Komödie)
Tod seiner Frau
1724 *Le Prince travesti* (Komödie)
La Fausse Suivante (Komödie)
Le Dénouement imprévu (Komödie)
1725 *L'Ile des Esclaves* (Komödie)
L'Héritier de Village (Komödie)
1727 *L'Indigent Philosophe*
L'Ile de la Raison (Komödie)
La seconde Surprise de l'Amour (Komödie)
1728 *Le Triomphe de Plutus* (Komödie)
1729 *La Nouvelle Colonie ou La Ligue des Femmes* (Komödie)
1730 *Le Jeu de l'Amour et du Hasard* (Komödie)
1731–1742 *La Vie de Marianne* (Roman)
1731 *La Réunion des Amours* (Komödie)
1732 *Le Triomphe de l'Amour* (Komödie)
Les Serments indiscrets (Komödie)
L'Ecole des Mères (Komödie)
1733 *L'Heureux Stratagème* (Komödie)
1734 *Le Cabinet du Philosophe*
La Méprise (Komödie)
Le Petit-maître corrigé (Komödie)
1734–1735 *Le Paysan parvenu* (Roman)
1735 *La Mère confidente* (Komödie)
1736 *Le Legs* (Komödie)
1737 *Les Fausses Confidences* (Komödie)
1738 *La Joi imprévue* (Komödie)
1739 *Les Sincères* (Komödie)
1740 *L'Epreuve* (Komödie)
1741 *La Commère* (Komödie)
1743 Aufnahme in die Académie Française

1744	Marivaux mietet sich als Pensionär bei Mademoiselle de la Chapelle Saint-Jean ein.
	Verschiedene Vorträge an der Académie Française
	(*Réflexions sur Thucydide*, *Réflexions sur les hommes*, *etc.*)
	La Dispute (Komödie)
1745	Marivaux' Tochter tritt in ein Kloster ein.
1746	*Le Préjugé vaincu* (Komödie)
1748–1751	Vorträge in der Académie Française (*Réflexions sur l'Esprit humain* etc.)
1750	*La Colonie* (Komödie)
1754	*L'Education d'un Prince* (Dialog)
1755	*Le Miroir* (Essay)
	La Femme fidèle (Komödie)
1757	*Félicie* (Komödie)
	Les Acteurs de bonne Foi (Komödie)
1761	*La Provinciale* (Komödie)
12. 2. 1763	Tod nach langer Krankheit

INHALT

Romane, Erzählungen, Prosa

Hans Christian Andersen. Glückspeter
Mit Scherenschnitten von Alfred Thon. it 643

Bettina von Arnim. Bettina von Arnims Armenbuch
Herausgegeben von Werner Vordtriede. it 541
– Dies Buch gehört dem König
Herausgegeben von Ilse Staff. it 666
– Die Günderode
Mit einem Essay von Christa Wolf. it 702

Apuleius. Der goldene Esel
Mit Illustrationen von Max Klinger zu »Amor und Psyche«. Aus dem Lateinischen von August Rode. Mit einem Nachwort von Wilhelm Haupt. it 146

Jane Austen. Emma
Aus dem Englischen von Charlotte Gräfin von Klinckowstroem. it 511

Honoré de Balzac. Die Frau von dreißig Jahren
Deutsch von W. Blochwitz. it 460
– Das Mädchen mit den Goldaugen
Aus dem Französischen von Ernst Hardt. Vorwort Hugo von Hofmannsthal. Illustrationen Marcus Behmer. it 60

Joseph Bédier. Tristan und Isolde
Roman. Deutsch von Rudolf G. Binding. Mit Holzschnitten von 1484. it 387

Harriet Beecher-Stowe. Onkel Toms Hütte
In der Bearbeitung einer alten Übersetzung herausgegeben und mit einem Nachwort versehen von Wieland Herzfelde. Mit 27 Holzschnitten von George Cruikshank aus der englischen Ausgabe von 1852. it 272

Ambrose Bierce. Aus dem Wörterbuch des Teufels
Auswahl, Übersetzung und Nachwort von Dieter E. Zimmer. it 440
– Mein Lieblingsmord
Erzählungen. Aus dem Amerikanischen von G. Günther. it 39

Die Blümlein des heiligen Franziskus von Assisi
Aus dem Italienischen nach der Ausgabe der Tipografia Metastasio, Assisi 1901, von Rudolf G. Binding. Mit Initialen von Carl Weidemeyer. it 48

Romane, Erzählungen, Prosa

Blumenschatten hinter dem Vorhang. Von Ting Yao Kang. Aus dem Chinesischen übertragen und mit einem Nachwort versehen von Franz Kuhn. Mit 18 Holzschnitten. it 744

Giovanni di Boccaccio. Das Dekameron
Hundert Novellen. Ungekürzte Ausgabe. Aus dem Italienischen von Albert Wesselski und mit einer Einleitung versehen von André Jolles. Mit venezianischen Holzschnitten. Zwei Bände. it 7/8

Hermann Bote. Ein kurzweiliges Buch von Till Eulenspiegel aus dem Lande Braunschweig. Wie er sein Leben vollbracht hat. Sechsundneunzig seiner Geschichten.
Herausgegeben, in die Sprache unserer Zeit übertragen und mit Anmerkungen versehen von Siegfried H. Sichtermann. Mit zeitgenössischen Illustrationen. it 336

Clemens Brentano. Gedichte, Erzählungen, Briefe
Herausgegeben von Hans Magnus Enzensberger. it 557

Emily Brontë. Die Sturmhöhe
Aus dem Englischen von Grete Rambach. it 141

Giordano Bruno. Das Aschermittwochsmahl
Übersetzt von Ferdinand Fellmann. Mit einer Einleitung von Hans Blumenberg. it 548

Gottfried August Bürger. Wunderbare Reisen zu Wasser und zu Lande. Feldzüge und lustige Abenteuer des Freiherrn von Münchhausen
Mit Holzschnitten von Gustave Doré. it 207

Hans Carossa. Eine Kindheit. it 295
– Verwandlungen einer Jugend. it 296

Lewis Carroll. Geschichten mit Knoten
Herausgegeben und übersetzt von W. E. Richartz. Mit Illustrationen von Arthur B. Frost. it 302
– Alice im Wunderland
Mit 42 Illustrationen von John Tenniel. Übersetzt und mit einem Nachwort versehen von Christian Enzensberger. it 42
– Alice hinter den Spiegeln
Mit Illustrationen von John Tenniel. Übersetzt von Christian Enzensberger. it 97

Romane, Erzählungen, Prosa

Lewis Carroll. Briefe an kleine Mädchen
Aus dem Englischen übersetzt und herausgegeben von Klaus Reichert. Mit Fotografien des Autors. it 172

Miguel de Cervantes Saavedra. Der scharfsinnige Ritter Don Quixote von der Mancha
Mit einem Essay von Iwan Turgenjew und einem Nachwort von André Jolles. Mit Illustrationen von Gustave Doré. 3 Bände. it 109

Adelbert von Chamisso. Peter Schlemihls wundersame Geschichte
Nachwort von Thomas Mann. Illustriert von Emil Preetorius. it 27

Matthias Claudius. Der Wandsbecker Bote
Mit einem Vorwort von Peter Suhrkamp und einem Nachwort von Hermann Hesse. it 130

James Fenimore Cooper. Die Lederstrumpferzählungen
In der Bearbeitung der Übersetzung von E. Kolb durch Rudolf Drescher. Mit Illustrationen von O. C. Darley. Vollständige Ausgabe. 5 Bände in Kassette.
Der Wildtöter · Der letzte Mohikaner · Der Pfadfinder · Die Ansiedler · Die Prärie. – it 760

Alphonse Daudet. Montagsgeschichten
Aus dem Französischen von Eva Meyer. it 649
– Briefe aus meiner Mühle
Aus dem Französischen von Alice Seiffert. Mit Illustrationen. it 446
– Tartarin von Tarascon. Die wunderbaren Abenteuer des Tartarin von Tarascon. Mit Zeichnungen von Emil Preetorius. it 84

Daniel Defoe. Moll Flanders. Herausgegeben und mit einem Essay versehen von Norbert Kohl. it 707
– Robinson Crusoe. Mit Illustrationen von Ludwig Richter. it 41

Deutsche Künstlernovellen des 19. Jahrhunderts
Herausgegeben von Jochen Schmidt. it 656

Charles Dickens. David Copperfield. Mit Illustrationen von Phiz. it 468
– Große Erwartungen. Aus dem Englischen von Margit Meyer. Mit Illustrationen von F. W. Pailthorpe. it 667
– Der Raritätenladen. Aus dem Englischen von Leo Feld. Mit Illustrationen von Cruikshank u.a. it 716